Günter Knieps

Netzökonomie

Günter Knieps

Netzökonomie

Grundlagen – Strategien –
Wettbewerbspolitik

GABLER

Bibliografische Information Der Deutschen Nationalbibliothek
Die Deutsche Nationalbibliothek verzeichnet diese Publikation in der
Deutschen Nationalbibliografie; detaillierte bibliografische Daten sind im Internet über
<http://dnb.d-nb.de> abrufbar.

Prof. Dr. Günter Knieps ist Ordinarius für Wirtschaftspolitik und Direktor des Instituts
für Verkehrswissenschaft und Regionalpolitik an der Universität Freiburg.

1. Auflage April 2007

Alle Rechte vorbehalten
© Betriebswirtschaftlicher Verlag Dr. Th. Gabler | GWV Fachverlage GmbH, Wiesbaden 2007

Lektorat: Susanne Kramer | Renate Schilling

Der Gabler Verlag ist ein Unternehmen von Springer Science+Business Media.
www.gabler.de

Umschlaggestaltung: Ulrike Weigel, www.CorporateDesignGroup.de
Druck und buchbinderische Verarbeitung: Wilhelm & Adam, Heußenstamm
Gedruckt auf säurefreiem und chlorfrei gebleichtem Papier

ISBN 978-3-8349-0107-1

Vorwort

Netze sind komplexe Systeme, deren einzelne Elemente interagieren und die deshalb nicht isoliert betrachtet werden können. Sowohl auf der Kostenseite als auch auf der Nutzenseite kommt es zu netzspezifischen Besonderheiten. Bei Aufbau und Betrieb entstehen Größen- und Verbundvorteile, wie die Beispiele Energie, Telekommunikation und Verkehr zeigen. Externalitäten bei der Nutzung von Netzen können sowohl positiv (z. B. Internet-Verkehr) als auch negativ (z. B. Verkehrsstau) sein. Ferner spielen Universaldienstziele traditionell eine große Rolle (z. B. im Bereich von Post und Telekommunikation).

Trotz – oder gerade wegen – dieser netzspezifischen Besonderheiten sind unternehmerische Wettbewerbsstrategien in Netzsektoren von zentraler Bedeutung. In den liberalisierten Netzsektoren stellen Netzdienstleistungen und Infrastrukturkapazitäten separate Märkte dar. Freier Marktzutritt von Anbietern von Netzdienstleistungen ist ohne eigene Netzinfrastruktur möglich, erfordert aber den Zugang zu den komplementären Netzinfrastrukturkapazitäten. Damit Netzbetreiber wirtschaftlich überleben können, müssen sie wettbewerbsfähige Preis- und Investitionsstrategien entwickeln. Nur so können die erforderlichen Investitionen in die Netze finanziert werden. Hierfür sind die unternehmerische Suche nach innovativen Preisstrukturen sowie eine unternehmerische entscheidungsrelevante Kostenermittlung erforderlich.

Auch aus wettbewerbspolitischer Sicht stellt sich eine Vielzahl von spannenden Fragen. In welchen Teilbereichen von Netzen ist Wettbewerb funktionsfähig? Wo hingegen ist der Missbrauch von Marktmacht zu erwarten? Wann und unter welchen Bedingungen muss der Eigentümer eines Netzes anderen Marktteilnehmern Zugang zu seinen Einrichtungen gewähren? Wie sieht die institutionelle Arbeitsteilung zwischen Kartellbehörden und Regulierungsbehörden aus?

Das Ziel dieses Buches ist es, eine systematische und umfassende Einführung in das Gebiet der Netzökonomie zu vermitteln. Im einführenden Kapitel wird ein Überblick über die Kernprobleme der Netzökonomie vermittelt. Die darauf folgenden Kapitel sind der vertiefenden Untersuchung jeweils eines netzökonomischen Problems gewidmet. Dabei werden die theoretischen Analysen durch praktische Fallbeispiele illustriert.

Das Buch kann sowohl als Grundlage für eine Einführung in das Gebiet der Netzökonomie dienen, als auch in Spezialvorlesungen, etwa zu Verkehr, Energie, Telekommunikation und Internet, Verwendung finden. Es richtet sich ferner an alle Praktikerinnen und Praktiker der Netzwirtschaften.

Danken möchte ich allen, die die Entstehung dieses Buches kritisch begleitet und unterstützt haben. Für die kritische Durchsicht einzelner Kapitel danke ich Margit Vanberg, Martin Jindra, Dr. Tillmann Neuscheler, Prof. Dr. Franz Schober, Patrique Wolfrum, und Patrick Zenhäusern. Weiter geht mein Dank an Franziska Birke, Monika Steinert, Martin Keller und insbesondere an Dr. Hans-Jörg Weiß für die intensive Unterstützung und die wertvolle Kommentierung des Manuskripts. Besonderer Dank gilt meiner Frau Barbara, die das ganze Manuskript sprachlich überarbeitet und in die druckreife Fassung gebracht hat.

Freiburg, im Februar 2007 Günter Knieps

Inhaltsverzeichnis

Kapitel 1 Einführung in die Netzökonomie

Kapitel 2 Entscheidungsrelevante Kosten

Kapitel 3 Stauexternalitäten

Kapitel 4 Strategien zur Preisdifferenzierung

Kapitel 5 Auktionen

Kapitel 6 Kompatibilitätsstandards

Kapitel 7 Universaldienste

Kapitel 8 Marktmachtregulierung

Kapitel 9 Positive Theorie der Regulierung

Abbildungsverzeichnis

Tabellenverzeichnis

1 Einführung in die Netzökonomie

1.1 Der Systemcharakter von Netzen

Der Begriff der Netze wird in ganz unterschiedlicher Weise verwendet. Die allgemeinste Darstellung von Netzen ermöglicht die Graphentheorie, eine moderne Teildisziplin der Mathematik. Ein Graph besteht aus einer Menge von Punkten (sog. Knoten, bzw. Ecken), die durch Linien (sog. Kanten) miteinander verbunden sind (Diestel, 2005, S. 1 ff.). Die Graphentheorie stellt einen analytischen Rahmen zur Untersuchung unterschiedlicher Netzkonfigurationen dar. In unterschiedlichen Fachdisziplinen wie der Soziologie, den Ingenieurwissenschaften, der Raumplanung und den Wirtschaftswissenschaften hat die graphentheoretische Begriffsbildung inzwischen Eingang gefunden. So werden etwa in der Soziologie immaterielle Beziehungsgeflechte zwischen Menschen als soziale Netze charakterisiert, wobei die einzelnen Individuen (bzw. Organisationen) als Knoten und das jeweilige Beziehungsgeflecht als Kanten aufgefasst werden. Aus dieser Perspektive werden ökonomische Netze als Spezialfälle aufgefasst um den Einfluss sozialer Relationen auf Markttransaktionen besser zu verstehen (z. B. Zuckerman, 2003).

Ingenieure verstehen unter Netzen Verbindungen zwischen verschiedenen Punkten, wobei die Verbindungen als Übertragungswege dienen. Entsprechend unterscheiden sie zwischen Verteilnetzen und interaktiven Netzen. Die ersteren dienen zur Belieferung von Abnehmern mit Wasser, Gas, Elektrizität, Kabelfernsehen usw. - sie sind oft baumförmig aufgebaut - die letzteren zum Austausch von Waren, Informationen u. ä., beispielsweise Straßen- und Eisenbahnnetze sowie Telekommunikationsnetze. Sie sind sternförmig, ringförmig oder häufig vermascht.

Um das Verbindende von Netzen zu verstehen, ist auch hier die Graphentheorie ein geeigneter Ausgangspunkt. In traditionellen Telekommunikationsnetzen stellen die ortsgebundenen Endkunden- und Vermittlungseinrichtungen die Knoten dar, wobei jegliche Art der Übertragungseinrichtungen als Kanten aufgefasst werden können. In Verkehrssystem stellen beispielsweise die Straßen oder die Schienenwege die Verbindungen (Kanten) dar und die Straßenkreuzungen oder die Bahnhöfe bilden die Knoten. Im Internet werden die Server als Knoten und die physische Infrastruktur zwischen diesen Servern (z. B. Glasfaserkabel) als Verknüpfung (Kante) aufgefasst. In diesem Sinne können Transportnetze mit Hilfe der Graphentheorie dargestellt werden (z. B. Rodrigue et al., 2006).

Eine Implikation der graphentheoretischen Betrachtungsweise besteht darin, Netze als komplexe Systeme aufzufassen. Die jeweiligen Elemente (Knoten, Kanten) können nicht isoliert betrachtet werden, sondern nur in ihrer Relation zu den anderen Netzelementen. So müssen beispielsweise sämtliche Kanten (z. B. Straßen), die zu einem Knoten (z. B. Kreuzung) führen, mit in die Analyse einbezogen werden. Die Auswahl, welche Verknüpfungen gewählt werden, erfolgt nicht isoliert, sondern interdependent. Die Interaktion der Elemente innerhalb eines komplexen Systems spiegelt gleichzeitig die dem Netz zugrunde liegenden Organisationsprinzipien wider, die es dem Netz ermöglichen, sich zu entwickeln und sich an Änderungen der Umgebung anzupassen (Spulber, Yoo, 2005, S. 1694).

Der Systemcharakter von Netzen stellt auch den Ausgangspunkt eines interdisziplinären Forschungsansatzes dar, der sich inzwischen als Large-Technical-Systems-Ansatz etabliert hat (z. B. Hughes, 1983). Im Zentrum stehen dabei Netzindustrien wie Elektrizität, Telekommunikation, Transport, Gasversorgung und (Ab)-Wassersysteme. Gegenstand der Untersuchungen sind Entscheidungen auf Unternehmensebene, die Auswirkungen von staatlichen Regulierungsmaßnahmen auf Netzsektoren und die breitere Interaktion dieser Systeme mit der Gesellschaft als Ganzes. Besonders hervorgehoben werden dabei die Dominanz hierarchischer Organisationen und der starke Einfluss durch die öffentliche Hand. Netze stellen Konstrukte dar, die zielgerichtet von Akteuren, bzw. Gruppen von Akteuren aufgebaut werden. Von besonderer Bedeutung sind hiernach Systembauer (Ingenieure, Manager, Finanziers etc.), die technische Systeme entwickeln, aufbauen und unterhalten (z. B. Mayntz, Hughes, 1988).

1.2   Der disaggregierte Ansatz der Netzökonomie

Sowohl aus der Graphentheorie als auch aus dem Large-Technical-Systems-Ansatz folgt, dass eine Fragmentierung von Netzen in einzelne Komponenten mit unterschiedlichen Entscheidungsträgern dem Charakter von Netzen nicht gerecht würde, da wesentliche Systeminterdependenzen vernachlässigt werden. Dies bedeutet jedoch nicht, dass alle Entscheidungen innerhalb eines Netzes von einer Hand getroffen werden müssen. Anstelle eines geschlossenen Netzes, in dem sämtliche Netzknoten und Verbindungen in der Entscheidungskompetenz eines einzigen Netzbetreibers liegt, tritt das Konzept des offenen Netzzugangs, in dem freier Marktzutritt von Netzbetreibern den ordnungs-/wettbewerbsökonomischen Referenzpunkt darstellt.

1.2.1   Netzebenen

Bei physischen Netzen lassen sich grob Netzinfrastrukturen (Schienenwege, Flughäfen etc.) und Netzdienstleistungen (Zugverkehr, Luftverkehr etc.) unterscheiden. Obwohl

Netzdienstleistungen und Netzinfrastrukturen zueinander komplementär sind, stellen sie unterschiedliche Netzebenen dar, die (abgesehen von der erforderlichen Kompatibilitäts- und Sicherheitsstandards) unabhängig voneinander aufgebaut und betrieben werden können. In der Sprache der Graphentheorie gilt es folglich zu vermeiden, Knoten und Kanten der Infrastrukturebene mit den Knoten und Kanten der Serviceebene zu vermischen. Aus der Perspektive des Large-Technical-Systems-Ansatzes handelt es sich um vertikale Desintegration von großtechnischen Systemen.

Ausgehend von einer disaggregierten Betrachtung der Wertschöpfungsketten in Netzsektoren, lassen sich die Endkundenmärkte für Netzdienstleistungen von den Vorleistungsmärkten für Infrastrukturkapazitäten unterscheiden. Freier Marktzutritt von Anbietern von Netzdienstleistungen ist ohne eigene Netzinfrastruktur möglich, erfordert aber den diskriminierungsfreien Zugang zu den komplementären Netzinfrastrukturkapazitäten.

Für viele der in diesem Buch besprochenen Probleme ist es erforderlich, eine differenzierte Unterteilung in die folgenden Netzebenen vorzunehmen:

Ebene 1: Netzdienstleistungen (z. B. Flugverkehr, Telekommunikationsdienste, Erzeugung und Entnahme von Strom)

Ebene 2: Infrastrukturmanagement (z. B. Luftverkehrskontrolle, Zugverkehrskontrolle)

Ebene 3: Netzinfrastrukturen (z. B. Schienenwege, Flughäfen, Telekommunikationsnetze, Elektrizitätsnetze)

Ebene 4: Öffentliche Ressourcen, auf deren Basis Netzinfrastrukturen und Infrastrukturmanagement aufgebaut werden können (z. B. Boden, Luft, Weltraum, Wasser).

Die Märkte für Netzdienstleistungen (Ebene 1) werden dabei von den Märkten für Infrastrukturmanagement und Netzinfrastrukturkapazitäten (Ebene 2 und 3) sowie den vorgelagerten Märkten für öffentliche Ressourcen (z. B. Funkfrequenzen) unterschieden. Die Bedeutung der ökonomischen Charakteristika von Netzen kann dabei erheblich zwischen den einzelnen Netzebenen variieren.

1.2.2 Horizontale und vertikale Netzzusammenschaltungen

Aufgrund der Marktöffnung der Netze gewinnen Fragen der Organisation der Netzzusammenschaltung zunehmende Bedeutung. Netze lassen sich grundsätzlich in verschiedene, zueinander komplementäre Ebenen untergliedern, deren Separierung technisch und organisatorisch möglich ist. Dabei treten sowohl horizontale als auch vertikale Zusammenschaltungsprobleme auf.

Horizontale Zusammenschaltungsprobleme können sowohl auf der Ebene der Netz-dienstleistungen als auch auf der Ebene der Netzinfrastruktur entstehen. Beispielsweise ermöglicht es die Koordination zwischen unterschiedlichen Fluggesellschaften, dass Verbundvorteile in größeren zusammenhängenden Flugnetzen durch gemeinsame Flottenpolitik etc. ausgeschöpft werden können. Ein erhebliches Koordinations- und Kooperationspotential besteht ebenfalls im Bereich der Netzinfrastrukturen.

Die Bereitstellung von Netzdienstleistungen ist nur möglich, wenn gleichzeitig der Zugang zu den komplementären Netzinfrastrukturen gewährleistet ist. Erforderlich ist der symmetrische Zugang zu diesen Einrichtungen für sämtliche aktiven und potenziellen Anbieter von Netzdienstleistungen.

1.3 Ökonomische Charakteristika von Netzen

1.3.1 Netzexternalitäten

Es gilt zwischen positiven und negativen Netzexternalitäten zu unterscheiden. Positive Netzexternalitäten lassen sich anhand eines Telekommunikationsnetzes veranschaulichen. Je mehr Haushalte an einem bestimmten Telekommunikationsnetz angeschlossen sind, umso größer ist der Nutzen eines Netzanschlusses. Denn mit steigender Nutzerzahl steigen die Möglichkeiten, andere Haushalte zu erreichen und von anderen erreicht zu werden.

Hieraus folgt, dass der individuelle Nutzen, einem Netz beizutreten, möglicherweise hinter dem gesamtwirtschaftlichen Nutzen zurückbleibt. Es stellt sich die Frage, ob sich genügend Nutzer anschließen, um den kostendeckenden Betrieb eines Netzes zu gewährleisten. Für ein gegebenes Netz ist dies das Problem der kritischen Masse von Netzteilnehmern. Es tritt sowohl beim Aufbau von Netzen als auch beim Übergang von einer Netztechnologie zu einer anderen auf. Ferner stellt sich das Problem der Netzzersplitterung, falls bei mehreren gleichartigen Netzen die kritische Masse erreicht wird, aber wegen fehlender Kompatibilität die Vorteile aus Netzexternalitäten nicht voll ausgeschöpft werden (vgl. z. B. Blankart, Knieps, 1992).

Je mehr Individuen das gleiche Netz benutzen, desto mehr erhöht sich der Nutzen. Doch dieser Grundsatz wird durch die Heterogenität individueller Präferenzen für unterschiedliche Technologien (Netzvielfalt) beschränkt. Für die Gesamtheit der Wirtschaftssubjekte wird es unter Umständen von größerem Nutzen sein, sich auf mehrere Netzinseln aufzuteilen, als zusammen ein großes Einheitsnetz zu bilden. Netzexternalitäten legen es nahe, möglichst kompatible Netztechnologien zu wählen. Standards zur Sicherung der Kompatibilität verschiedener Technologien spielen deshalb in Netzen eine wichtige Rolle. Ist Kompatibilität nicht oder nur zu prohibitiv hohen Kosten zu erreichen, so stellt sich das Problem des Konflikts zwischen Netzexternalitäten und Netzvielfalt.

Negative Netzexternalitäten treten als Staukosten bei der Inanspruchnahme von Netzinfrastrukturen auf. Ein Beispiel hierfür sind Staus auf Straßen. Die Verkehrsteilnehmer vernachlässigen typischerweise die negativen Auswirkungen, die durch eine zusätzliche Fahrt in einem bestimmten Zeitpunkt für die anderen Verkehrsteilnehmer (etwa durch längere Fahrzeiten) entstehen.

Als dritte Kategorie von Netzexternalitäten sind die System-Netzexternalitäten von Bedeutung. System-Netzexternalitäten treten aufgrund von physikalisch-technischen Charakteristika in Netzen auf. Sie spielen beispielsweise eine zentrale Rolle im Elektrizitätssektor. Es ist innerhalb eines Elektrizitätsnetzes nicht möglich Strom zwischen einem Einspeiseknoten und einem Ausspeiseknoten zu transportieren, ohne gleichzeitig die Opportunitätskosten der Netzinanspruchnahme auf den übrigen Netzteilen zu beeinflussen. System-Netzexternalitäten können sowohl positiv als auch negativ sein.

1.3.2 Größen- und Verbundvorteile in Netzen

Bei der Untersuchung der Kostenseite von Netzen stehen Größen- und Verbundvorteile im Vordergrund. Größenvorteile (zunehmende Skalenerträge) liegen vor, wenn eine proportionale Erhöhung aller Inputfaktoren eine überproportionale Erhöhung aller Outputkomponenten bewirkt. Bei Vorliegen von Verbundvorteilen, ist es kostengünstiger, dass eine einzige Unternehmung alle Produkte zusammen produziert, als dass verschiedene Unternehmen sich auf die Produktion einzelner Produkte spezialisieren. Diese Kostenvorteile können auf Vorteilen der gemeinsamen Produktion basieren (beispielsweise die gemeinsame Nutzung von Inputs) und/oder auf Vorteilen bei der Verteilung von Produkten. Größen- und Verbundvorteile können sowohl beim Aufbau einer Netzinfrastruktur als auch bei der Bereitstellung von Netzdienstleistungen auftreten. Sie können dazu führen, dass ein einziger Netzinfrastrukturanbieter bzw. ein Netzdienstleistungsanbieter den jeweiligen relevanten Markt kostengünstiger bedienen kann, als mehrere Anbieter. In solchen Fällen liegen natürliche Monopole vor.

Betrachten wir den Fall der Planung einer Trinkwassernetzes. Zunächst ergeben sich Größenvorteile aus dem Umfang der Rohrleitung: Je mehr zu versorgende Häuser an einem Straßenzug liegen, desto größer kann der Durchmesser der Leitung sein und desto geringer sind infolgedessen die Kosten pro Anschluss, da das Volumen durch eine Vergrößerung des Durchmessers der Leitung rascher wächst als der Rohrumfang, der letztlich die Kosten bestimmt. Während sich Größenvorteile nur auf eine gegebene Strecke beziehen, treten Verbundvorteile durch Vernetzung verschiedener Strecken in der Fläche auf. Dabei besteht das Problem der Abwägung zwischen dem Ausschöpfen von Größenvorteilen auf Teilstrecken und den hierfür erforderlichen Leitungsumwegen. Beispielsweise kann es kostengünstiger sein, zur Bedienung mehrerer Strecken zunächst eine große Leitung zu einem gemeinsamen Verteilzentrum zu bauen und erst von dort aus die einzelnen Strecken zu bedienen. Schließlich ergeben sich bei (teilweise) stochastischer Nachfrage über die Zeit Durchmischungseffekte, welche die im Durchschnitt erforderliche Netzkapazität mit zunehmender Nutzerzahl ebenfalls vermindert.

Größen- und Verbundvorteile dieser Art finden sich auch bei anderen Netzinfrastrukturen, beispielsweise bei Energienetzen, Telekommunikationsnetzen, Straßen- und Schienenwegen. Offensichtlich treten diese Vorteile bei , bei Ringnetzen, bei interaktiven Sternnetzen (wie in der Telekommunikation) und den vermaschten Netzen auf. Größen- und Verbundvorteile können aber auch auf der Ebene der Netzdienstleistungen von Bedeutung sein. Ein Beispiel stellt die Drehkreuzbildung im Luftverkehr dar. Weitere Beispiele sind Postzustelldienste oder die Bereitstellung von Nahverkehrsleistungen.

1.4 Netzökonomische Grundfragen

1.4.1 Die Rolle der Märkte

1.4.1.1 Märkte für Netzdienstleistungen

Der Personen- und Güterverkehr auf Straßen, Schienen, Schifffahrtswegen sowie in Luftkorridoren, die Stromversorgung, die Bereitstellung von Telefonverkehr und von Internet-Diensten stellen auf den ersten Blick sehr heterogene Märkte dar. Gemeinsam ist ihnen allerdings, dass es sich um Netzdienstleistungen handelt, zu deren Bereitstellung die Inanspruchnahme von Netzinfrastrukturen erforderlich ist.

Bei der Bereitstellung von Netzdienstleistungen handelt es sich um private Güter, die sowohl durch Ausschließbarkeit als auch durch Rivalität im Konsum gekennzeichnet sind. Aufgrund der Tatsache, dass Dienstleistungen nicht lagerbar sind, können zeitliche Schwankungen der Nachfrage dazu führen, dass die Kapazitäten – etwa eines Flugzeuges oder eines Zuges – nicht immer voll ausgelastet sind. Einerseits besteht aber die Möglichkeit durch eine geeignete Dimensionierung der Transportgefäße, Kraftwerke etc. und deren Einsatzoptimierung die Nachfrage an die bereitgestellte Kapazität anzupassen, andererseits ist es durch die Anwendung von geeigneten Preisinstrumenten (insbesondere Spitzenlasttarifierung) möglich, Auslastungsschwankungen im Zeitablauf zu glätten.

1.4.1.2 Märkte für Netzinfrastrukturkapazitäten

Der Aufbau und Betrieb von Netzinfrastrukturen wurde in der Vergangenheit insbesondere im Verkehrssektor in starkem Maße als Aufgabe des Staates angesehen, da es sich um öffentliche Güter handle, die von der öffentlichen Hand zu finanzieren seien. Obwohl Adam Smith (1776) als Wegbereiter des klassischen Liberalismus den Wettbewerb zwischen den am Markt beteiligten Individuen als den entscheidenden Steuerungsmechanismus ansah, zählte er die Bereitstellung von Infrastrukturen (Straßen, Brücken, Kanäle, Häfen, Wasserversorgung) zu den staatlichen Aufgaben.[1]

Bewirken Unteilbarkeiten beim Aufbau von Netzinfrastrukturen eine vollständige Nicht-Rivalität bei deren Inanspruchnahme, so ist die Erhebung einer Benutzungsgebühr zum Zwecke der Allokation der Kapazitäten nicht sinnvoll. Es verbleibt demnach die staatliche Aufgabe, das gesellschaftlich erwünschte Investitionsniveau festzulegen sowie dessen Finanzierung zu garantieren. Bereits im Jahre 1919 wurde dazu von dem schwedischen Finanzwissenschaftler Erik Lindahl (1919, S. 85-98) als Lösung vorgeschlagen, dass jeder Bürger einen Beitrag leisten solle, der seinem Grenznutzen aus der öffentlichen Investition entspricht; die Benutzung selbst sollte dagegen gebührenfrei sein. Selbst aus dieser Argumentation folgt jedoch nicht, dass die Subventionierung von Infrastrukturen unter allen Umständen gerechtfertigt ist. Falls die soziale Wohlfahrt (Summe von Konsumenten- und Produzentenrente), die sich mit einer Infrastruktur erzielen lässt, die entscheidungsrelevanten Kosten unterschreitet, stellt sich die Frage nach der ökonomischen Rechtfertigung eines weiteren Ausbaus bzw. Abbaus von Netzinfrastrukturen.

Bei steigender Nachfrage nach Netzdienstleistungen steigt gleichzeitig die (abgeleitete) Nachfrage nach Netzinfrastrukturkapazität. So hat beispielsweise in den letzten Jahrzehnten das Transportvolumen eine markante Ausweitung erfahren. Die Folgen sind erhebliche Knappheitsprobleme auf einer Vielzahl von Flughäfen und Autobahnen. Aber auch Schienennetze, Stromnetze und Telekommunikationsnetze sind in Spitzenzeiten stark ausgelastet. Marktkonforme Netzzugangsentgelte müssen einen diskriminierungsfreien Zugang zu den Netzinfrastrukturen gewährleisten; sie haben ferner die Funktion der optimalen Allokation der vorhandenen Netzkapazitäten, und sie sollten möglichst die Kosten der Netzinfrastruktur decken.

1.4.2 Entscheidungsrelevante Kostenermittlung

Die konzeptionelle Ermittlung entscheidungsrelevanter Kosten ist in Netzsektoren zur Bereitstellung von Wasser, Strom, Telekommunikationsdienstleistungen etc. von besonderer Relevanz. Der Aufbau von Netzinfrastrukturen ist im Vergleich zu anderen Industrien mit besonders hohem Kapitaleinsatz verbunden. Die ökonomisch fundierte Periodisierung der Kapitalkosten ist daher für die Ermittlung entscheidungsrelevanter Kosten in Netzsektoren von besonderer Bedeutung. Netzbetreiber sind typischerweise Mehrproduktunternehmen Die gleichzeitige Bedienung benachbarter Häuser und

---

[1] Ausführlicher zum wettbewerbspolitischen Leitbild des klassischen Liberalismus vgl. Knieps (2005, S. 67 ff.).

Straßen führt zu Verbundvorteilen. Bei der Anwendung entscheidungsrelevanter Kostenkonzepte muss daher unterschieden werden zwischen langfristigen Zusatzkosten zur Beantwortung der Fragen, ob bestimmte Netzinfrastrukturkapazitäten bzw. Netzdienstleistungen eingestellt oder zusätzlich angeboten werden sollen; Stand-alone-Kosten von Produkten bzw. Produktgruppen zur Beantwortung der Frage, ob der Aufbau alternativer Teilnetze sich trägt; Gesamtkosten zur Bestimmung der Überlebensfähigkeit des aktiven Netzbetreibers. Entscheidungsrelevante Kostenkonzepte sind sowohl auf der Ebene der Netzdienstleistungen als auch auf der Ebene der Netzinfrastruktur relevant (vgl. Kapitel 2).

Um die Überlebensfähigkeit von Netzbetreibern zu gewährleisten, sind die Zugangstarife so zu gestalten, dass die notwendigen Investitionen in die Netze vorgenommen werden können. Optimale Netzzugangsentgelte in Höhe der Opportunitätskosten der Netzinanspruchnahme bei gegebenem Infrastrukturniveau haben die Funktion der Allokation vorhandener Kapazitäten. Da optimale Netzzugangsentgelte zur Finanzierung der Infrastrukturen beitragen, stellen die Opportunitätskosten das geeignete Bindeglied zwischen der Bepreisung der Netzinanspruchnahme und der Deckung der Gesamtkosten des Netzes dar. Knappheitsorientierte Netzzugangsentgelte tragen daher auch zur Erreichung des Finanzierungsziels bei.

1.4.3   Preisstrategien in Netzen

Unternehmerische Preissetzungsstrategien für den Netzzugang müssen darum das Ziel verfolgen, die Opportunitätskosten der Netzinanspruchnahme möglichst umfassend zu berücksichtigen. Der Wert der bestmöglichen alternativen Verwendung einer Netzkapazität bestimmt die Höhe dieser Opportunitätskosten. Optimale Netzzugangsentgelte in Höhe der Opportunitätskosten der Netzinanspruchnahme bei gegebenem Infrastrukturniveau führen zu einer optimalen Allokation der vorhandenen Kapazitäten. Eine Vielzahl von Allokationsmechanismen kann dabei Anwendung finden, um Knappheitsprobleme bei Netzinfrastrukturen, einschließlich der Stauexternalitäten, zu lösen.

In Kapitel 3 werden verschiedene Staugebührenmodelle und deren Anwendungsmöglichkeiten in der Verkehrspraxis vorgestellt. Ferner werden die Grundprinzipien von Netznutzungspreisen bei Vorliegen von System-Netzexternalitäten erläutert. Bei Vorliegen von Größenvorteilen sind Grenzkostenpreise nicht kostendeckend. Erforderlich sind daher Preisdifferenzierungsstrategien. In Kapitel 4 werden verschiedenen Ansätze zur Preisdifferenzierung vorgestellt und deren Anwendungsmöglichkeiten in Netzindustrien aufgezeigt. Kapitel 5 befasst sich mit den Möglichkeiten von Auktionen in Netzindustrien.

1.4.4 Wettbewerbspolitik und Marktmachtregulierung

Die Marktöffnung der Netzsektoren stellt eine wesentliche Erweiterung des Betätigungsfeldes der Wettbewerbspolitik dar. Deregulierung bedeutet, dass die sektorspezifischen wettbewerbspolitischen Ausnahmeregelungen an Bedeutung verlieren, das allgemeine Wirtschaftsrecht dagegen vermehrt Anwendung findet. So ermöglichen die Vorschriften der generellen Missbrauchsaufsicht über marktbeherrschende Unternehmen gemäß э 19 des Gesetzes gegen Wettbewerbsbeschränkungen (GWB) nicht nur eine allgemeine Missbrauchsaufsicht, sondern auch eine Marktstrukturüberwachung. Im Gegensatz zu für einzelne Netzsektoren generell festgelegten staatlichen Regulierungsvorschriften zur ex ante Disziplinierung von Marktmacht, finden die Vorschriften des Kartellgesetzes überwiegend fallweise Anwendung, wobei die Beweislast des Missbrauchs einer marktbeherrschenden Stellung bei den Wettbewerbsbehörden liegt.

Auf deregulierten Märkten spielt wettbewerbsstrategisches Verhalten (z. B. Fusionen, Allianzen, Preisdifferenzierungen etc.) eine wichtige Rolle. Dies ist eine natürliche Konsequenz der durch Deregulierung geschaffenen Freiheitsgrade und Ausdruck des Wettbewerbspotenzials (vgl. z. B. Knieps, 1996). Die Überführung gesetzlicher Monopole in wettbewerblich organisierte Märkte schaffte erst die Notwendigkeit, den Einsatz wettbewerbspolitischer Maßnahmen etwa zur Abwehr wettbewerbsbeschränkender Kollusionen zwischen Konkurrenten oder wettbewerbsschädigenden Ausschlusses von Konkurrenten zu erwägen. Wie auf allen Märkten obliegt es den Wettbewerbsbehörden, tatsächliche Wettbewerbsverzerrungen und damit einhergehende Marktmacht aufzudecken. Sie haben dabei die schwierige Aufgabe, zwischen dem volkswirtschaftlichen Schaden eines ungerechtfertigten Eingriffs und dem volkswirtschaftlichen Schaden eines ungerechtfertigen Nicht-Eingreifens sorgfältig abzuwägen.

Die Überführung der traditionellen gesetzlichen Monopole in die Wettbewerbswirtschaft stellt die Wettbewerbspolitik vor völlig neue Fragen. Soll beispielsweise eine Fluggesellschaft ihr eigenes Computerreservierungssystem auch ihren Konkurrenzgesellschaften zugänglich machen müssen? Wie sind Vielfliegerprogramme aus wettbewerbspolitischer Sicht zu beurteilen? Wie lässt sich Verdrängungswettbewerb von Seiten der Infrastrukturanbieter verhindern, wenn diese selbst auch als Dienstleistungsanbieter tätig sind? Die aufgeworfenen Fragen können nur beispielhaft das Spektrum der vielfältigen Herausforderungen der Wettbewerbspolitik als Folge der Marktöffnung aufzeigen.

Ein geeignetes normatives, ökonomisches Referenzmodell für die Charakterisierung eines sektorspezifischen ex ante Handlungsbedarfs zur Disziplinierung von Marktmacht in Netzindustrien muss in der Lage sein, die wesentlichen Eigenschaften von Netzen zu erfassen (Größen- und Verbundvorteile, Netzexternalitäten), ohne diese automatisch mit Marktmacht gleichzusetzen. Erforderlich sind also die Lokalisierung netzspezifischer Marktmacht und deren Disziplinierung mit Hilfe geeigneter Regulierungsinstrumente (vgl. Kapitel 8). Im Rahmen der positiven Theorie der Regulierung wird die Entstehung, die Veränderung und Abschaffung sowie die institutionelle Umsetzung sektorspezifischer Regulierung untersucht (vgl. Kapitel 9).

1.4.5 Universaldienstleistungen im Wettbewerb

Ein Universaldienst beinhaltet die Bereitstellung bestimmter Leistungen zu einem politisch erwünschten Tarif. In der Zeit gesetzlicher Marktzutrittsschranken oblag es dem gesetzlich geschützten Netzbetreiber defizitäre Universaldienste bereitzustellen. In geöffneten Netzsektoren muss die Frage, wann, wo, in welchem Umfang und zu welchem Preis eine Universaldienstleistung angeboten werden soll im politischen Entscheidungsprozess explizit beantwortet werden. Sowohl bei der Finanzierung der Universaldienstleistungen als auch bei deren Bestellung dürfen einzelne Unternehmen weder bevorzugt noch benachteiligt werden. Die Möglichkeiten von Universaldienstleistungen im Wettbewerb werden insbesondere anhand des Beispiels Telekommunikation illustriert (vgl. Kapitel 7).

1.4.6 Standardisierung technischer Regulierungsfunktionen

Ausgangspunkt der technischen Regulierungsfunktionen (z. B. Postleitzahlsystem, Telefonnummernverwaltung, Kataster) sind Ordnungs-, Koordinations- und Allokationsprobleme, die der Bereitstellung von Netzdienstleistungen und dem Aufbau von Netzinfrastrukturen vorgelagert sind. Technische Regulierungsfunktionen können auf jeder der Netzebenen von Bedeutung sein.

In Netzindustrien ist es erforderlich, das Standardisierungsproblem disaggregiert anzugehen. Eine technische Regulierungsfunktion stellt sich insbesondere in Bezug auf das Infrastrukturmanagement. Die eindeutige geographische Definition der Kontrollkompetenz einer Zugüberwachung oder einer Flugsicherung während einer Zeitperiode stellt eine technische Regulierungsfunktion dar. Die konkrete Ausübung dieser Funktionen im Rahmen eines Kapazitäts- und Sicherheitsmanagements sind hingegen der Ebene des Infrastrukturmanagements zuzuordnen und können periodisch neu ausgeschrieben werden (vgl. Kapitel 6).

Literatur

Blankart, Ch.B., Knieps, G. (1992), Netzökonomik, Jahrbuch für Neue Politische Ökonomie, 11, 73-87

Diestel, R. (2005), Graph Theory, Springer-Verlag, 3. Aufl., Heidelberg, New York

Hughes, T. (1983), Networks of Power: Electrification in Western Society 1880-1930, Johns Hopkins University Press, Baltimore

Knieps, G. (1996), Wettbewerb in Netzen – Reformpotentiale in den Sektoren Eisenbahn und Luftverkehr, J.C.B. Mohr (Paul Siebeck), Tübingen

Knieps, G. (2005), Wettbewerbsökonomie – Regulierungstheorie, Industrieökonomie, Wettbewerbspolitik, Springer-Lehrbuch, 2. Aufl., Berlin u. a.

Lindahl, E. (1919), Die Gerechtigkeit der Besteuerung, Gleerupska Universitets-Bokhandeln, Lund

Mayntz, R., Hughes, T. P. (eds.) (1988), The Development of Large Technical Systems, Campus Verlag, Frankfurt

Rodrigue, J-P, Comtois, Slack, B. (2006), The Geography of Transport Systems, Routledge, London

Smith, A. (1776), An Inquiry into The Nature and Causes of The Wealth of Nations, London

Spulber, D., Yoo, C. (2005), On the Regulation of Networks as Complex Systems: A Graph Theory Approach, Northwestern University Law Review, 99, 1687-1722

Zuckerman, E. (2003), On Networks and Markets by Rauch and Casella, eds., Journal of Economic Literature, XLI, 545-565

2 Entscheidungsrelevante Kosten

2.1 Grundprinzipien der Kapitalkostenermittlung

Der Aufbau von Netzinfrastrukturen ist im Vergleich zu anderen Industrien mit besonders hohem Kapitaleinsatz verbunden. Die ökonomisch fundierte Periodisierung der Kapitalkosten ist daher für die Ermittlung entscheidungsrelevanter Kosten in Netzsektoren von besonderer Bedeutung. Entscheidungsrelevante Kostenkonzepte sind sowohl auf der Ebene der Netzdienstleistungen als auch auf der Ebene der Netzinfrastruktur relevant.

2.1.1 Kapitalkosten

Die traditionelle Produktions- und Kostentheorie beschäftigt sich mit der Angebotsseite von Märkten, ausgehend von den technologischen Bedingungen der Produktion und den Angebotsbedingungen der Produktionsfaktoren. Bei gegebener Produktionsfunktion und Faktorangebot lassen sich Minimalkosten-Kombinationen für jede Menge von alternativen Outputniveaus ableiten. Neben den kurzlebigen Produktionsfaktoren, die innerhalb einer Periode auf den Inputmärkten beschafft und innerhalb des Produktionsprozesses eingesetzt werden (z B. Energie, Werkstoffe, Arbeit) werden auch längerlebige Kapitalgüter (z.B. Maschinen) im Produktionsprozess eingesetzt. Die Herleitung einer Outputisoquante zur Bestimmung einer optimalen Kombination von Kapital und Arbeit setzt daher eine Periodisierung der Kapitalkosten voraus. Kapitalkosten beinhalten den Wertverzehr (ökonomische Abschreibung) und die Verzinsung (cost of capital) des eingesetzten Kapitals (vgl. z. B. Enke, 1962; Turvey, 1969, S. 286). Die periodengerechte Ermittlung der Kapitalkosten stellt ein wichtiges Teilgebiet der Kostentheorie dar, das für das Verständnis entscheidungsrelevanter Kosten unerlässlich ist.

Turvey (1969, S. 288 ff.) charakterisiert langfristige Grenzkosten als die Kostenveränderung durch eine permanente Outputzunahme und eine damit einhergehende Kapazitätserweiterung (zusätzliche Anlage). Die langfristigen Grenzkosten in einer Periode setzen sich aus den Kapitalkosten und den Grenzkosten der Produktion zusammen. Die ökonomische Abschreibung hat als Ziel, den Wertverzehr der Anlage (Verschleiß,

Risiko der technischen Überholung, Preis-/Wertveränderung der eingesetzten Anlagen) periodengerecht zu erfassen.

Das Grundprinzip der ökonomischen Abschreibung geht auf Hotelling (1925) zurück. Maschinen stellen längerlebige Kapitalgüter dar, deren Wert sich durch die bereitgestellten Leistungseinheiten bestimmt. Das Grundprinzip der ökonomischen Abschreibung besteht darin, den erwarteten Wertverzehr einer Anlage während einer Zeitperiode zu erfassen. Grundlegend ist dabei, den Wert einer gebrauchten Anlage zu unterschiedlichen Zeitpunkten ihrer Lebensdauer zu erfassen. Dabei wird davon ausgegangen, dass der Wert einer Anlage zu einem bestimmten Zeitpunkt aus der Restsumme des Nutzungspotenzials der verbleibenden Lebensdauer besteht. Die ökonomische Abschreibung ist folglich die Differenz zwischen dem Tagesgebrauchtwert zu Beginn und am Ende der Periode. Ausgehend von der Annahme, dass die Anlage in jedem Zeitpunkt voll ausgelastet ist, lässt sich der durchschnittliche Wertverzehr pro Leistungseinheit ermitteln. Der hypothetische jährliche Mietwert einer Maschine ergibt sich als Summe von ökonomischer Abschreibung und Zins.

Bei der Ermittlung entscheidungsrelevanter Abschreibungen gilt es folgende Prinzipien zu beachten (vgl. Knieps, Küpper, Langen, 2001, S. 760 ff.):

■ Kapitaltheoretische Erfolgsneutralität

Abschreibungen sollen keine Gewinnbestandteile enthalten und in diesem Sinne "erfolgsneutral" sein. Geht man dabei vom übergeordneten langfristigen Erfolgsziel aus, dann lässt sich diese Anforderung als Prinzip der kapitaltheoretischen Erfolgsneutralität charakterisieren (vgl. Küpper, 1994, S. 980 ff.). Es bringt zum Ausdruck, dass es sich um Kosten handelt.

■ Marktbezug

Wenn bei der Planung von entscheidungsrelevanten Kosten Marktentwicklungen außer Acht bleiben, besteht die Gefahr von Fehlentscheidungen und Fehlsteuerungen. Daraus leitet sich das Prinzip des Marktbezugs ab. Es verlangt vor allem eine Beachtung der Preis- und der Technologieentwicklung. Im Hinblick auf die Preise von Produktionsinputs steht der Beschaffungsmarkt im Vordergrund. Aber auch die Preisentwicklung auf dem Absatzmarkt ist von Bedeutung.

Deshalb erscheint es für eine Unternehmung zweckmäßig, die Abschreibungen einer Anlage während ihrer Lebensdauer so auf unterschiedliche Perioden zu verteilen, dass auch bei erwarteten Preissenkungen keine planmäßigen Verluste entstehen. Ein Unternehmen wird eine Investition aus ökonomischen Gründen nicht tätigen, wenn diese bei erwarteten (Beschaffungs- und Absatz-) Preisänderungen zu einem Verlust führt.

■ Zukunftsorientierte Ermittlung

Da Entscheidungen stets auf die Zukunft gerichtet sind, stellen Abschreibungen zur Ermittlung des ökonomischen Wertverzehrs ein zukunftsorientiertes Konzept dar. Die Ermittlung ökonomischer Abschreibungspläne kommt daher nicht ohne Annahmen über die relevanten Ereignisse zukünftiger Perioden aus. Zunächst stellt sich die Frage, ob davon ausgegangen werden kann, dass zu Beginn des Planungshorizonts sämtliche relevanten Entscheidungsvariablen und Handlungsbeschränkungen bekannt sind (geschlossener Ereignisraum) und folglich keine unvorhergesehenen Ereignisse auftreten. Insbesondere wird davon ausgegangen, dass unvorhergesehene Änderungen von Preisen oder Technologien nicht auftreten. In einer solchen stationären Welt lassen sich „geschlossene" Abschreibungspläne einmalig zu Beginn des Planungshorizonts ableiten, da in diesem Zeitpunkt zuverlässige (rationale) Erwartungen über die Ereignisse vorliegen.

■ Kostenermittlung versus Preisermittlung

Falls in jeder Periode die Kapazität ausgeschöpft wird, ist die Aufteilung der Kapazitätskosten auf die unterschiedlichen Perioden unter Einbezug der Nachfragefunktionen möglich (vgl. Hotelling, 1925). Das Problem der periodengerechten Ermittlung der Abschreibungen lässt sich aber auch bei schwankenden Auslastungen im Zeitablauf mit dem analytischen Instrumentarium der auslastungsabhängigen Preisbildung (Spitzenlasttarifierung) lösen (vgl. Littlechild, 1970; Baumol, 1971). Der Anteil in einer Periode zur Deckung der Kapazitätskosten ist umso höher, je größer die aggregierte Zahlungsbereitschaft in dieser Periode ist.

Das Prinzip der auslastungsabhängigen Ermittlung der Abschreibungen sollte nicht zu dem Trugschluss führen, dass die Grenzen zwischen Kostenermittlung und Preissetzung als unterschiedliche Teilgebiete verschwimmen. Entscheidungsrelevante Kostenkonzepte gehen von den im Zeitpunkt der Anlageentscheidungen prognostizierbaren Auslastungsunterschieden in unterschiedlichen Perioden aus, da nur diese die Dimensionierung der Anlagen beeinflussen können. Nutzungsrivalitäten und Knappheitsannahmen können sich daher immer nur auf die durchschnittliche Auslastung in den jeweiligen Perioden beziehen. Demgegenüber sind Preissetzungen kurzfristiger Natur, um auf kurzfristig veränderte Nachfragebedingungen differenziert reagieren zu können, auch wenn Anlageentscheidungen nicht zur Disposition stehen (vgl. Vickrey, 1985, S. 1333). Spitzenlasttarife können bereits im Verlaufe eines Tages, abhängig von Nachfrageschwankungen zu unterschiedlichen Tageszeiten, erheblich variieren. Dadurch werden eine Feinsteuerung der Auslastungsschwankungen im Tagesverlauf und eine damit einhergehende gleichmäßigere Kapazitätsauslastung ermöglicht (vgl. Abschnitt 4.1.1). Die Anpassung der Kapazitäten an veränderte Nachfragebedingungen stellt demgegenüber ein längerfristiges Problem dar. So erfordert ein Ausbau von Kapazitäten einen nicht vernachlässigbaren Zeitaufwand, im Gegensatz zu der im mikroökonomischen Basismodell unterstellten unendlichen Anpassungsgeschwindigkeit der langfristigen Kostenfunktion an die gewünschte Kapazität.

2.1.2 Das Konzept des Deprival Value

Das Deprival-Value-Konzept definiert den Wert einer Anlage durch die Opportunitätskosten, die durch den Wegfall dieser Anlage entstehen.[2] Dabei wird auch in Betracht gezogen, dass es sich durchaus lohnen kann, eine Anlage noch während ihrer ökonomischen Lebensdauer zu verkaufen oder nicht mehr zu ersetzen.[3]

In einem bestimmten Zeitpunkt (Beginn der Periode t) bestimmt sich der Deprival Value $DV(t)$ wie folgt:

$$(2.1) \qquad DV(t) = \min\left[V(t), \max(S(t), EW(t))\right]$$

Dabei bezeichnen:

$V(t)$ Tagesgebrauchtwert (Wiederbeschaffungsrestwert) zu Beginn der Periode t

$S(t)$ Verkaufswert zu Beginn der Periode t

$EW(t)$ Ertragswert zu Beginn der Periode t

Der Deprival Value lässt sich auch mittels der folgenden Abbildung 2-1 veranschaulichen (vgl. Bell, Peasnell, 1997, S. 126).

Abbildung 2-1:   *Deprival Value*

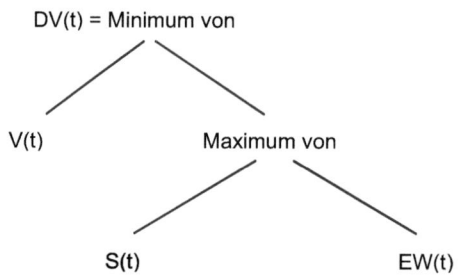

Es gilt zwischen 3 verschiedenen Fällen zu unterscheiden.

Fall 1: Deprival Value = Tagesgebrauchtwert

$$(2.2) \qquad DV(t) = V(t) \qquad\qquad t = 1, \dots, T$$

---

[2]   Vgl. für einen Überblick, Bell, Peasnell (1997, S. 122 f.); Solomons (1966, S. 125); Atkinson, Scott (1982, S. 20 ff.).

[3]   Abhängig vom jeweiligen Problemkontext kann eine Anlage aus einer Netzkomponente oder einem Bündel von Netzkomponenten bestehen.

Falls *EW(t)>V(t)>S(t)*, *t*=1,...,*T* lohnt es sich, eine Maschine anzuschaffen und auch zu ersetzen, falls sie ausfällt. Dies gilt auch, falls $EW(t) > S(t) \geq V(t)$. Der Nutzungswert der Maschine in Höhe des Ertragswerts ist dafür ausschlaggebend, dass die Maschine während ihrer gesamten Lebensdauer eingesetzt wird, da er über dem Verkaufwert liegt und den Tagesgebrauchtwert nicht unterschreitet.

Fall 2: Deprival Value = Verkaufswert

(2.3) $DV(n) = S(n) \quad n \geq t$

Falls *V(n)>S(n)>EW(n)*, $n \geq t$, stellt der Verkaufswert die Opportunitätskosten der Maschine dar. Es lohnt sich, die Maschine im Zeitpunkt *t* zu verkaufen, da der Verkaufswert über dem Ertragswert liegt. Ein Ersatz der Maschine zum Tagesgebrauchtwert (Wiederbeschaffungsrestwert) lohnt sich nicht, da der Ertragswert unterhalb des Tagesgebrauchtwerts liegt.

Fall 3: Deprival Value = Ertragswert

(2.4) $DV(n)=EW(n) \quad n \geq t$

Falls *V(n)>EW(n)>S(n)*, $n \geq t$ stellt der Ertragswert die Opportunitätskosten bei Wegfall der Maschine dar. Es lohnt sich nicht eine Maschine zu ersetzen oder zu verkaufen. Die Maschine einmal angeschafft wird bis zum Ende ihrer ökonomischen Lebensdauer eingesetzt. Es stellt sich die Frage, ob dennoch die kapitaltheoretische Erfolgsneutralität erfüllt ist, auch wenn ab einem bestimmten Zeitpunkt der Deprival Value dem Verkaufswert (Fall 2) oder dem Ertragswert (Fall 3) entspricht. Unter stationären Bedingungen ist dies gewährleistet, da ansonsten auf die Anschaffung der Maschine verzichtet worden wäre. Dies wird im Folgenden für den Fall 3 unter Vernachlässigung der Verkaufsoption aufgezeigt.[4]

Anhand des nachfolgenden Beispiels, basierend auf Wright (1968, S. 225 f.), lässt sich illustrieren, dass ein erwarteter Nachfragerückgang nach dem von der Maschine produzierten Produkt ab einem bestimmten Zeitpunkt zu einem Ertragswert führt, der unter dem Tagesgebrauchtwert liegt. Falls dies permanent der Fall ist, lohnt es sich ab einem bestimmten Zeitpunkt nicht mehr eine neue Maschine anzuschaffen. Zur Vereinfachung wird der Zins mit 0 angesetzt (vgl. Tabelle 2-1).

Betrachtet wird das Beispiel einer Maschine, die in jeder Periode 10 Einheiten eines nicht lagerbaren Produktes produziert und nach 2 Jahren ersetzt wird. Zu Beginn jedes Jahres kommt ein neuer Maschinentyp auf den Markt, der funktional mit der alten Maschine äquivalent ist. Im 1. Jahr gibt es eine Maschine, die neu ist; im 2. Jahr wird zusätzlich eine neue Maschine angeschafft; die Maschine aus dem 1. Jahr ist nun alt, ist aber funktional genauso gut wie die neue Maschine. Der ökonomische Wertverzehr (Abschreibung) für jede Einheit, die in der 2. Periode produziert wird, wird folglich gleich bewertet, unabhängig davon, ob die Einheit von der alten oder der neuen

---

4   Eine analoge Argumentation gilt auch für Fall 2.

Maschine stammt. Die Bewertung des Nutzungspotenzials der teureren alten Maschine in der 2. Periode entspricht folglich dem Wert des Nutzungspotenzials der billigeren neuen Maschine in dieser Periode. Der Tagesgebrauchtwert der alten Maschine muss folglich der Abschreibung der neuen Maschine entsprechen (solange der Ertragswert über dem Tagesgebrauchtwert liegt). Die Abschreibungen beider Maschinen stimmen folglich überein. Dieselbe Logik gilt für alle darauf folgenden Jahre, in denen jeweils eine neue Maschine angeschafft wird.

Tabelle 2-1:   *Ökonomische Abschreibung*

Jahr	1	2	3	4	5	6	7
Tagesneupreis der Maschine *AP(t)*	100	70	50	40	40	40	40
Tagesgebrauchtwert *V(t)*		40	30	20	20	20	20
Ertragswert *EW(t)*		40	30	20	20	10	0
Ökonomische Abschreibung *d(t)*	60	40	30	20	20	10	0
Arbeitskosten	1	1	1	1	1	1	1
Produktpreis p_t	7	5	4	3	3	2	1

Die Preissenkungen der Maschinen führen dazu, dass die Tagesgebrauchtwerte ebenfalls sinken. Da der Tagesgebrauchtwert in der 4. Periode 20 beträgt, ist die ökonomische Abschreibung der Maschine in der 3. Periode 30, da sie neu 50 gekostet hat. Analog ist die ökonomische Abschreibung in der 2. Periode 40 und in der 1. Periode 60. Unberücksichtigt bei der Bestimmung der Tagesgebrauchtwerte bleibt, ob die dadurch ausgewiesenen Kosten auch durch entsprechende Ertragswerte der Verkaufspreise gedeckt werden können. Der Deprival Value stellt daher (unter Vernachlässigung der Verkaufsoption) auf das Minimum zwischen Tagesgebrauchtwert und Ertragswert ab.

(2.5) $DV(t) = \min(V(t) - EW(t))$

Die ökonomische Abschreibung einer Anlage mit einer Lebensdauer von 2 Perioden ergibt sich als:

(2.6) $d(t) = AP(t) - DV(t+1)$, wobei *AP(t)* den Tagesneupreis zu Beginn der Periode *t* bezeichnet.

Die Produktpreise in den Perioden 6 und 7 werden exogen aufgrund von intensiver Substitutionskonkurrenz mit $p_6 = 2$ und $p_7 = 1$ angenommen. In den Perioden 6 und 7 liegt deshalb der Ertragswert unterhalb des Tagesgebrauchtwerts, so dass bei der ökonomischen Abschreibung der Ertragswert relevant wird. In allen vorangegangenen Perioden ist der Tagesgebrauchtwert relevant, da der wettbewerbliche Produktpreis einen Ertragswert generiert, der den Tagesgebrauchtwert nicht unterschreitet.

Es stellt sich die Frage, welche Auswirkungen dieser Verfall der Produktpreise in den beiden letzten Perioden auf die kapitaltheoretische Erfolgsneutralität der eingesetzten Maschinen hat. Da der Preisverfall ex ante bekannt ist, muss sich das Unternehmen fragen, ab wann sich die Anschaffung einer neuen Maschine nicht mehr lohnt. Dies ist bereits in der 5. Periode der Fall, da der Kauf einer neuen Maschine zum Preis von 40 nur noch einen Ertragswert von 30 erwirtschaftet. In der Periode 5 wird folglich nur noch die gebrauchte Maschine eingesetzt, die sich in den Perioden 4 und 5 amortisiert. Der Kauf einer neuen Maschine in der Periode 5 würde dagegen ein Defizit von 10 hervorrufen, das bei der Anwendung der Abschreibungsregel (2.6) nicht mehr ausgeglichen werden kann und folglich die kapitaltheoretische Erfolgsneutralität verletzt würde. Dies ändert sich auch nicht, wenn in den früheren Perioden Gewinne durch monopolistische Preise erwirtschaftet werden könnten. In diesem Fall müsste sich die ökonomische Abschreibung am Tagesgebrauchtwert ausrichten, da dieser unterhalb des Ertragswerts liegt.

2.1.3 Implementierung

2.1.3.1 Konventionelle Abschreibungsverfahren

In der internen wie in der externen Unternehmensrechnung wird eine Vielzahl von Abschreibungsverfahren angewandt.[5] Sie unterscheiden sich insbesondere hinsichtlich der Orientierung des Abschreibungsverlaufs an der Zeit mit linearer, degressiver bzw. progressiver Verteilung und den jeweiligen Wiederbeschaffungswerten oder der Inanspruchnahme des Anlageguts.[6]

Der ökonomische Wertverzehr des eingesetzten Anlagegutes kann innerhalb des Planungshorizonts erheblich variieren. Während die ökonomische Abschreibung alle relevanten, zu Beginn des Planungshorizonts bekannten Faktoren erfasst (laufende Kosten, Verschleiß, Preise auf den Inputmärkten, Nachfrage etc.), ist dies bei den einfachen, zeitabhängigen Abschreibungsverfahren von den historischen Anschaffungs- oder Herstellungskosten in der Regel nicht der Fall. Schwankungen des ökonomischen Wertverzehrs werden durch sie nicht präzise abgebildet, obwohl diese in einer stationären Welt nicht unerwartet auftreten. Denn es wird unterstellt, dass der Wertverzehr eines Anlagegutes sich immer in konstant gleichen (lineare Abschreibung), in konstant abnehmenden (degressive Abschreibung) oder in konstant zunehmenden (progressive Abschreibung) Jahresraten bewegt. Konventionelle Abschreibungsverfahren wie die lineare, die degressive oder die progressive Abschreibung sind daher selbst in einer Welt stationärer Bedingungen für die Ermittlung der entscheidungsrelevanten Kosten bestenfalls näherungsweise verwendbar.

---

5   Vgl. hierzu u. a. Schweitzer, Küpper (1998, S. 115 ff.).
6   Ein Zahlenbeispiel zum Vergleich der wichtigsten gängigen Abschreibungsverfahren bei Preissenkungen findet sich in Knieps, Küpper, Langen (2001, S. 763).

2.1.3.2   Geschlossene versus offene Abschreibungspläne

Die Ermittlung entscheidungsrelevanter Kosten muss zukunftsorientiert erfolgen und kommt folglich nicht ohne Erwartungsbildung des Unternehmens aus. Die Problematik der Erwartungsbildung wird in der Ökonomie in sehr unterschiedlichen Modellkontexten behandelt. Zentral steht in diesem Zusammenhang die Frage, ob die Erwartungen der Wirtschaftssubjekte bezüglich der zukünftigen Entwicklung der Nachfrage- und Produktionsbedingungen „rational" sind, d.h. sich selbst bestätigen. Muth hat in diesem Zusammenhang die rationale Erwartungshypothese wie folgt charakterisiert: „that expectations of firms (or, more generally, the subjective probability distribution of outcomes) tend to be distributed,…, about the prediction of the theory (or the "objective" probability distributions of outcomes)" (Muth, 1961, S. 316). Die Frage nach der Existenz rationaler Erwartungen stellt sich an dieser Stelle nicht. Es geht vielmehr um die Bedeutung der Annahme rationaler Erwartungen für die Ermittlung entscheidungsrelevanter Kapitalkosten.

Unvorhergesehene Änderungen von Preisen oder Technologien werden in den Modellen zur Erfassung von ökonomischen Abschreibungen in der Regel ausgeschlossen. Hotelling (1925, S. 344 f.) geht von statischen bzw. quasi-dynamischen Wertentwicklungen der Maschine aus, wobei er annimmt, dass zumindest der Trend der Wertentwicklung zu Beginn des Planungshorizonts zuverlässig geschätzt werden kann. Turvey (1969, S. 298) schließt unvorhergesehene Änderungen von Preisen oder Technologien aus; sonst würde auch der ursprüngliche Abschreibungsplan die Kostendeckung nicht mehr gewährleisten. Weitere Autoren schließen ebenfalls unerwartete Änderungen der Tagesgebrauchtwerte aus.[7] Wright (1968, S. 226) verweist darauf, dass die Abschreibungspläne von den Erwartungen zu Beginn des Planungshorizonts abhängen. Unterschiedliche Erwartungen generieren folglich unterschiedliche Abschreibungspläne. Unerwartete Änderungen der Preise oder Technologien werden nicht betrachtet. Im Folgenden zeigt sich, dass Abschreibungen nach dem Deprival-Value-Prinzip Anpassungen an unerwartete Änderungen von Preisen und Technologien ermöglichen.

Zum modellhaften Verständnis des ökonomischen Wertverzehrs sind die Modelle geschlossener Abschreibungspläne unerlässlich. Allerdings stellt sich in dynamischen Wirtschaftssektoren die Notwendigkeit auf veränderte ökonomische Bedingungen bestmöglich zu reagieren. Ex ante nicht erkennbare Entwicklungen können zu Beginn des Planungshorizonts ihrer Natur nach nicht berücksichtigt werden und ihre Vernachlässigung darf auch ex post nicht als Fehler bezeichnet werden (vgl. Preinreich, 1940, S. 20). Es verbleibt die Notwendigkeit, die Abschreibungspläne auf der Basis des Deprival-Value-Konzepts geeignet anzupassen. Dies muss sequentiell auf der Basis der aktuellen Erwartungen vorgenommen werden. Sequentielle Abschreibungspläne sind dadurch gekennzeichnet, dass sie die zukünftigen Abschreibungswerte auf der

---

[7]   Littlechild (1970, S. 330); Baumol (1971, S. 650 f.); Atkinson, Scott (1982, S. 20).

Basis der aktuellen Erwartungen ermitteln, ohne auf die vergangenen Abschreibungswerte Rücksicht zu nehmen, da diese nicht mehr entscheidungsrelevant sind.

Preissenkungen bei Maschinen aufgrund von technologischem Fortschritt können durch geschlossene Abschreibungspläne berücksichtigt werden, insoweit zu Beginn des Planungshorizonts rationale Erwartungen über die zukünftige Preisentwicklung gebildet werden können. Falls zu Beginn einer Periode innerhalb des Planungshorizonts sich aufgrund von technischem Fortschritt die Erwartungen über die zukünftigen Maschinenpreise ändern, muss der Abschreibungsplan entsprechend angepasst werden.

Im Folgenden werden 3 Fälle betrachtet. Ausgegangen wird vom in Tabelle 2-1 dargelegten Fallbeispiel. Allerdings wird jetzt angenommen, dass $EW(t) \geq V(t)$ für alle t, so dass bei der Abschreibung nur die Tagesgebrauchtwerte relevant sind. Da der ökonomische Wertverzehr für jede produzierte Einheit übereinstimmt, unabhängig davon, ob die Einheit von der alten oder der neuen Maschine stammt, gilt für den Spezialfall einer Lebensdauer von 2 Perioden mit identischen Produktionsmengen in jeder Periode, dass $V(t)=d(t)$. Zur Vereinfachung wird der Zins wiederum mit 0 angesetzt.

■ Fall 1: Rationale Punkterwartungen bezüglich der Maschinenpreise zu Beginn der Periode 1 (vgl. Wright, 1968, S. 225).

Das in Tabelle 2-2 betrachtete Beispiel basiert ebenfalls auf rationalen Punkterwartungen der zukünftigen Maschinenpreise. Als Resultat ergibt sich folglich auch ein Abschreibungsplan, der aus der ex ante Perspektive das Kriterium der kapitaltheoretischen Erfolgsneutralität erfüllt, d. h. die ursprüngliche Investitionsausgabe finanziert. Die Summe der Anschaffungspreise der Maschinen entspricht 360. Die Summe der Abschreibungen entspricht ebenfalls 360, wobei in der 1. Periode die Abschreibung auf die neue Maschine beschränkt ist und am Ende der 7. Periode die alte Maschine zum Tagesgebrauchtwert verkauft wird.

Tabelle 2-2:   *Geschlossener Abschreibungsplan*

Jahr	1	2	3	4	5	6	7
AP(t)	100	70	50	40	40	40	40
V(t)		40	30	20	20	20	20
d(t)	60	40	30	20	20	20	20

▪ Fall 2: Erwartungsänderung zu Beginn der Periode 2, Halbierung der Maschinenpreise ab Periode 4 (vgl. Weiß, 2005, S. 16 f.).[8]

Nach Eintritt der Erwartungsänderung zu Beginn der Periode 2 ergibt sich ein geänderter Abschreibungsplan. Allerdings muss die bereits getätigte Abschreibung in Periode 1 als gegeben angenommen werden (vgl. Tabelle 2-3). Die Summe der Anschaffungspreise beträgt 290 (die 7. Maschine wird am Ende der 7. Periode zum Tagesbrauchtwert verkauft). Die Summe der Abschreibungen beträgt 280. Die Abschreibungen in der 1. Periode ließen sich nachträglich nicht mehr auf 70 erhöhen.

Tabelle 2-3:   *Offener Abschreibungsplan mit einmaliger Erwartungsänderung*

Jahr	1	2	3	4	5	6	7
AP(t)	100	70	50	20	20	20	20
V(t)		30	40	10	10	10	10
d(t)	(60)	30	40	10	10	10	10

▪ Fall 3: Erste Erwartungsänderung zu Beginn der Periode 2, Halbierung der Maschinenpreise ab Periode 4. Zweite Erwartungsänderung zu Beginn der Periode 4, Halbierung der Maschinenpreise erst ab Periode 5.

Nach Eintritt der erneuten Erwartungsänderung zu Beginn der Periode 4 ergibt sich wiederum ein geänderter Abschreibungsplan (vgl. Tabelle 2-4). Die Anschaffungswerte betragen 310 (die 7. Maschine wird am Ende der 7. Periode zum Tagesbrauchtwert verkauft). Die bereits getätigten Abschreibungen von 200 können nicht mehr verändert werden. Die verbleibenden Abschreibungen im neuen Abschreibungsplan betragen nach zweimaliger Erwartungsänderung 120.

Tabelle 2-4:   *Offener Abschreibungsplan mit zweimaliger Erwartungsänderung*

Jahr	1	2	3	4	5	6	7
AP(t)	100	70	50	40	20	20	20
V(t)				30	10	10	10
d(t)	(60)	(30)	(40)	30	10	10	10

---

[8] Die bereits getätigten Abschreibungen sind für die neuen Abschreibungspläne nicht mehr relevant und werden deshalb mit einem Klammerwert versehen.

Die sequentielle Anpassung der Abschreibungspläne aufgrund veränderter Preiserwartungen ist erforderlich, um das Grundprinzip des Marktbezugs zu erfüllen. Allerdings ist dann die Einhaltung der kapitaltheoretischen Erfolgsneutralität über den gesamten Planungshorizont von Periode 1 bis 7 nicht mehr gewährleistet. Die Summe der in den jeweiligen Perioden relevanten Abschreibungen stimmt nicht mehr mit der Summe der Anschaffungswerte der Maschinen überein. In Fall 2 ergibt sich eine Kostenunterdeckung von 10, im Fall 3 ergibt sich eine Kostenüberdeckung von 10.

Falls entscheidungsrelevante Informationen auf Grund technischen Fortschritts und veränderter Nachfragebedingungen neu hinzutreten und zuverlässige Annahmen über die zukünftigen Entwicklungen zu Beginn des Planungshorizonts nicht möglich sind, also ein offener Ereignisraum vorliegt, verfehlen geschlossene Abschreibungspläne das Kriterium der Marktnähe. Auf Grund der permanenten, zu Beginn des Planungshorizonts nicht zuverlässig einschätzbaren Entwicklung besteht die Notwendigkeit einer periodischen Neubewertung der Anlagenteile unter Einbeziehung der im jeweiligen Entscheidungszeitpunkt vorliegenden entscheidungsrelevanten Informationen über die zukünftige Entwicklung. Der ökonomische Wertverzehr ergibt sich dann jeweils als Differenz zwischen dem Wert der Anlage zu Beginn der Periode und dem Wert der Anlage am Ende der Periode (vgl. Knieps, Küpper, Langen, 2001).

2.1.3.3 Der Zins

In den Zinsen eines Netzbetreibers sollen die Opportunitätskosten für die in Netzkomponenten oder andere zugehörige Wirtschaftsgüter investierten Mittel zum Ausdruck kommen. Ausgegangen wird vom Ansatz der durchschnittlich gewogenen Kapitalkosten (Weighted Average Cost of Capital - WACC).[9]

$$(2.7) \qquad \text{WACC} = r_{EK} \cdot \frac{EK}{GK} + r_{FK} \cdot (1-s) \cdot \frac{FK}{GK}$$

wobei:

r_{EK} Zinssatz des Eigenkapitals (Renditeforderung der Aktionäre)

r_{FK} Zinssatz des Fremdkapitals (Renditeforderung der Fremdkapitalgeber)

EK Marktwert des Eigenkapitals

FK Marktwert des Fremdkapitals

GK Marktwert des Gesamtkapitals ($EK + FK$)

s Gewinnsteuersatz des Unternehmens

---

[9]   Dieser Ansatz geht bereits auf Modigliani, Miller (1958) zurück; zur historischen Entwicklung dieses Ansatzes vgl. Volkart (2001, Kapitel 2) sowie zur Implementierung in der modernen Corporate-Finance-Theorie vgl. Volkart (1999, Kapitel 11).

In diesem Ansatz werden die gewichteten Durchschnittskosten des Kapitals basierend auf den erwarteten Fremdkapitalkosten und den erwarteten Kosten des Eigenkapitals ermittelt.

Die moderne Finanzmarkttheorie stellt unterschiedliche Ansätze zur Ermittlung des Zinssatzes des Eigenkapitals bereit. Das Capital Asset Pricing Model (CAPM) ist am weitesten verbreitet in der Praxis von Großunternehmen aufgrund seiner relativ transparenten Charakterisierung der relevanten Risiken (vgl. Bruner et al., 1998; Volkart, Suter, 1999).[10] Das CAPM impliziert, dass ein funktionierender Kapitalmarkt erwartete Renditen produzieren wird, welche die Investoren für das nicht diversifizierbare Risiko kompensieren.

Das Ziel des CAPM ist es, die dem Risiko des Eigentümers äquivalente Risikoprämie zu ermitteln. Nach dem CAPM entspricht die erwartete Rendite des Eigenkapitalgebers dem risikolosen Zinssatz, zuzüglich der Marktrisikoprämie (Differenz zwischen der erwarteten Rendite eines voll diversifizierten Aktienportfolios und dem risikolosen Zins) multipliziert mit dem systematischen Risiko (Beta-Faktor des Unternehmens) (vgl. z. B. Copeland et al., 2000, S. 214 ff.).

Zur Ermittlung der Verzinsung des eingesetzten Kapitals muss sowohl das Eigenkapital als auch das festverzinsliche Fremdkapital mit den jeweiligen Marktwerten in die WACC-Formel eingehen. Ein wesentliches Charakteristikum der zukunftsorientierten, entscheidungsbasierten Kapitalkostenermittlung besteht darin, vom ökonomischen Wert im Sinne der Opportunitätskosten der bestehenden Anlagen auszugehen, die sich in den jeweiligen Marktwerten niederschlagen.

2.1.3.4 Disaggregierte Kapitalkostenermittlung

Kapitalkosten fallen sowohl bei der Bereitstellung von Netzinfrastrukturkapazitäten als auch bei der Bereitstellung von Netzdienstleistungen an. Insoweit die Anbieter von Netzdienstleistungen und die Anbieter von Netzinfrastrukturkapazitäten getrennte Unternehmen sind, sind die eingesetzten Kapitalkosten ebenfalls separiert. Insoweit Netzinfrastrukturanbieter gleichzeitig auch Netzdienstleistungen anbieten, stellt sich die Frage nach der Abgrenzung der Kapitalkosten auf den unterschiedlichen Netzebenen.

Sowohl der risikolose Zins als auch die Marktrisikoprämie sind nicht branchenspezifisch. Das systematische Risiko (Beta) hängt naturgemäß von der spezifischen unternehmerischen Situation im jeweiligen Sektor ab, da es das nicht diversifizierbare Risiko eines Unternehmens in Relation zu einem voll diversifizierten Aktienportfolio misst. Die Finanzmarkttheorie verlangt ein zukunftsgerichtetes Beta, das die erwarte-

---

10 Im Rahmen dieses Kapitels erscheint es nicht zweckmäßig, auf die theoretische Fundierung der unterschiedlichen Ansätze der modernen Finanzmarkttheorie zur Ermittlung des Zinssatzes des Eigenkapitals und deren jeweiligen Stärken und Schwächen näher einzugehen.

ten zukünftigen Risiken einer Anlage in ein Unternehmen relativ zum Marktportfolio misst (vgl. Knieps, 2003, S. 99).

Grundsätzlich gilt es zwischen dem Risiko auf den Märkten für Netzdienstleistungen und demjenigen auf den Märkten für Netzinfrastrukturkapazitäten zu unterscheiden. Für den Fall vertikal integrierter Netzunternehmen stellt sich als Ausgangspunkt die Frage nach dem spezifischen Risiko des betreffenden Geschäftsbereiches. Damit verknüpft ist die Problematik einer geschäftsbereichsspezifischen Ermittlung der Eigenkapitalkosten.

2.2 Entscheidungsrelevante Kostenallokation

Abhängig von der zugrunde liegenden Entscheidungssituation sind verschiedene Kostenkonzepte relevant. Da Netzunternehmen typischerweise Mehrproduktunternehmen sind, gilt es die Kostenkonzepte in diesem Kontext anzuwenden. Abhängig von der vorliegenden Entscheidungssituation können folgende mikroökonomisch fundierte Kostenkonzepte von Bedeutung sein:

- kurzfristige Grenzkosten zur Bestimmung auslastungs-/nutzungsabhängiger Tarife;

- langfristige Grenzkosten zur Ermittlung des ökonomischen Wertverzehrs bei der Bereitstellung eines Produktes;

- langfristige Zusatzkosten zur Beantwortung der Frage, ob bestimmte Netzdienstleistungen bzw. Netzinfrastrukturen zusätzlich angeboten werden sollen;

- langfristige vermeidbare Kosten zur Beantwortung der Frage, ob bestimmte Netzdienstleistungen bzw. Netzinfrastrukturen eingestellt werden sollen;

- Stand-alone-Kosten von Produkten bzw. Produktgruppen zur Beantwortung der Frage, ob der Aufbau alternativer Teilnetze sich trägt;

- Gesamtkosten zur Bestimmung der Überlebensfähigkeit der aktiven Netzbetreiber.

2.2.1 Kurzfristige versus langfristige Grenzkosten

Langfristige Grenzkosten unterscheiden sich von kurzfristigen Grenzkosten dadurch, dass auch die (periodisierten) Kapitalkosten der Kapazitätsvorhaltung berücksichtigt werden müssen. Während die Kapazität in einer Zeitperiode fix ist, sind kurzfristige Auslastungsschwankungen innerhalb der Kapazitätsgrenze möglich. Es gilt zu unterscheiden zwischen dem Fall, dass zu Beginn jeder Periode die Kapazität angepasst werden kann, so dass in jedem Zeitpunkt die optimale Kombination von fixen und variablen Kosten gewählt werden kann, und dem Fall, dass eine solche Anpassung nicht oder nur bedingt möglich ist. Im letzteren Fall ist die Kostenstruktur der Industrie pfadabhängig, da sie in jeder Periode von der Historie der getätigten Investitionen, Technologieentwicklungen und der Entwicklung der relativen Faktorpreise abhängig ist (vgl. Turvey, 1969, S. 285 f.). Auch wenn die Kombination von fixen und variablen Kosten im Zeitablauf variabel ist, so stellt die Vorhaltung von Kapazität fixe Kosten dar, die nicht mit dem Auslastungsgrad schwankt. Während die langfristigen Grenzkosten die fixen Kosten der Kapazitätsvorhaltung mit beinhalten, stellen die kurzfristigen Grenzkosten eine Funktion der Ausbringungsmenge (bis zur Kapazitätsgrenze) dar.

2.2.2 Langfristige Zusatzkosten

Auch wenn seit der umfassenden Netzöffnung und der damit einhergehenden Netzzugangsproblematik das Konzept der Zusatzkosten an Bedeutung gewonnen hat, so handelt es sich hierbei um einen Ansatz, dessen Wurzeln in das 19. Jahrhundert zurückreichen (vgl. Alexander, 1887, S. 4). Inzwischen wurde dieses Konzept mit Hilfe spieltheoretischer Methoden verfeinert und für die Anwendung auf Produktgruppen weiterentwickelt (vgl. Faulhaber, 1975; Knieps, 1987).

Langfristige Zusatzkosten: Betrachtet sei der Mehrproduktfall mit $N = \{1,...,n\}$ Produkten. Die langfristigen Zusatzkosten eines Produktes $i \in N$ bei Produktion eines Outputvektors $y = (y_1,...,y_n)$ sind definiert als:

(2.8) $\overline{C}(y_i) = C(y) - C(y_{N-i})$, wobei $y_{N-i} = (y_1,...,y_{i-1},0,y_{i+1},...,y_n)$

Es handelt sich folglich um die zusätzlichen Kosten, die dadurch entstehen, dass ein zusätzliches Produkt i produziert wird, vorausgesetzt, dass bereits alle übrigen Produkte ohnehin produziert werden. Die langfristigen durchschnittlichen Zusatzkosten eines Produktes i werden demgemäß definiert als (Baumol, Panzar, Willig, 1982, S. 67):

(2.9) $A\overline{C}(y_i) = \dfrac{\overline{C}(y_i)}{y_i}$

Die langfristigen Zusatzkosten einer Produktgruppe $S \subset N$ bei Produktion eines Outputvektors $y = (y_1,...,y_n)$ sind definiert als

(2.10) $\overline{C}(y_S) = C(y) - C(y_{N-S})$, wobei y_S den Vektor bezeichnet, der $y_i > 0$ für
$i \in S$ und $y_i = 0$ für $i \notin S$

Als langfristige Zusatzkosten einer Produktgruppe werden die zusätzlichen Kosten bezeichnet, die anfallen, falls alle übrigen Produkte ohnehin bereitgestellt werden. Es handelt sich um diejenigen Kosten, die anfallen, falls eine zusätzliche Produktgruppe angeboten wird. Zusatzkosten können fix oder variabel sein.

Bei der Anwendung des Konzeptes der Zusatzkosten ist die Definition des relevanten zusätzlichen Produkts bzw. der relevanten zusätzlichen Produktgruppe von zentraler Bedeutung. Das Konzept der Zusatzkosten darf nur auf Outputs angewandt werden. Die Definition der zusätzlichen Produkte ist eine unternehmerische Entscheidung. Sie richtet sich insbesondere nach den Marktgegebenheiten. Nicht fiktive Produkte, sondern aktuell angebotene oder geplante Produkte werden berücksichtigt. Im Spezialfall eines Einproduktunternehmens stimmen die langfristigen Zusatzkosten mit den langfristigen Grenzkosten überein.

2.2.3 Langfristige Zusatzkosten versus langfristig vermeidbare Kosten

Von grundlegender Bedeutung ist die Unterscheidung zwischen fixen Kosten und irreversiblen Kosten (vgl. Baumol, 1996, S. 57 f.). Während fixe Kosten auf unterschiedlichen Märkten einsetzbar sind, können irreversible Kosten – wenn sie auf einem Markt einmal getätigt wurden – nicht mehr anderweitig eingesetzt werden. Fixe Kosten können irreversibel oder reversibel sein. Irreversible Kosten könne fix sein oder variabel. Ein Flugzeug stellt fixe Kosten dar, die auf verschiedenen Märkten eingesetzt werden können und folglich nicht irreversibel sind. Ein Flughafen stellt demgegenüber irreversible Kosten dar. Bei Vorliegen von Kostenirreversibilitäten gilt es zwischen langfristigen Zusatzkosten und den langfristig vermeidbaren Kosten zu unterscheiden. Während vor der Marktzutrittsentscheidung auch die irreversiblen Kosten entscheidungsrelevant sind, sind bei Marktaustrittsentscheidungen lediglich die vermeidbaren Kosten relevant, falls die Anlage sonst nicht mehr genutzt wird.

Solange ein Markt nicht aufgegeben wird (z. B. durch die Stillegung eines Flughafens), besitzen auch Anlagen mit versunkenen (irreversiblen) Kosten marktmäßige Opportunitätskosten der Inanspruchnahme und sind folglich auch Bestandteil der entscheidungsrelevanten Zusatzkosten. Gleichzeitig gilt eine Pfadabhängigkeit der Netzauslastungsentscheidungen. So kann es beispielsweise kostengünstiger sein, bei steigendem Bedarf einen Flughafen zu erweitern, anstatt eine völlig neue Anlage an seine Stelle zu setzen. Auch der ökonomische Wert von Anlagen, deren Kosten versunken sind, kann sehr hoch sein, abhängig von den hiermit erzielbaren (abdiskontierten) zukünftigen Erträgen.

2.2.4 Der traditionelle Begriff der Overhead-Kosten

Das Konzept der Overhead-Kosten hat eine lange Tradition. Clark definiert in seinem Standardwerk zu dieser Thematik den Begriff der Overhead-Kosten folgendermaßen:

„What are "overhead costs"? ... They refer to costs that cannot be traced home and attributed to particular units of business in the same direct and obvious way in which, for example, leather can be traced to the shoes that are made from it" (Clark, 1923, S. 1).

In diesem Zusammenhang betonte er, dass auch im Wettbewerb verschiedene Differenzierungsmöglichkeiten zur Deckung der Overhead-Kosten bestehen (Clark, 1923, S. 32). Das Grundprinzip besteht darin, die unterschiedlichen Zahlungsbereitschaften einzelner Nachfragegruppen bei der Preissetzung systematisch zu nutzen. Die erforderlichen Aufschläge zur Deckung der Overhead-Kosten müssen folglich abhängig von der Preiselastizität der Nachfrage gewählt werden. Die Aufschläge sind um so höher anzusetzen, je niedriger die Elastizitäten sind. Es handelt sich um das Prinzip: „charging what the traffic will bear" (Clark, 1923, S. 281). Preisdifferenzierung nach Elastizitäten unterschiedlicher Nutzergruppen ist auch im Wettbewerb erforderlich, um die Deckung der Overhead-Kosten zu gewährleisten.

Ausgangspunkt sämtlicher in diesem Zusammenhang entwickelten Kostenaufteilungsregeln ist die Unterscheidung zwischen den Kosten, eine einzelne Leistung zusätzlich anzubieten (Zusatzkosten) einerseits und den übrigen Kosten (Overhead-Kosten) andererseits.

Die Overhead-Kosten werden wie folgt definiert:

$$(2.11) \quad OC = C(y_N) - \sum_{i \in N} \overline{C}(y_i) = C(y_N) - \left(\sum_{i \in N} C(y_N) - C(y_{N-i}) \right)$$

Zur Vereinfachung der Darstellung wird im Folgenden die diskrete Repräsentierung der Kosten gewählt. Bezeichne $C(N)$ die Kosten, alle $N = \{1,...,n\}$ Leistungen in einem einzigen Unternehmen bereitzustellen. Bezeichne $C(S)$ die Kosten, eine Gruppe $S \subset N$ Leistungen in einem separaten Unternehmen bereitzustellen. Für die Darstellung der Overhead-Kosten gilt dann:

$$(2.12) \quad OC = C(N) - \sum_{i \in N} \overline{C}(i) = C(N) - \left(\sum_{i \in N} C(N) - C(N-i) \right)$$

Zu den Overhead-Kosten nach traditionellem Begriffsverständnis zählen also auch solche Kosten, die ausschließlich bei der Produktion einer Teilmenge (Koalition) von Leistungen anfallen. Das Overhead-Kostenproblem besteht somit in der Suche nach einer eindeutigen Aufteilungsregel sämtlicher Kosten, die nicht als Zusatzkosten einzelnen Leistungen angelastet werden können (vgl. Knieps, 1987, S. 275).

2.2.5 Produktgruppenspezifische Verbundkosten und unternehmensspezifische Gemeinkosten

Produktgruppenspezifische Verbundkosten stellen Kostenvorteile dar, die dadurch entstehen, dass eine Gruppe von Diensten (Komponenten) aus einer Hand bereitgestellt wird. Sie können einem individuellen Produkt weder direkt noch indirekt kausal zugeordnet werden. Im Gegensatz dazu können unternehmensspezifische Gemeinkosten weder direkt noch indirekt kausal den einzelnen Produkten bzw. Produktgruppen zugeordnet werden. Die Stand-alone-Kosten einer Produktgruppe setzen sich folglich aus den produktspezifischen Zusatzkosten der Produkte dieser Produktgruppe, den produktgruppenspezifischen Verbundkosten und den unternehmensspezifischen Gemeinkosten zusammen.

Betrachtet sei der 3-Güterfall: $C(i)$, i=1,2,3 sind die Kosten, Produkt i separat herzustellen; $C(1,2)$, $C(1,3)$, $C(2,3)$ sind die Kosten, eine einzelne Produktgruppe herzustellen und $C(1,2,3)$ sind die Kosten der gemeinsamen Produktion der 3 Produkte. Kuppelproduktion stellt die extremste Form von Verbundvorteilen der gemeinsamen Produktion von Gütern in einem Unternehmen dar. Falls:

(2.13) $C(1) = C(2) = C(3) = C(1, 2) = C(1, 3) = C(2, 3) = C(1, 2, 3)$, liegt eine Kuppelproduktion vor.

Verbundvorteile stellen ein viel allgemeineres Phänomen als die Kuppelproduktion dar.[11] Sie treten immer dann auf, wenn es kostengünstiger ist, eine (Teil-) Menge von Produkten in einem Unternehmen gemeinsam zu produzieren. Die Kosten der gemeinsamen Produktion sind dann niedriger als die Kosten der separaten Produktion. Ein Teil der Produktionseinrichtungen wird zwar im Verbund genutzt, unabhängig von der Dimensionierung der gemeinsamen Produktionsanlage werden die verschiedenen Produkte aber nicht in fixen Proportionen produziert. Insbesondere sind die Kosten, ein Produkt separat zu produzieren (Stand-alone-Kosten), niedriger als die Kosten, gleichzeitig auch ein weiteres Produkt zusätzlich zu produzieren, da die Zusatzkosten dieses Produktes eingespart werden können. Hier liegt bereits der entscheidende Unterschied zur Kuppelproduktion.

Neben den produktgruppenspezifischen Verbundkosten fallen auch noch unternehmensspezifische Gemeinkosten an, unabhängig davon, wie viel Produkte das Unternehmen produziert.[12]

Die folgende Abbildung 2-2 bezieht sich auf den 3-Produkt-Fall (vgl. Knieps, 2005, S. 38). Die unternehmensspezifischen Gemeinkosten $C(1) \cap C(2) \cap C(3)$ sind horizontal schraffiert und die produktgruppenspezifischen Verbundkosten

---

11 Im Wettbewerb sind Verbundvorteile hinreichend für die Existenz von Mehrproduktunternehmen (vgl. Panzar, Willig, 1981).

12 Allerdings gilt es zu beachten, dass Overhead-Kosten letztlich ein dynamisches Phänomen darstellen (vgl. Clark, 1923, S. 478 f.) und auch unternehmensspezifische Gemeinkosten (zumindest längerfristig) bei Reduktion des Produktsortiments gesenkt werden können.

$\{C(1) \cap C(2)\}$ - $\{C(1) \cap C(2) \cap C(3)\}$, $\{C(1) \cap C(3)\}$ - $\{C(1) \cap C(2) \cap C(3)\}$, und $\{C(2) \cap C(3)\}$ - $\{C(1) \cap C(2) \cap C(3)\}$ sind vertikal schraffiert.

Die Overhead-Kosten ergeben sich als Gesamtmenge der vertikal schraffierten pro-duktgruppenspezifischen Verbundkosten und der horizontal schraffierten unterneh-mensspezifischen Gemeinkosten.

Abbildung 2-2: *Verbundkosten bei drei Produkten*

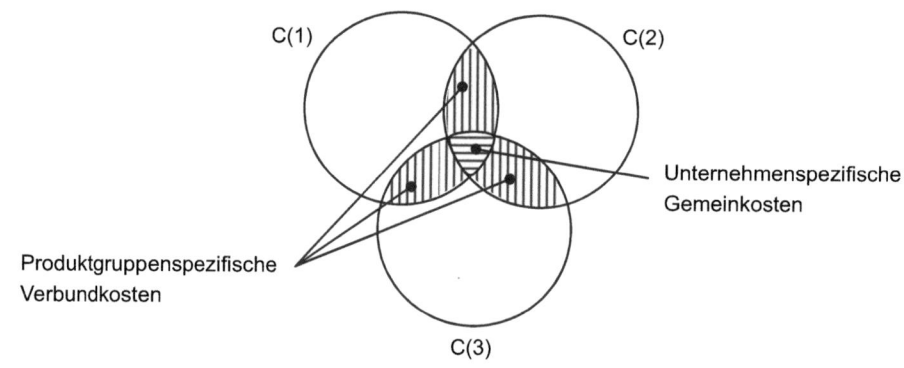

Liegen Verbundvorteile vor, so entsteht zwangsläufig ein Kostenallokationsproblem. Denn weder die Grenzkosten noch die Zusatzkosten (einschließlich der produktspezi-fischen Fixkosten) sind in der Lage, die Gesamtkosten zu decken und damit die Über-lebensfähigkeit des Unternehmens zu garantieren. Die Aufschläge auf die Zusatzkos-ten eines Produktes zur Deckung der Verbundkosten und unternehmensspezifischen Gemeinkosten erfordern die Einbeziehung der Nachfrageseite und folglich den Ein-satz von Strategien zur Preisdifferenzierung (vgl. Kapitel 4). Auch wenn es schwierig ist, die Preiselastizitäten der Nachfrager exakt zu ermitteln (Informationsproblem), sollte dies nicht zu einer völligen Vernachlässigung der Nachfrageseite und einer Ver-wendung von willkürlichen Gemeinkostenschlüsseln führen (vgl. Baumol, Koehn, Willig, 1987). Vielmehr gilt es geeignete Kriterien zu entwickeln, auf deren Basis die Substitutionsmöglichkeiten unterschiedlicher Produkte bzw. Produktgruppen abge-schätzt werden können. Solche Kriterien können sowohl tageszeitliche, saisonale Komponenten, aber auch Informationen über geeignete Substitutionsmöglichkeiten beinhalten. Auch wenn Informationen über individuelle Zahlungsbereitschaften nicht vorliegen, sind Schätzungen über die durchschnittliche Bewertung des Gutes sämtli-cher Individuen innerhalb einer Nachfragergruppe durchaus realisierbar.

Eine entscheidungsbasierte Kostenallokation erfordert allerdings eine differenziertere Vorgehensweise. So müssen die Erlöse jedes Produktes nicht nur seine produktspezifischen Zusatzkosten tragen, sondern auch zur Deckung der produktgruppenspezifischen Verbundkosten und der unternehmensspezifischen Gemeinkosten beitragen. Sind die einzelnen Produkte einer Produktgruppe nicht in der Lage, zusammen ihre Verbundkosten zu tragen, werden sie aus dem Sortiment herausgenommen. Gleichermaßen müssen alle Produkte gemeinsam die unternehmensspezifischen Gemeinkosten decken, damit die Überlebensfähigkeit des Unternehmens gesichert ist.

Die Zusatzkosten eines Produktes bzw. einer Produktgruppe lassen sich mit Hilfe einer geeigneten Umsetzung der Grenzplankosten- und Deckungsbeitragsrechnung ermitteln. Dies soll mit Hilfe des in Tabelle 2-5 dargelegten Prinzipienschemas der stufenweisen Deckungsbeitragsrechnung erläutert werden (vgl. Knieps, 1988, S. 159). Dieses Schema baut auf der in der Grenzplankostenrechnung grundlegenden Unterscheidung zwischen variablen Kosten und Fixkosten sowie der stufenweisen Fixkostendeckungsrechnung auf (Kilger, 1985, S. 98 ff.; Mellerowicz, 1961, S. 473 ff.).

Tabelle 2-5:   *Prinzipienschema der stufenweisen Deckungsbeitragsrechnung*

Produkt A:	**Produkt B:**	**Produkt C:**	**Produkt D:**	**Produkt E:**
Produktionserlös	Produktionserlös	Produktionserlös	Produktionserlös	Produktionserlös
./. produktvariable Kosten	./. produktvariable Kosten	./. produktvariable Kosten	./. produktvariable Kosten	./. produktvariable Kosten
= Deckungsbeitrag 1	= Deckungsbeitrag 1	= Deckungsbeitrag 1	= Deckungsbeitrag 1	= Deckungsbeitrag 1
./. produktfixe Kosten	./. produktfixe Kosten	./. produktfixe Kosten	./. produktfixe Kosten	./. produktfixe Kosten
= Deckungsbeitrag 2	= Deckungsbeitrag 2	= Deckungsbeitrag 2	= Deckungsbeitrag 2	= Deckungsbeitrag 2
./. produktgruppenspezifische (fixe und variable) Kosten (von A und B)		./. produktgruppenspezifische (fixe und variable) Kosten (von C, D und E)		
= Deckungsbeitrag 3		= Deckungsbeitrag 3		
./. unternehmensfixe Kosten				
= Ergebnis				

Aus Tabelle 2-5 wird ersichtlich, dass der Deckungsbeitrag 1 eines Produktes die Differenz zwischen Produkterlös und variablen Kosten darstellt. Der Deckungsbeitrag 2 eines Produktes ergibt sich aus der Differenz zwischen Deckungsbeitrag 1 und den produktfixen Kosten. Falls der Deckungsbeitrag 2 nicht negativ ist, trägt das Produkt zumindest seine individuellen Zusatzkosten. Zur Bestimmung des Deckungsbeitrags 3 werden die Deckungsbeiträge 2 derjenigen Produkte zusammengefasst, die die gleichen produktgruppenfixen Kosten besitzen. Falls produktgruppenspezifische variable Kosten aufgrund von Kuppelproduktionsvorteilen vorliegen, werden diese auch in der Grenzplankostenrechnung nicht dem einzelnen Produkt zugeschlagen, sondern zu den produktgruppenspezifischen Fixkosten hinzugezählt (Kilger, 1985, S. 96). Ist der Deckungsbeitrag 3 jeder Produktgruppe nicht negativ, so sind die produktgruppenspezifischen Zusatzkosten gedeckt.

Die unternehmensfixen Kosten müssen zwar – will ein Unternehmen ohne Defizite überleben – insgesamt gedeckt werden, dürfen aber nicht auf verschiedene Produkte bzw. Produktgruppen aufgeschlüsselt werden, da sie für das Unternehmen als Ganzes anfallen. Sie stellen folglich unternehmensspezifische Gemeinkosten dar.

2.3   Kostenstrategien in Netzen

2.3.1   Netzevolutorik

Entscheidungsrelevante Kostenermittlung erfordert es, dass die Kosten zukunftsbasiert ermittelt werden und auf der Basis eines effizienten Netzes aufbauen. Ausgegangen wird von konkreten Netzbetreibern, die entweder ein Netz neu aufbauen oder aber auf der Basis eines bereits bestehenden Netzes agieren. Im Fall eines bereits bestehenden Netzes muss dessen Pfadabhängigkeit berücksichtigt werden. Pfadabhängigkeit der Investitionen umschreibt den Sachverhalt, dass ein Unternehmen mit bereits getätigten Investitionen in Zukunft abhängig vom getätigten Investitionsstock weiter investiert. In Abhängigkeit der bereits getätigten Investitionen wird über Netzausbau oder Netzneubau entschieden.

Die Suche nach einem optimalen Netzaufbau ist eine komplexe unternehmerische Aufgabe jedes Netzbetreibers, gilt es doch verschiedene Entscheidungsparameter simultan zu berücksichtigen. Hierzu zählen u. a. Strategien zur Produktdifferenzierung, zur Netzkapazität und zur Netzqualität. Hiermit verbunden sind effiziente Netzausbauentscheidungen unter Einbeziehung der Pfadabhängigkeit. Prognosefehler bezüglich der Netzauslastung stellen unternehmerische Risiken dar und sind nicht automatisch mit Ineffizienzen gleichzusetzen.

2.3.2   Strategien des Netzaufbaus

Es gilt zu unterscheiden zwischen den entscheidungsrelevanten Kosten der Bereitstellung von Netzinfrastrukturen und der Bereitstellung von Netzdienstleistungen. Unabhängig davon, ob Netzinfrastrukturen neu aufgebaut werden oder ob bestehende Netzinfrastrukturen ausgebaut werden, handelt es sich um unternehmerische Entscheidungen.

■ Netzentwicklung

Grundsätzlich lassen sich drei Typen der Netzentwicklung unterscheiden:

1. Ein Netz wird von Grund auf neu geplant und aufgebaut.

2. Ausgehend von der bestehenden Netztopologie werden bestehende Netze vollständig erneuert und durch neue Einrichtungen ersetzt.

3. Bestehende Netze werden modernisiert, indem einzelne Netzteile durch leistungsfähigere ersetzt werden. Teile der bestehenden Infrastruktur verbleiben unverändert im Gebrauch.

■ Spezialisierte versus Mehrzweck-Infrastrukturen

Es gilt zu unterscheiden zwischen spezialisierten Netzinfrastrukturen, die nur für eine einzige Nutzung aufgebaut werden (Wassernetze, Stromnetze, Gasnetze) und Mehrzweck-Netzinfrastrukturen, die mehrere Nutzungszwecke zulassen (interaktive Kabelfernsehnetze, Bahntrassen für Güter- und Personenverkehr). Allerdings können auch auf spezialisierten Netzinfrastrukturen unterschiedliche Netzdienstleistungen angeboten werden (Sprach- und Datenübertragung im herkömmlichen Telefonnetz).

■ Die Bedeutung von Pfadabhängigkeit

Es gilt zu unterscheiden zwischen der Bedeutung von Pfadabhängigkeit auf der Netzinfrastrukturebene einerseits und auf der Netzdienstleistungsebene andererseits. Alternative Investitionsstrategien (Neubau, Ausbau, Stilllegung etc.) erfolgen unter Berücksichtigung der Pfadabhängigkeit von Netzinfrastrukturen. Auf der Netzdienstleistungsebene sind Pfadabhängigkeiten von geringerer Bedeutung, obwohl auch Bedienungsfahrpläne nicht kurzfristig geändert werden können.

Die Beantwortung der Fragen, ob bestimmte Netzinfrastrukturkapazitäten bzw. Netzdienstleistungen eingestellt oder zusätzlich angeboten werden sollen, lässt sich nur auf der Basis der langfristigen Zusatzkosten bzw. der langfristig vermeidbaren Kosten eines Netzbetreibers bestimmen. Nur die auf der Basis eines konkret bestehenden Netzes ermittelten Kosten sind relevant, da nur diese Kosten den ökonomischen Ressourcenverbrauch reflektieren, der eingespart würde, falls diese zusätzlichen Leistungen nicht bzw. nicht mehr angeboten würden. Die Bestimmung der langfristigen Zusatzkosten muss auf der Basis realer Kostendaten eines Unternehmens erfolgen. Solange die zusätzlichen Kosten des Ausbaus eines bestehenden Netzes geringer sind als die Kosten des Neubaus, lohnt sich eine Weiterentwicklung des bestehenden Netzes. Die Entwicklung von Netzen ist daher pfadabhängig. Insbesondere darf diese Pfadabhängigkeit der Investitionsentscheidungen eines Netzbetreibers nicht vernachlässigt werden.

Die Abwägung zwischen den Zusatzkosten auf der Basis bestehender Netztopologien und den Kosten eines völligen Neubaus bedeutet jedoch keineswegs ein Beharren auf der herkömmlichen Technologie von Netzen. Auch ein völliger Neubau von Netzteilen kann sich unter bestimmten Voraussetzungen lohnen. Entscheidend ist daher eine differenzierte Analyse der erforderlichen Ausbaustrategien.

■ Der Optionswert verzögerter Investitionen

Es gibt verschiedenartige Gründe, warum Investitionen in Netzindustrien früher als erwartet obsolet werden können und die Anlagen stillgelegt werden müssen. Hierzu zählen unerwarteter Nachfragerückgang sowie neuartige konkurrierende Technologien. Aus der ex ante Perspektive des Investors besteht allerdings neben dem Risiko eines Totalverlustes der Investition auch die Möglichkeit, dass die Investition einen überdurchschnittlich hohen Ertrag erbringt. Unerwartete Nachfrage- und Technologieänderungen stellen ein Unternehmensrisiko dar, das im Rahmen der marktmäßigen Verzinsung des eingesetzten Kapitals durch entsprechende Risikoaufschläge berücksichtigt werden muss.

Liegt Nachfrageunsicherheit in Kombination mit irreversiblen Kosten vor, so ergibt sich eine Asymmetrie zwischen einer Investition im heutigen Zeitpunkt und zukünftigen Investitionen. Die heutige Anlage kann nicht mehr anderweitig genutzt werden, dagegen kann das noch nicht investierte Kapital, abhängig von den zukünftigen Marktentwicklungen, völlig flexibel eingesetzt werden. Der Wert dieser zukünftigen Handlungsoptionen aufgrund verzögerter Investitionstätigkeit wird durch den Ertragswert $EW(1)$ nicht abgebildet. In dem Ausmaß, in dem der Optionswert Investitionen hinauszuzögern signifikant ist, sollte er allerdings in der Verzinsung des Eigenkapitals mit berücksichtigt werden und folglich auch innerhalb der langfristigen Zusatzkosten mit einbezogen werden. Der Wert der realen Option die Investition hinauszuzögern entspricht dabei den Opportunitätskosten bereits heute zu investieren. Dieses Ergebnis lässt sich aus einer Anwendung der modernen Investitionstheorie unter Unsicherheit ableiten (vgl. Dixit, Pindyck, 1994; MacDonald, Siegel, 1986; Trigeorgis, 1999).

2.3.3   Entscheidungsrelevante Kosten neuer Netzteile

Die Frage, ob der Aufbau alternativer Teilnetze sich trägt, erfordert die Bestimmung der Stand-alone-Kosten hypothetischer Netze. Zur Beantwortung dieser Frage können analytische Kostenmodelle den Netzbetreibern wertvolle Entscheidungshilfen bieten.

Analytische Kostenmodelle stehen in der Tradition der Familie der Prozess-Analyse-Modelle, die bereits in den 1950er Jahren zur Erzeugung von hypothetischen Kostendaten (im Gegensatz zu realen Kostendaten) für isolierte Anlagen (Raffinerien, Elektrizitätserzeugung etc.) entwickelt wurden (Manne, 1958). Die Grundidee dieser Modelle besteht darin, im ersten Schritt eine Produktionsfunktion auf der Basis von Ingenieur-

Daten zu modellieren, um darauf aufbauend in einem zweiten Schritt Kostenfunktionen unter der Annahme von Optimierungsverhalten (Dualitätstheorie) bei gegebenen Inputpreisen abzuleiten. Bei den dabei ermittelten Kostendaten handelt es sich nicht um reale Daten aus der Kostenrechnung, sondern um simulierte Daten, deren Informationswert ganz entscheidend von der Qualität und der Vollständigkeit des zugrunde liegenden Prozessmodells abhängt (Griffin, 1977, S. 125).

Analytische Kostenmodelle fanden Eingang in die Netzökonomie im Rahmen der Diskussion um die natürliche Monopoleigenschaft von Telekommunikationsnetzen. Obwohl Prozessanalysen über viele Jahre wenig Beachtung fanden, werden sie seit Beginn der 1990er Jahre auch auf Telekommunikationsnetze angewandt. Das Ziel dieser analytischen Kostenmodelle ist die Untersuchung der Kosten alternativer hypothetischer Netzstrukturen. Sowohl die Kombination als auch die Lage der Vermittlungseinrichtungen soll so gewählt werden können, dass die Produktionskosten bei unterschiedlichen Nachfrageniveaus minimiert werden (Gabel, Kennet, 1994, S. 386). Aufgrund der Nichtlinearität der Zielfunktion erfolgt die Suche nach Lösungen durch Simulationsprozesse. Da eine Einschränkung der Simulation auf eine „angemessene" Zahl von möglichen Lösungen erforderlich wird, handelt es sich nicht um einen globalen Lösungsansatz, sondern um einen Ansatz beschränkter Rationalität, wobei erhebliche Freiheitsgrade bei der Suche nach „plausiblen" Lösungen bestehen. Zur Ermittlung der Stand-alone-Kosten von neuartigen Netzteilen können analytische Kostenmodelle fruchtbar eingesetzt werden. Dies setzt allerdings voraus, dass das Unternehmen selbst die Annahmen über die Einschränkung der Freiheitsgrade über die Anzahl und Lage der Vermittlungseinrichtungen vornimmt.

Zur Ermittlung der entscheidungsrelevanten Kosten in bereits bestehenden Netzen sind analytische Kostenmodelle ungeeignet. Selbst wenn man innerhalb des Optimierungsmodells von der bestehenden Netztopologie ausgeht, werden wichtige reale Kostenelemente vernachlässigt, die für eine ökonomisch fundierte Kostenermittlung unerlässlich sind. Besonders gravierend wirkt sich hier die Vernachlässigung des zeitlichen Entwicklungspfades der Investitionsplanung (Pfadabhängigkeit) aus (vgl. Abschnitt 8.3.4.2).

2.3.4 Langfristige Zusatzkosten neuartiger Netzdienstleistungen

Es gilt zu unterscheiden zwischen den langfristigen Zusatzkosten bei der Bereitstellung neuartiger Netzdienstleistungen und den langfristigen Zusatzkosten, die dadurch auf der Ebene der Netzinfrastrukturkapazitäten anfallen. So verursacht etwa die Bedienung von Flugstrecken mit höherwertigen Flugzeugen höhere Zusatzkosten, die über die Flugtickets gedeckt werden müssen. Anders verhält es sich bei der Frage, ob die bei der Bereitstellung höherwertiger Netzdienstleistungen in Anspruch genommenen Netzinfrastrukturen ausschließlich von den Nutzern dieser höherwertigen Netzdienstleistungen finanziert werden müssen. Die Antwort hierauf hängt entscheidend vom zeitlichen Standpunkt (vor und nach der Entscheidung über einen bestimmten Netzausbau) und der Auffassung über die zukünftige Entwicklung der Netzinfrastruktur ab. Die Bestimmung von ökonomisch fundierten Zusatzkosten ist abhängig von der unternehmerischen Strategie über die Netzevolutorik im Zusammenhang mit der Bereitstellung neuer Netzdienstleistungen.

Die Wurzel dieser Kontroverse um die Bestimmung von ökonomisch fundierten langfristigen Zusatzkosten liegt in unterschiedlichen Auffassungen über die Netzevolutorik im Zusammenhang mit der Bereitstellung neuer Telekommunikationsleistungen. Kahn und Shew (1987) sehen das eigentliche Netzausbauproblem als bereits gelöst an und gehen insbesondere davon aus, dass es nicht effizient ist, ein vollständig neues Netz aufzubauen, um zusätzliche Nachfrage zu bedienen (vgl. Taylor, 1993, S. 32 f.). Dagegen vertreten Gabel und Kennet (1993, 1994) die Vorstellung, dass sowohl Spezialnetze als auch Mehrzwecknetze jeweils vollständig optimiert werden, wobei auch die Netztopologie (z.B. Lage und Anzahl der Vermittlungseinrichtungen) als endogen angesehen wird. Solange der graduelle Ausbau von Telekommunikationsnetzen effizient ist, handelt es sich um Mehrzwecknetze im Sinne von Kahn und Shew (1987) sowie von Taylor (1993). Anders verhält es sich dagegen, wenn nicht ein Ausbau von Netzen, sondern Netzinfrastrukturvielfalt die ökonomisch effiziente Lösung darstellt (abhängig von den Nachfrageverhältnissen nach unterschiedlichen Serviceleistungen, der räumlichen Verteilung der Nachfrager etc.). Beispiele hierfür sind interaktive Kabelfernsehnetze und breitbandige Telekommunikationsnetze. Der Ansatz von Kahn und Shew (1987, S. 231), die Entscheidung über ein integriertes Telekommunikationsnetz und die damit einhergehende Qualität des integrierten Netzzugangs als kollektive Konsumentscheidung zu interpretieren, greift hier zu kurz.[13] Für die Kostenermittlung von vollständig neu zu errichtenden Parallelnetzen kann die vollständige Optimierung unterschiedlicher Netze eine wichtige Rolle spielen (vgl. Gabel, Kennet, 1993, 1994).

---

[13]   Falls die Nachfrager nach herkömmlichem Telefondienst sich selbst kostengünstiger versorgen können, so dass die Stand-alone-Kosten niedriger sind als die Kosten des Zugangs zum erweiterten Netz, besteht selbst unter den Voraussetzungen von Kahn und Shew (1987) ein Problem der Netzvielfalt. Auch wenn die mögliche Unbeständigkeit der Netzzugangstarife von Kahn und Shew, (1987, S. 228) erkannt wird, ignorieren sie das sich hieraus ergebende Problem, dass die effiziente Mehrzweck-Netztechnologie dann nicht mehr lebensfähig zu sein braucht, weil die Einnahmen aus dem herkömmlichen Telefondienst fehlen.

Übungsaufgaben

2-1: Kapitalkosten

Erläutern Sie das Prinzip der kapitaltheoretischen Erfolgsneutralität sowie das Prinzip des Marktbezugs.

2-2: Deprival Value

Wie bestimmt sich in einem gegebenen Zeitpunkt der Wert einer Anlage bzw. Maschine (Kapitalgut) gemäß dem Deprival-Value-Konzept?

2-3: Ökonomische Abschreibungen

Erläutern Sie den Unterschied zwischen geschlossenen und offenen Abschreibungsplänen.

2-4: Kostenallokation

Zeigen Sie, wie sich das Kostenallokationsproblem im Mehrproduktunternehmen mit Hilfe einer geeigneten Umsetzung der Grenzplankosten- und Deckungsbeitragsrechnung lösen lässt.

2-5: Pfadabhängigkeit und Netzevolutorik

Erläutern Sie den Begriff der Pfadabhängigkeit und seine Bedeutung beim Aufbau und der Weiterentwicklung von Netzen.

2-6: Langfristige Zusatzkosten neuartiger Netzdienstleistungen

Erläutern Sie die Problematik der Ermittlung langfristiger Zusatzkosten neuartiger Netzdienstleistungen.

Literatur

Alexander, E.P. (1887), Railway Practice, G.P. Putnam's Sons, New York

Atkinson, A.A., Scott, W.R. (1982), Current Cost Depreciation: A Programming Perspective, Journal of Business Finance & Accounting, 9/1, 19-42

Baumol, W.J. (1971), Optimal depreciation policy: pricing the products of durable assets, Bell Journal of Economics, 2/2, S. 638-656

Baumol, W.J. (1996), Predation and the Logic of the Average Variable Cost Test, Journal of Law and Economics, 39, 49-72

Baumol, W.J., Koehn, M.F., Willig, R.D. (1987), How Arbitrary is „Arbitrary"or, Toward the Deserved Demise of Full Cost Allocation, Public Utilities Fortnightly, 120/5, 16-21

Baumol, W.J., Panzar, J.C., Willig, R.D. (1982), Contestable Markets and the Theory of Industry Structure, Harcourt Brace Jovanovich, San Diego

Bell, P.W., Peasnell,K. (1997), Another Look at the Deprival Value Approach to Depreciation, in: T.E. Cooke, C.W. Nobes (eds.), The Development of Accounting in an International Context, Routledge, London, New York, 122-148

Bruner, R.F., Eades, M., Harris, R.S., Higgins, R.C. (1998), Best Practices in Estimating the Cost of Capital: Survey and Synthesis, Financial Practice and Education, 8/1, 13-28

Clark, J.M. (1923), Studies in the Economics of Overhead Costs, The University of Chicago Press, Chicago

Copeland, T., Koller, T., Murrin, J. (2000), Valuation – Measuring and Managing the Value of Companies, Wiley, Third Edition, New York et al.

Dixit, A., Pindyck, P. (1994), Investment under uncertainty, Princeton University Press

Enke, S. (1962), Production Functions and Capital Depreciation, The Journal of Political Economy, 70/4, 368-379

Faulhaber, G.R. (1975), Cross-Subsidization: Pricing in Public Enterprises, The American Economic Review, 65/5, 966-977

Gabel, D., Kennet, D.M. (1993), Pricing of Telecommunications Services, Review of Industrial Organization, 8, 1-14

Gabel, D., Kennet, D.M. (1994), Economics of Scope in the Local Telephone Exchange Market, Journal of Regulatory Economics, 6, 381-398

Griffin, J.M. (1977), Long-run production modeling with pseudo-data: electric power generation, Bell Journal of Economics, 8, 112-127

Hotelling, H. (1925), A General Mathematical Theory of Depreciation, Journal of the American Statistical Association, 20, 340-353

Kahn, A.E., Shew, W.B. (1987), Current Issues in Telecommunications Regulation: Pricing, Yale Journal on Regulation, 4(2), 191-256

Kilger, W. (1985), Flexible Plankostenrechnung und Deckungsbeitragsrechnung, Gabler-Verlag, Wiesbaden

Knieps, G. (1987), Zur Problematik der internen Subventionierung in öffentlichen Unternehmen, Finanzarchiv, N.F. 45, 268-283

Knieps, G. (1988), Kostenrechnung öffentlicher Unternehmen, Die Unternehmung, 2, 155-163

Knieps, G. (2003), Entscheidungsorientierte Ermittlung der Kapitalkosten in liberalisierten Netzindustrien, Zeitschrift für Betriebswirtschaft, 73. Jg., 989-1006

Knieps, G. (2005), Wettbewerbsökonomie – Regulierungstheorie, Industrieökonomie, Wettbewerbspolitik, Springer-Lehrbuch, 2. Aufl., Berlin u. a.

Knieps, G. Küpper, H.-U. Langen, R. (2001), Abschreibungen bei fallenden Wiederbeschaffungspreisen in stationären und nicht stationären Märkten, Schmalenbachs Zeitschrift für betriebswirtschaftliche Forschung (zfbf), 53, 759-776

Küpper, H.-U. (1994), Interne Unternehmensrechnung auf kapitaltheoretischer Basis, in: W. Ballwieser et. al. (Hrsg.), Bilanzrecht und Kapitalmarkt, IDW-Verlag, Düsseldorf, 967-1002

Littlechild, S.C., (1970) Marginal-Cost Pricing with Joint Costs, The Economic Journal, 80/318, 323-335

MacDonald, R., Siegel, D. (1986), The Value of Waiting to Invest, Quarterly Journal of Economics, 1001, 707-728

Manne, A. (1958), A Linear Programming Model of the U.S. Petroleum Refining Industry, Econometrica, 26, 67-106

Mellerowicz, K. (1961), Planung und Plankostenrechnung, Band 1, Betriebswirtschaftliche Planung, Haufe-Verlag, Freiburg

Modigliani, F Miller, M.H. (1958), The Cost of Capital, Corporation Finance and the Theory of Investment, American Economic Review, 48, 261-297

Muth, J.F. (1961), Rational Expectations and the Theory of Price Movements, Econometrica, 29/3, 315-335

Panzar, J., Willig, R.D. (1981), Economies of Scope, American Economic Review, 71/2, 268-272

Preinreich, G.A. (1940), The Economic Life of Industrial Equipment, Econometrica, 8/1, 12-44

Schweitzer, M., Küpper, H.-U. (1998), Systeme der Kosten- und Erlösrechnung, Verlag Vahlen, 7. Aufl., München

Solomons, D. (1966), Economic and Accounting Concepts of Cost and Value, in: M. Backer (ed.), Modern Accounting Theory, Prentice-Hall, Inc., Engelwood, Cliffs, N.J., 117-140

Taylor, W.E. (1993), Efficient Pricing of Telecommunications Services: The State of the Debate, Review of Industrial Organization, 8, 21-37

Trigeorgis, L. (1999), Real Options: An Overview, in: J.Alleman, E. Noam (eds.), The New Investment Theory of Real Options and its Implication for Telecommunications Economics, Kluwer Academic Publishers, Boston u. a., 3-34

Turvey, R. (1969), Marginal Cost, The Economic Journal, 79/314, 282-299

Vickrey, W. (1985), The Fallacy of Using Long-Run Cost for Peak-Load Pricing, Quarterly Journal of Economics, 100, 1331-1334

Volkart, R. (1999), Unternehmensbewertung und Akquisitionen, Versus-Verlag, Zürich

Volkart, R. (2001), Kapitalkosten und Risiko, Versus-Verlag, Zürich

Volkart, R., Suter, R. (1999), WACC-Kapitalkostenkonzept bei grossen Schweizer Gesellschaften weitgehend umgesetzt, Der Schweizer Treuhänder, 4/99, 291-298

Weiß, H.-J. (2005), Die Potenziale des Deprival Value-Konzepts zur entscheidungsorientierten Bewertung von Kapital in liberalisierten Netzindustrien, Diskussionsbeiträge Nr. 108, Institut für Verkehrswissenschaft und Regionalpolitik, Albert-Ludwigs-Universität Freiburg i. Br.

Wright, F.K. (1968), Measuring Asset Services: A Linear Programming Approach, Journal of Accounting Research, 6/2, 222-236

3 Stauexternalitäten

3.1 Lokale (streckenbezogene) Externalitäten

3.1.1 Stauexternalitäten und Staugebühren

Stauexternalitäten können bei der Inanspruchnahme von Infrastrukturen sämtlicher Verkehrsträger wie Flughäfen, Schienentrassen, Häfen und Straßen anfallen. Die verkehrsökonomische Literatur hat sich am intensivsten mit dem Problem der Stauexternalitäten auf Straßen beschäftigt. Im Folgenden soll daher zunächst das Stauproblem auf einer Autobahnstrecke betrachtet werden.

Die Verkehrsteilnehmer ignorieren im Allgemeinen den Schaden, den ein zusätzliches Fahrzeug in einem bestimmten Zeitpunkt den anderen Verkehrsteilnehmern auferlegt, wie zum Beispiel längere Abfertigungszeiten, längere Wartezeiten und längere Fahrzeiten. Es handelt sich um negative physische Externalitäten, die – im Gegensatz zu einer monetären Externalität – nicht über Marktpreise internalisiert werden.

Die marginalen Staukosten einer Fahrt auf einer Wegeinfrastruktur sollen im Folgenden näher präzisiert werden (vgl. Dewees 1979). Zentral ist dabei der Verkehrsfluss Q, d. h. die Anzahl Fahrten auf einem gegebenen Streckenabschnitt innerhalb einer Zeitperiode. Der maximale Verkehrsfluss $\overline{Q}$ wird als Kapazität der Wegeinfrastruktur bezeichnet. Zur Vereinfachung nehmen wir an, dass der Verkehr auf der betrachteten Wegeinfrastruktur homogen ist, so dass die Fahrzeit und die Bewertung der Zeit für alle Wirtschaftssubjekte identisch ist. Betrachten wir einen Verkehrsfluss von Q Fahrzeugen pro Stunde, bei der eine Zeit T benötigt wird, um mit einer Geschwindigkeit v einen Straßenabschnitt mit einem Kilometer Länge zu durchqueren. Die Geschwindigkeit v hängt dabei vom Verkehrsfluss Q ab $\left(\dfrac{\partial v}{\partial Q} < 0 \right)$. Ein Fahrzeug hat Fahrtkosten von $\dfrac{c}{v(Q)}$ pro Kilometer, wobei c die Zeitkosten pro Fahrzeug-Stunde bezeichnet. Die gesamten Zeitkosten des Verkehrsflusses von Q Fahrzeugen pro Stunde diese Straße (1 km) zu durchfahren beträgt folglich $\dfrac{c \cdot Q}{v(Q)}$. Wenn ein zusätzliches Fahrzeug die Wegeinfrastruktur betritt, steigen die gesamten Zeitkosten durch:

(3.1) $\quad \dfrac{\partial}{\partial Q}\left(\dfrac{c \cdot Q}{v(Q)}\right) = \dfrac{c \cdot v - c \cdot Q \dfrac{\partial v}{\partial Q}}{v^2} = \dfrac{c}{v} - \dfrac{c \cdot Q}{v^2} \cdot \dfrac{\partial v}{\partial Q}$

Für die Durchschnittsgeschwindigkeit v auf der Einheitsstrecke (1 km) gilt: $v = \dfrac{1}{T}$ und folglich:

(3.2) $\quad \dfrac{\partial}{\partial Q}\left(\dfrac{c \cdot Q}{\dfrac{1}{T(Q)}}\right) = cT(Q) + Qc\dfrac{\partial T}{\partial Q}$

Dabei bezeichnet der erste Term cT die Zeitkosten, die durch das zusätzliche Fahrzeug selbst zu tragen sind. Die marginalen Staukosten, die das zusätzliche Fahrzeug allen anderen Fahrzeugen im Verkehrsfluss Q auferlegt, werden durch den zweiten Term $Qc\dfrac{\partial T}{\partial Q}$ charakterisiert. Die höhere Reisezeit, die ein zusätzliches Fahrzeug allen anderen auferlegt, wird folglich durch $Qc \cdot \dfrac{\partial T}{\partial Q}$ gegeben.

Die variablen Kosten $k(Q)$ einer Fahrt bestehen neben den Zeitkosten $cT(Q)$ auch aus den Betriebskosten des Fahrzeugs (Treibstoff, Wartung, etc.). Hinzu kommen die nutzungsabhängigen Unterhaltskosten der Wegeinfrastruktur. Auch die Betriebskosten einer Fahrt können vom Verkehrsfluss abhängen. Die Staukosten einer zusätzlichen Fahrt für alle anderen Fahrzeuge werden analog der reinen Zeitkostenbetrachtung bestimmt. Die Ableitung der Gesamtkosten $k(Q) \cdot Q$ ergibt die sozialen Grenzkosten MC_s einer zusätzlichen Fahrt:

(3.3) $\quad MC_s = \dfrac{\partial}{\partial Q}(k(Q) \cdot Q) = k(Q) + \dfrac{\partial k}{\partial Q} \cdot Q$

Dabei bezeichnet $k(Q)$ die variablen Kosten für das zusätzliche Fahrzeug und $\dfrac{\partial k}{\partial Q} \cdot Q$ die Staukosten für alle anderen Fahrzeuge im Verkehrsfluss Q.

3.1.2   Optimale Staugebühren

Um einen optimalen Verkehrsfluss zu erreichen, bietet sich als Maßnahme die Erhebung einer (zeitabhängigen) Staugebühr in Höhe der Staukosten an, die eine zusätzliche Fahrt allen anderen auferlegt. Nur dann ist garantiert, dass jedes Fahrzeug die sozialen Grenzkosten der Fahrt trägt.

Die Grundidee, Staus als Externalitäten aufzufassen, die etwa ein zusätzliches Fahrzeug allen anderen Fahrzeugen auf einer Autobahnstrecke auferlegt, führt unmittelbar zum Konzept der Externalitätskosten, das seit Pigou (1920) bereits bekannt ist, nicht zuletzt durch die Pigou-Knight-Kontroverse. Während Pigou ausgehend von der Wegeinfrastruktur als öffentliches Gut zur Internalisierung der Stauexternalitäten eine Steuerlösung vorschlug, argumentierte Knight (1924, S. 584-590), dass unter der Annahme einer privaten Wegeinfrastruktur im Wettbewerb der Betreiber von sich aus Anreize besitzt, die Benutzung auf das optimale Niveau durch eine Staugebühr in Höhe der Staukosten zu begrenzen.[14] Es zeigt sich, dass die gewinnmaximierende Staugebühr im Wettbewerb mit der sozial optimalen Staugebühr übereinstimmt.

Im Wettbewerb gilt, dass der gewinnmaximierende Preis den sozialen Grenzkosten entsprechen muss. Bezeichne $P(Q)$ die inverse Nachfragefunktion nach Fahrten auf einem Streckenabschnitt. Es gilt:

$$(3.4) \qquad \max_{Q} \pi = P(Q) \cdot Q - Q \cdot k(Q)$$

$$(3.5) \qquad P^{w} = \frac{\partial(k(Q) \cdot Q)}{\partial Q} = k(Q) + \frac{\partial k}{\partial Q} \cdot Q = MC_{s}$$

Als Staugebühr des Straßenbetreibers im Wettbewerb gilt dann:

$$(3.6) \qquad \tau^{w} = P^{w} - k(Q) = \frac{\partial k}{\partial Q} \cdot Q$$

Der gewinnmaximierende Brutto-Preis umfasst dann nicht nur die variablen Kosten des marginalen Fahrzeugs, sondern auch die Externalitätskosten, die durch die Erhöhung der Fahrtkosten aller Fahrzeuge des Verkehrsflusses entstehen.

Die Maximierung der sozialen Wohlfahrt S ergibt:[15]

$$(3.7) \qquad \max_{Q} S = \int_{0}^{Q} P(\tilde{Q}) d\tilde{Q} - Q k(Q)$$

und folglich:

$$(3.8) \qquad \frac{\partial S}{\partial Q} = P^{o} = k(Q) + \frac{\partial k}{\partial Q} . Q = MC_{s}$$

Als sozial optimale Staugebühr τ^{o} ergibt sich:

---

14 Ein Abriss zur Historie des Road Pricing findet sich z. B. in Button (2004, S. 8-17); Mohring (1999, S. 193-198).
15 Es wird davon ausgegangen, dass die mit den inversen Nachfragefunktionen verbundenen Einkommenseffekte vernachlässigbar sind. Die soziale Wohlfahrt (der soziale Nettonutzen) von Fahrten über eine Autobahnstrecke wird als Summe der Konsumenten- und Produzentenrente charakterisiert.

(3.9) $\qquad \tau^o = P^o - k(Q) = \dfrac{\partial k}{\partial Q} \cdot Q$

Der Betreiber einer privaten Wegeinfrastruktur im Wettbewerb erhebt folglich eine Staugebühr τ^w, die mit der sozial optimalen Staugebühr τ^o übereinstimmt. Die optimale Staugebühr wird in Abbildung 3-1 veranschaulicht.

Abbildung 3-1:   *Optimale Staugebühren*

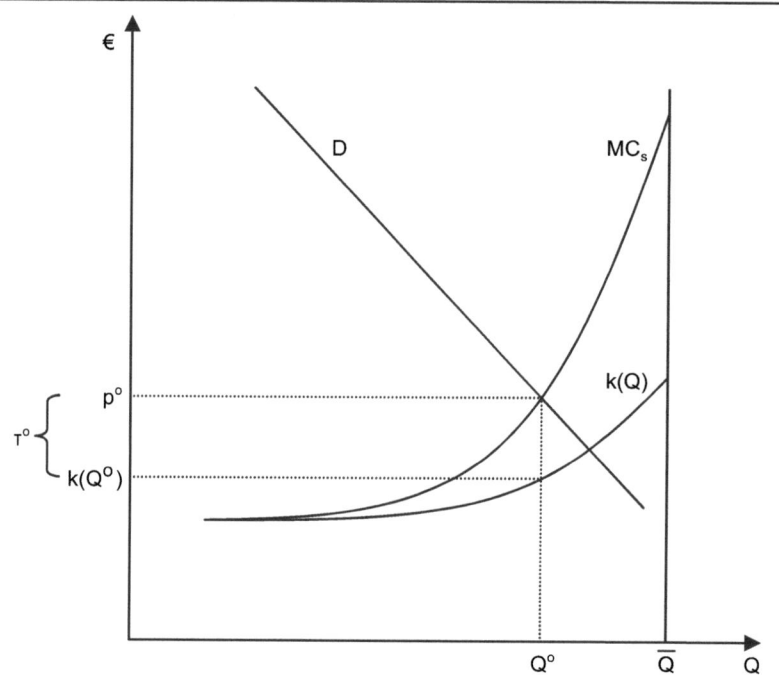

Die optimale Staugebühr reflektiert die Staukosten und stimmt folglich mit den Opportunitätskosten der Inanspruchnahme der Wegeinfrastrukturkapazitäten überein. Zusätzlich müssen die Autofahrer die nutzungsabhängigen Unterhaltskosten der Wegeinfrastruktur entrichten. Die optimale Benutzungsgebühr besteht also neben der optimalen Staugebühr auch aus dem Entgelt für die nutzungsabhängigen Unterhaltskosten der Wegeinfrastruktur.

3.1.2.1 Kapazitätsengpässe und Hyperstau

Bis zur Kapazitätsgrenze $\overline{Q}$ führt die Zunahme der Fahrzeuge auf einem Streckenabschnitt zu einem erhöhten Verkehrsfluss. Die Reduktion der Geschwindigkeit aufgrund der größeren Verkehrsdichte θ (Anzahl Fahrzeuge auf dem Streckenabschnitt) wirkt sich auf den Verkehrsfluss weniger stark aus als die Erhöhung des Verkehrsflusses durch die weitere Zunahme von Fahrzeugen. Es ist unter diesen Bedingungen ausreichend, die Auswirkungen einer Veränderung des Verkehrsflusses (durch Zunahme der Verkehrsdichte) auf die Staukosten zu betrachten und damit die sozial optimalen Staugebühren zur Erzielung des optimalen Verkehrsflusses zu bestimmen. In zentral koordinierten Netzinfrastrukturen (z. B. Schienenwege, Flughäfen) werden Verkehrsdichten jenseits der Kapazitätsgrenze nicht zugelassen.

Anders verhält es sich dagegen im Straßenverkehr, bei dem abhängig von der Tageszeit, Jahreszeit, geographischen Lage, die Kapazitätsgrenze überschritten werden kann (vgl. Abb. 3-2 und 3-3) und dann die Situation eines Hyperstaus auftritt. Eine weitere Zunahme der Verkehrsdichte jenseits der Kapazitätsgrenze ($\theta > \bar{\theta}$) führt zu einer Abnahme des Verkehrsflusses. Im Grenzfall einer maximalen Verkehrsdichte handelt es sich um eine stehende Kolonne mit Verkehrsfluss von Null, so dass der Verkehr völlig zum Erliegen kommt.

Abbildung 3-2: *Verkehrsdichte und Verkehrsfluss*

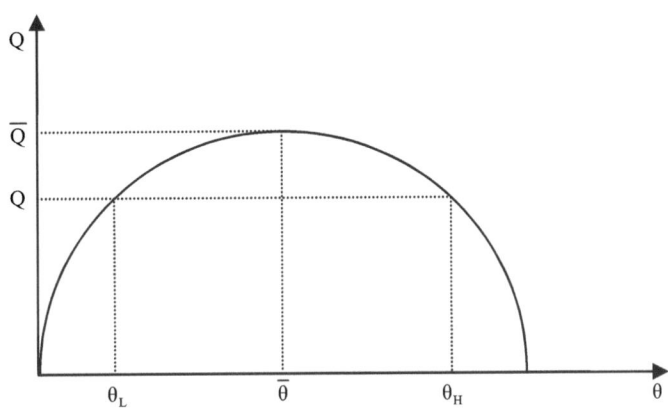

Sobald die Kapazitätsgrenze überschritten wird, kann jeder Verkehrsfluss $Q < \bar{Q}$ sowohl bei einer hohen Verkehrsdichte θ_H (mit niedriger Geschwindigkeit) oder einer niedrigen Verkehrsdichte θ_L (mit hoher Geschwindigkeit) erreicht werden.[16] Hieraus folgt, dass bei Verkehrsdichten $\theta > \bar{\theta}$ Kosteninneffizienzen auftreten (vgl. Button, 2004, S. 6).

---

16 Der Zusammenhang zwischen Verkehrsdichte und Verkehrsfluss wird bereits in Büttler (1982, S. 186) behandelt.

Abbildung 3-3:   *Stau und Hyperstau*

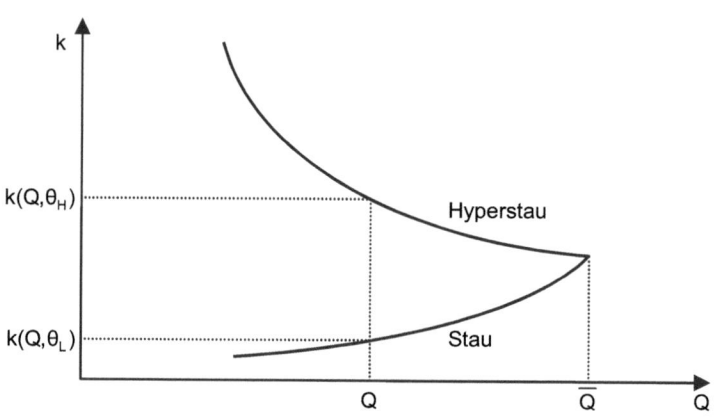

Da jedem Verkehrsfluss $Q < \overline{Q}$ die Werte $k(Q,\theta_L)$ und $k(Q,\theta_H)$ zugeordnet werden, handelt es sich nicht um eine Kostenfunktion, sondern um eine Kostenkorrespondenz (mengenwertige Kostenrelation) mit einem effizienten und einem ineffizienten Ast. In der Verkehrsökonomie finden Hyperstaus zwar zunehmende Beachtung, werden jedoch im Rahmen der Analyse von Staumodellen nach wie vor weitgehend außer Acht gelassen (vgl. Button, 2004, S. 4-7; Mohring, 1999, S. 182-187). Grundsätzlich gilt es zu unterscheiden zwischen einer Übernutzung der Verkehrsinfrastruktur im ineffizienten Bereich jenseits der Kapazitätsgrenze (Hyperstau) und einer Übernutzung im effizienten Bereich.

Im Folgenden soll die Situation des Hyperstaus ausgeschlossen werden, so dass bei jeder Infrastruktur von einer Einhaltung der Kapazitätsgrenze $\overline{Q}$ ausgegangen wird. Falls bei einer Erhebung optimaler Staugebühren zu bestimmten Zeiten die Kapazitätsgrenze erreicht wird und eine Überschussnachfrage nach Netzkapazitäten bestehen bleibt, ergibt sich die Notwendigkeit, eine Knappheitsrente zu erheben. Die optimale Lösung besteht dann darin, einen (zeitabhängigen) Knappheitspreis zu erheben, der das durch die Kapazität der Netzinfrastruktur gegebene Angebot mit der Nachfrage der Infrastrukturnutzer ausgleicht (vgl. Abb. 3-4).

Abbildung 3-4:   Kapazitätsengpässe

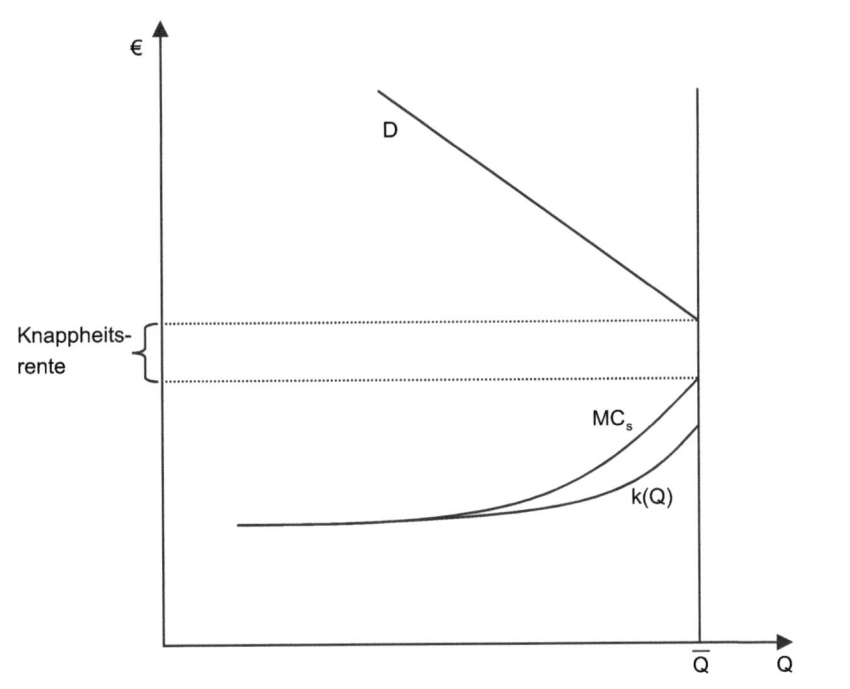

Die erzielten Ergebnisse lassen sich unmittelbar auf andere Netzsektoren übertragen. Ausgehend von der Nachfrage nach Netzleistungen (Ebene 1) lassen sich die Staugebühr, bzw. Knappheitspreise für den Zugang zu einer Netzinfrastruktur herleiten. Beispiele hierfür sind Zugangstarife zu Schienenwegen oder zu Flughäfen (vgl. z. B. Knieps, 1996).

3.1.3   Staugebühren und Investitionsentscheidungen

3.1.3.1   Staugebühren bei gegebener Infrastruktur

In den vorangegangenen Abschnitten wurde das Grundprinzip der optimalen Staugebühren aufgezeigt, ohne explizit auf Auslastungsschwankungen im Zeitablauf einzugehen. Im Folgenden wird die Nachfrage nach Fahrten für unterschiedliche Zeitperioden betrachtet. Die optimalen Staugebühren bei gegebener Wegeinfrastruktur für den

Fall einer homogenen Benutzergruppe abhängig vom jeweiligen Zeitpunkt t werden analytisch wie folgt abgeleitet:[17]

Bezeichne $P_t = P_t(Q_t)$ die inverse Nachfragefunktion nach Fahrten in der Periode t auf einem Streckenabschnitt einer Autobahn. Zur Vereinfachung wird davon ausgegangen, dass $P_t(Q_t)$ unabhängig von den einzelnen Perioden ist. Q_t bezeichne den Verkehrsfluss, d. h. die Anzahl Fahrzeuge, die während einer Zeiteinheit die Wegeinfrastruktur mit einer gegebenen Dimension $\overline{w}$ durchfahren. Es wird zunächst zur Vereinfachung der Analyse von einer homogenen Benutzerkategorie der Wegeinfrastruktur, d. h. von homogenem Verkehr mit identischen Fahrzeugen und identischen Zeitkosten der Verkehrsteilnehmer ausgegangen.[18]

Bezeichne $k_t = k_t(Q_t, \overline{w}) = k_t(Q_t)$ die privaten (durchschnittlichen) variablen Kosten bei Benutzung einer Wegeinfrastruktur mit einer Dimension $\overline{w}$ in Periode t. Hierzu zählen die Betriebskosten des Fahrzeugs, die Zeitkosten der Fahrt sowie die nutzungsabhängigen Unterhaltskosten der Wegeinfrastruktur. Bei zunehmendem Verkehr steigen die variablen Kosten.

Die Maximierung der sozialen Wohlfahrt von Fahrten über die gesamte Lebensdauer T einer gegebenen Wegeinfrastruktur ergibt die optimale Staugebühr:[19]

$$(3.10) \qquad \max_{Q_t} S = \sum_{t=1}^{T} \left[\int_0^{Q_t} P_t(\tilde{Q}_t) d\tilde{Q}_t - Q_t k_t(Q_t) \right]$$

Die Bedingungen erster Ordnung lauten:

$$(3.11) \qquad \frac{\partial S}{\partial Q_t} = P_t - \left[k_t(Q_t) + \frac{\partial k_t}{\partial Q_t} \cdot Q_t \right] = 0 \qquad t=1,\dots,T$$

Daraus folgt:

$$(3.12) \qquad P_t = k_t(Q_t) + \frac{\partial k_t}{\partial Q_t} \cdot Q_t \qquad\qquad t=1,\dots,T$$

Die optimale Staugebühr τ_t^0 ergibt sich als Differenz des Brutto-Preises P_t und der privaten Kosten $k_t(Q_t)$, d. h.:

$$(3.13) \qquad \tau_t^0 = P_t - k_t(Q_t) = \frac{\partial k_t}{\partial Q_t} \cdot Q_t \qquad\qquad t=1,\dots,T$$

---

[17]   Der Leser findet einen Überblick über die Literatur zu dieser Problematik in Winston (1985, S. 78 f.). Immer noch grundlegend ist die formale Analyse von Mohring und Harwitz (1962), worauf der folgende einfache Modellansatz basiert.

[18]   Eine Verallgemeinerung auf den Fall unterschiedlicher Benutzerkategorien einer Wegeinfrastruktur (z.B. Lastkraftwagen versus Pkw) ist leicht möglich.

[19]   Dabei wird zur Vereinfachung der Diskontsatz vernachlässigt.

in Höhe der (marginalen) Staukosten einer Fahrt auf der vorgegebenen Wegeinfrastruktur.

3.1.3.2 Staugebühren bei variabler Infrastruktur

Die Höhe der Staukosten hängt von der Dimensionierung des Wegeinfrastrukturtyps ab. Falls etwa auf einer zweispurigen Autobahn der Verkehr sich gegenseitig erheblich behindert, so werden diese Behinderungen auf einer vier- oder sechsspurigen Autobahn sich erheblich reduzieren oder sogar ganz wegfallen. Hohe Staugebühren auf Straßen mit hohem Verkehrsaufkommen infolge gestiegener Verkehrsnachfrage stellen ein Indiz für den Bedarf an neuen Investitionen dar. Dabei hängt das optimale Investitionsprogramm von dem Niveau der Staugebühren ab.

Das Preis- und Investitionsproblem bei Vorliegen von Staukosten lässt sich wie folgt formulieren:

Bezeichne $\rho(w)$ die Investitionskosten der Wegeinfrastruktur mit der Dimension w und einer Lebensdauer von T Perioden (einschließlich der nutzungsabhängigen Unterhaltskosten). Im Folgenden wird angenommen, dass der Bau der Wegeinfrastruktur ohne Probleme der Anlagenunteilbarkeit durchgeführt werden kann. Dadurch wird es möglich, das Differentialkalkül anzuwenden. Die technische Möglichkeit, Wegeinfrastrukturen unterschiedlicher Dimensionierung (Kapazität) aufzubauen und graduell auszudehnen, tritt in der Praxis häufig auf (Starkie, 1982). Je größer die bestehende Infrastruktur bereits ist, umso weniger relevant werden Unteilbarkeiten (vgl. Keeler, Small 1977). Wichtige Beispiele sind Autobahnen mit mehreren Spuren oder Flughäfen mit mehreren Landebahnen. Die nachfolgende Analyse ist dagegen nicht anwendbar auf den Grenzfall des reinen öffentlichen Gutes, wo große technische Unteilbarkeiten bewirken, dass die Minimalkapazität relativ zur Nachfrage so groß ist, dass perfekte Nicht-Rivalität bei der Inanspruchnahme der Wegeinfrastruktur vorliegt. Beispielsweise bildet die Differenz zwischen keiner Straße und der einfachsten Form einer Straße eine große technische Unteilbarkeit. Hier verschwinden bei geringer Auslastung die Externalitätskosten und die optimale Staugebühr ist 0. Beim Aufbau einer Wegeinfrastruktur können sowohl zunehmende, konstante oder abnehmende Skalenerträge im relevanten Bereich der Nachfrage vorliegen. Bei zunehmendem Verkehrsfluss und konstanter Dimension steigen die Zeitkosten einer Fahrt: $\frac{\partial k_t}{\partial Q_t} > 0$. Bei zunehmender Dimension und konstantem Verkehrfluss sinken die Zeitkosten einer Fahrt: $\frac{\partial k_t}{\partial w} < 0$. Es gelte ferner, dass $k_t(Q_t, w)$ homogen vom Grade 0 in Q_t und w ist. Dies bedeutet, dass die Geschwindigkeit des Verkehrs auf der Wegeinfrastruktur lediglich von der Relation zwischen Verkehrsfluss und Dimension abhängt und nicht von der absoluten Größe der Wegeinfrastruktur.[20]

Die optimale Preis- und Investitionsregel ergibt sich durch:

$$(3.14) \quad \max_{Q_t, w} S = \sum_{t=1}^{T} \left[\int_{0}^{Q_t} P_t(\tilde{Q}_t) d\tilde{Q}_t - Q_t k_t(Q_t, w) \right] - \rho(w)$$

Die notwendigen Bedingungen für das Maximum ergeben sich durch Differenzierung von (3.14) bezüglich Q_t und w.

Die optimale Preisregel für eine Fahrt ergibt sich durch Differenzierung nach Q_t, Gleichsetzung mit 0 und Umformungen:

$$(3.15) \quad P_t = k_t(Q_t, w) + Q_t \frac{\partial k_t(Q_t, w)}{\partial Q_t} \; ; \qquad t=1,\ldots,T$$

Der erste Term hinter dem Gleichheitszeichen charakterisiert die privaten variablen Kosten einer Fahrt; der zweite Term charakterisiert die Externalitätskosten, die ein zusätzlicher Fahrer sämtlichen übrigen Fahrzeugen auferlegt. Der Preis einer Fahrt sollte somit den kurzfristigen sozialen Grenzkosten einer Fahrt entsprechen.

Die optimale Investitionsregel ergibt sich durch Differenzierung nach w, Gleichsetzung mit 0 und Umformungen:

$$(3.16) \quad \rho'(w) = -\sum_{t=1}^{T} Q_t \frac{\partial k_t(Q_t, w)}{\partial w}$$

Die simultane Lösung der Gleichungen (3.15) und (3.16) bestimmt die optimale Dimension der Infrastruktur w^o sowie den optimalen Verkehrsfluss Q_t^o. Im Einzelnen zeigt sich:

- Der Preis einer einzelnen Fahrt muss mit den kurzfristigen sozialen Grenzkosten einschließlich der Staukosten übereinstimmen. Dies erfordert die Erhebung einer optimalen Staugebühr.

- Die Grenzkosten einer zusätzlichen Investitionseinheit müssen mit der Summe der Grenznutzen sämtlicher Benutzer dieser Wegeinfrastruktur übereinstimmen.

---

[20]   Diese Annahme wird in der verkehrsökonomischen Literatur typischerweise unterstellt, wenn es sich um größere Wegeinfrastrukturen (z. B. Autobahnen oder Flughäfen) handelt (vgl. z. B. Mohring, Harwitz 1962; Keeler, Small 1977, S. 2).

3.1.4 Effiziente Staugebühren und Finanzierungsziele

Die Staugebühren für eine Fahrt haben das Ziel, die beste Ausnutzung der vorhandenen Wegeinfrastruktur zu garantieren. Das Finanzierungsproblem der bestehenden Infrastruktur (und folglich die Kosten des Aufbaus der Wegeinfrastruktur) darf jedoch nicht als Kriterium für die Lenkung der vorhandenen Kapazitäten zugrunde gelegt werden. Das Argument, dass auf viel befahrenen Strecken mehr Fahrzeuge zur Kostendeckung beitragen und folglich die Belastung niedriger sein sollte als auf wenig befahrenen Strecken (Meyer et al. 1959, S. 70-73), widerspricht folglich dem Prinzip einer effizienten Allokation der Wegeinfrastrukturkapazität.

3.1.4.1 Der Beitrag effizienter Staugebühren zur Finanzierung von Wegeinfrastrukturen

Bei der Herleitung der optimalen Preis- und Investitionsregeln blieb das Finanzierungsproblem unberücksichtigt. Dennoch ist die Frage von Interesse, inwieweit optimale Staugebühren zur Deckung der Investitionskosten sowie der nutzungsunabhängigen Unterhaltskosten beitragen.

Die Nettoeinnahmen zur Finanzierung der Straße (oder einer anderen Wegeinfrastruktur) ergeben sich aus Multiplikation der optimalen Staugebühren mit Q_t und Summation über die gesamte Lebensdauer:[21]

$$(3.17) \qquad \sum_{t=1}^{T} [P_t(Q_t) - k_t(Q_t, w)] Q_t = \sum_{t=1}^{T} Q_t \frac{\partial k_t}{\partial Q_t} \cdot Q_t$$

Anwendung des Euler Theorems für homogene Funktion vom Grade r auf die Funktion $k_t(Q_t, w)$ ergibt:

$$(3.18) \qquad r \cdot \sum_{t=1}^{T} k_t(Q_t, w) = \sum_{t=1}^{T} Q_t \frac{\partial k_t}{\partial Q_t} + \sum w \frac{\partial k_t}{\partial w}$$

Angewendet für die Funktionen k_t homogen vom Grade 0 gilt:

$$(3.19) \qquad \sum_{t=1}^{T} Q_t \cdot \frac{\partial k_t}{\partial Q_t} = \sum_{t=1}^{T} -w \frac{\partial k_t}{\partial w} ; \qquad t=1,\dots,T$$

Daher folgt aufgrund der optimalen Investitionsregel:

$$(3.20) \qquad \sum_{t=1}^{T} Q_t \frac{\partial k_t}{\partial Q_t} \cdot Q_t = w \left[-\sum_{t=1}^{T} \frac{\partial k_t}{\partial w} Q_t \right] = w\rho'(w)$$

Und es ergibt sich:

---

21 Zur Vereinfachung wird die Diskontrate 0 gesetzt.

(3.21) $\sum_{t=1}^{T}[P_t(Q_t) - k_t(Q_t, w)]Q_t = w\rho'(w)$

Falls konstante Skalenerträge beim Ausbau der Wegeinfrastruktur vorliegen (oder falls bestehende Skalenerträge ausgeschöpft sind), gilt: $w\rho'(w) = \rho(w)$. In diesem Fall werden die Investitionskosten für die optimale Kapazität der Wegeinfrastruktur genau durch die optimalen Staugebühren gedeckt. Liegen zunehmende Skalenerträge beim Aufbau einer Wegeinfrastruktur vor, gilt: $w\rho'(w) < \rho(w)$ und die Erhebung der optimalen Staugebühren führt zu einem Defizit. Falls der Ausbau der Wegeinfrastruktur mit abnehmenden Skalenerträgen (z. B. wegen langfristig steigender Grenzkosten des Straßenbaus) verbunden ist, führen die optimalen Staugebühren zu einem Überschuss (Mohring, Harwitz, 1962, S. 81-86).

3.1.4.2 Optimale Staugebühren und Eigenwirtschaftlichkeit

Falls zunehmende Skalenerträge beim Ausbau einer Wegeinfrastruktur vorliegen, und folglich optimale Staugebühren die Investitionskosten der Wegeinfrastruktur nicht decken können, stellt sich die Frage nach der Finanzierung des Restdefizits. Eine Alternative zur Finanzierung des Restdefizits aus dem allgemeinen Staatshaushalt stellen wohlfahrtsmaximierende, lineare Gebühren unter der Kostendeckungsbeschränkung dar, die im Folgenden betrachtet werden sollen. Für den Fall eines (kurzfristig) gegebenen Infrastrukturniveaus entspricht dieses Problem der Herleitung der wohlbekannten Ramsey-Preise (vgl. Ramsey, 1927; Baumol, Bradford, 1970).[22]

Im vollständigen Wettbewerb mit vielen aktiven Anbietern setzen Unternehmen Grenzkostenpreise. Bei Vorliegen zunehmender Skalenerträge decken die Grenzkostenpreise die Gesamtkosten der Produktion nicht. Sogar die Umkehrung gilt: Die Nichtprofitabilität von Grenzkostenpreisen ist äquivalent mit dem Vorliegen zunehmender Skalenerträge. Unter wohlfahrtsökonomischen Aspekten gilt es dann, die Preise gerade so weit oberhalb der Grenzkosten anzusetzen, dass zwar die Gesamtkosten gedeckt werden, aber der dadurch verursachte Verlust an Konsumentenrente insgesamt so gering wie möglich ist. Man geht bei dem Konzept der Ramsey-Preise davon aus, dass eine Aufteilung der Gesamtnachfrage in mehrere Gruppen gelingt, innerhalb derer jeweils ein Einheitspreis durchgesetzt werden kann. Ramsey-Preise stellen folglich eine Form der Preisdifferenzierung dar. Die Ramsey-Preisregel erfordert, dass die Preise auf Märkten mit preiselastischer („empfindlicher") Nachfrage verhältnismäßig geringfügig angehoben werden, während auf Märkten mit unelastischer Nachfrage relativ höhere Preise verlangt werden. Dies ist intuitiv leicht nachvollziehbar, denn der Verlust an Konsumentenrente infolge einer Preisanhebung ist im Allgemeinen umso höher, je elastischer die Nachfrage auf die Preisanhebung reagiert.

---

[22] Auch die Anwendung von Spitzenlasttarifierung unter Berücksichtigung von zeitlichen Auslastungsschwankungen sowie mehrteilige Tarife (Grundgebühr und nutzungsabhängige Preiskomponente) sind denkbar (vgl. Kapitel 4).

Die Maximierung der Konsumenten- und Produzentenrente unter der Kostendeckungsbeschränkung ergibt zweitbeste Zugangstarife. Dabei sind Aufschläge entsprechend den Nachfrageelastizitäten nach Transportkapazitäten zu erheben. Je niedriger die Preiselastizität ist, umso höher ist der erforderliche Aufschlag auf die Grenzkosten der Infrastrukturnutzung (vgl. z. B. Baumol, Bradford, 1970).

Lineare Zugangstarife nach dem Prinzip der Ramsey-Preise bilden einen theoretischen Referenzpunkt für optimale Netzzugangsentgelte. Bei wettbewerblichen Märkten kann der Marktprozess durch Berücksichtigung der unterschiedlichen Nachfrageelastizitäten eine solche Preisstruktur generieren (vgl. Knieps, 2005, S. 235 ff.).

Bei Vorliegen von Externalitätskosten sind Aufschläge (entsprechend den Nachfrageelastizitäten) auf die sozialen Grenzkosten zu erheben (vgl. Morrison, 1987, S. 47 f.). Im Folgenden sollen dagegen zweitbeste Staugebühren bei variablem Infrastrukturniveau abgeleitet werden. Von Interesse ist dabei die Frage, ob und inwieweit sich die Investitionsregel gegenüber der first-best Lösung verändert.[23]

Es werden Benutzerkategorien (bzw. -klassen) betrachtet, die sich hinsichtlich der privaten Kosten einer Fahrt, ihrer Externalitätskosten sowie den Preiselastizitäten der Nachfrage nach Wegeinfrastrukturkapazitäten unterschieden.[24]

Sei $P_{it}(Q_{it})$ die inverse Nachfragefunktion der Benutzerkategorie i ($i=1,...,n$) in Periode t ($t=1,...,T$); P_{it} ist der „Brutto-Preis" einer Fahrt eines Verkehrsteilnehmers der Kategorie i in Periode t und Q_{it} bezeichnet die Anzahl Fahrten der Verkehrsteilnehmer i während Periode t. $k_{it} = k_{it}(Q_{1t},...,Q_{nt})$ bezeichnet die privaten Kosten eines Teilnehmers der Kategorie i in Periode t. $\rho(w)$ bezeichnet die Investitionskosten der Wegeinfrastruktur mit der Dimension w mit einer Lebensdauer von T Perioden, die aus den Staugebühren zu finanzieren sind. Es wird zur Vereinfachung davon ausgegangen, dass die Nachfrage zwischen den verschiedenen Benutzerklassen und zwischen den Zeitperioden unabhängig ist und dass die Unterhaltskosten der Wegeinfrastruktur vernachlässigbar gering sind. Im Folgenden sollen optimale Staugebühren und optimale Wegeinfrastrukturdimension simultan unter der Kostendeckungsbeschränkung abgeleitet werden.

Die Maximierung der sozialen Wohlfahrt unter der Kostendeckungsbeschränkung lautet:

---

[23] Diese Frage stellt sich auch, falls beim Ausbau einer Wegeinfrastruktur abnehmende Skalenerträge vorliegen (etwa bei Flughäfen) und Grenzkosten-Gebühren zu Überschüssen führen. Die nachfolgende Analyse lässt sich analog auf diesen Fall anwenden.

[24] Die optimalen Benutzungsgebühren können analog für den Fall unterschiedlicher Benutzerkategorien einer Wegeinfrastruktur verallgemeinert werden. Dies ist dann zweckmäßig, wenn unterschiedliche Benutzerkategorien (etwa Lkw und Pkw) unterschiedliche Externalitätskosten verursachen.

(3.22) $\displaystyle \max_{(Q_{it},...,Q_{nt},w)} S = \sum_{t=1}^{T} \left[\sum_{i=1}^{n} \int_{0}^{Q_{it}} P_{it}(\tilde{Q}_{it}) d\tilde{Q}_{it} - \sum_{i=1}^{n} k_{it}(Q_{1t},...Q_{nt},w)Q_{it} \right] - \rho(w)$

derart, dass

(3.23) $\displaystyle \sum_{t=1}^{T} \sum_{i=1}^{n} \left[P_{it} - k_{it}(Q_{1t},...,Q_{nt},w) \right] Q_{it} = \rho(w)$

Die Lagrange-Funktion lautet:

(3.24) $\displaystyle L(Q_{1t},...,Q_{nt},w,\lambda) = \sum_{t=1}^{T} \left[\sum_{i=1}^{n} \int_{0}^{Q_{it}} P_{it}(\tilde{Q}_{it}) d\tilde{Q}_{it} - \sum_{i=1}^{n} k_{it}(Q_{1t},...Q_{nt},w)Q_{it} \right] - \rho(w)$

$\displaystyle \qquad\qquad + \lambda \left[\sum_{t=1}^{T} \sum_{i=1}^{n} \left[P_{it} - k_{it}(Q_{1t},...,Q_{nt},w) \right] Q_{it} - \rho(w) \right]$

(3.25) $\displaystyle MC_{it}(Q_{1t},...,Q_{nt},w) = \frac{\partial}{\partial Q_{it}} \cdot \sum_{j=1}^{n} k_{jt}(Q_{1t},...,Q_{nt},w) \cdot Q_{jt} = k_{it}(\cdot,w) + \sum_{j=1}^{n} \frac{\partial k_{jt}(\cdot,w)}{\partial Q_{it}} \cdot Q_{jt}$

bezeichnet die sozialen Grenzkosten eines zusätzlichen Fahrzeugs der Kategorie i in Periode t bei einer Infrastrukturkapazität w. Diese beinhalten die Externalitätskosten auf allen anderen Fahrzeugen (diejenigen Fahrzeuge in allen anderen Kategorien j sowie die Fahrzeuge in der eigenen Kategorie i).

(3.26) $\displaystyle MR_{it} = \frac{\partial}{\partial Q_{it}} \left[P_{it}(Q_{it}) \cdot Q_{it} \right]$

bezeichnet den Grenzerlös aus dem Preis einer Fahrt der Benutzerkategorie i während der Periode t.

Dann gilt:

(3.27) $\displaystyle \frac{\partial L}{\partial Q_{it}} = (P_{it} - MC_{it}(\cdot,w)) + \lambda [MR_{it} - MC_{it}(\cdot,w)] = 0$

(3.28) $\displaystyle \frac{\partial L}{\partial w} = \sum_{t=1}^{T} \left[-\sum_{i=1}^{n} \frac{\partial k_{it}}{\partial w} \cdot Q_{it} \right] - \frac{\partial \rho(w)}{\partial w} + \lambda \left[\sum_{t=1}^{T} \sum_{i=1}^{n} -\frac{\partial k_{it}}{\partial w} Q_{it} - \frac{\partial \rho}{\partial w} \right] = 0$

Aus Gleichung (3.27) folgt:

(3.29) $\displaystyle \frac{P_{it} - MC_{it}(\cdot,w)}{MC_{it}(\cdot,w) - MR_{it}} = \lambda$

(3.30) $\displaystyle MR_{it} = P_{it} \left[1 + \frac{\partial P_{it}}{\partial Q_{it}} \cdot \frac{Q_{it}}{P_{it}} \right] = P_{it} [1 + \phi_{it}]$

Somit gilt:

(3.31) $\quad \dfrac{P_{it} - MC_{it}(\cdot, w)}{MC_{it}(\cdot, w) - \left[P_{it}(1 + \phi_{it})\right]} = \lambda$

Und folglich:

(3.32) $\quad \dfrac{P_{it} - MC_{it}(\cdot, w)}{P_{it}} = -\dfrac{\lambda}{1 + \lambda} \cdot \phi_{it}$ $\qquad\qquad t = 1, \dots, T; \qquad i = 1, \dots, n$

Aus Gleichung (3.28) folgt:

(3.33) $\quad \displaystyle\sum_{t=1}^{T}\left[-\sum_{i=1}^{n}\dfrac{\partial k_{it}}{\partial w}\cdot Q_{it}\right] - \dfrac{\partial \rho}{\partial w} + \lambda\left[\sum_{t=1}^{T}\sum_{i=1}^{n} -\dfrac{\partial k_{it}}{\partial w}\cdot Q_{it}\right] - \dfrac{\partial \rho}{\partial w} = 0$

Und somit:

(3.34) $\quad (1 + \lambda)\left(-\dfrac{\partial \rho}{\partial w}\right) = (1 + \lambda)\displaystyle\sum_{t=1}^{T}\sum_{i=1}^{n}\left(\dfrac{\partial k_{it}}{\partial w}\cdot Q_{it}\right)$

Die optimalen Preis- und Investitionsregeln unter der Kostendeckungsbeschränkung ergeben sich aus (3.32) und (3.34) wie folgt:

(3.35) $\quad \rho'(w) = -\displaystyle\sum_{t=1}^{T}\sum_{i=1}^{n}\dfrac{\partial k_{it}(Q_{1t},\dots,Q_{nt},w)}{\partial w}\cdot Q_{it}$

(3.36) $\quad \dfrac{P_{it} - \left[k_{it}(\cdot, w) + \displaystyle\sum_{j=1}^{n}\dfrac{\partial k_{jt}(\cdot, w)}{\partial Q_{it}}\cdot Q_{jt}\right]}{P_{it}} = \dfrac{-\lambda}{1 + \lambda}\cdot \phi_{it} \quad t = 1,\dots,T; i = 1,\dots,n$

Dabei bezeichnet ϕ_{it} die Mengenelastizität der inversen Nachfragefunktion der Benutzergruppe i während Periode t.

Aus den Gleichungen (3.35) und (3.36) folgt:

- Analog dem Fall ohne Kostendeckungsbeschränkung muss das Investitionsniveau so lange ausgedehnt werden, bis die Grenzkosten einer zusätzlichen Investitionseinheit mit dem Grenznutzen (insbesondere durch kürzere Reisezeit) übereinstimmt.

- Die zweitbeste Staugebühr ergibt sich durch einen Aufschlag auf die sozialen Grenzkosten. Je höher die Mengenelastizität der inversen Nachfragefunktion (d.h. je niedriger die Preiselastizität einer Benutzerkategorie), umso höher ist der erforderliche Aufschlag.

- Die simultane Lösung der Gleichungen (3.35) und (3.36) bestimmen die zweitbeste Infrastrukturdimension w^{**} sowie den zweitbesten Verkehrsfluss Q_{it}^{**}; $i = 1,\dots,n$,

$t=1,...,T$ (bei zweitbesten Staugebühren). Analog wird die zweitbeste Staugebühr $\tau_{it}^{**} = P_{it} - k_{it}(\cdot, w^{**})$ als Abweichung von den sozialen Grenzkosten

$$k_{it}(\cdot, w^{**}) + \sum_{j=1}^{n} \frac{\partial k_{jk}(\cdot, w^{**})}{\partial Q_{it}} \cdot Q_{jt}$$

bei zweitbestem Infrastrukturniveau bestimmt. Obwohl die Investitionsregel sich gegenüber dem Fall ohne Kostendeckungsbeschränkung nicht unterscheidet, ergibt sich folglich ein unterschiedliches Kapazitätsniveau.

3.1.5   Stauexternalitäten im Netzverbund

Bisher wurde der Verkehrsfluss auf einer einzelnen Straße (bzw. einem Flughafen, einem Schienenweg) isoliert betrachtet, um das Grundprinzip der Stauexternalitäten und der optimalen Staugebühr aufzuzeigen. Verkehrsinfrastrukturen befinden sich allerdings typischerweise in einem Umfeld von anderen Infrastrukturen, die von den Verkehrsteilnehmern in komplementärer oder substitutiver Weise in Anspruch genommen werden können. Der Verkehrsfluss auf einer Autobahn kann folglich auch von dem Angebot substitutiver Umgehungsstraßen abhängen. Flugzeuge, die auf einem bestimmten Flughafen starten, benötigen auf dem Zielflughafen einen komplementären Landeslot etc.

Ungeachtet dieser Substitutions- und Komplementaritätsbeziehungen aus der Sicht einzelner Verkehrsteilnehmer sind die Verkehrsflüsse auf den unterschiedlichen Infrastrukturen allerdings nicht systematisch und kausal miteinander verknüpft. Die Stauexternalitäten auf einer Strecke hängen ausschließlich von dem Verkehrsfluss auf dieser Strecke ab. Es handelt sich um lokale/streckenbezogene Stauexternalitäten, da die Opportunitätskosten der Inanspruchnahme einer Autobahnstrecke sich auf diese Autobahnstrecke begrenzen lassen.

Von der Frage, wie viele Fahrzeuge insgesamt die parallelen Straßen passieren, ist die Frage der Aufspaltung der Verkehrsflüsse auf parallele Infrastrukturen zu unterscheiden. Preis- und Investitionsentscheidungen für den Fall substitutiver und komplementärer Fahrwege waren in den vergangenen Jahrzehnten Gegenstand einer umfangreichen theoretischen und empirischen Literatur innerhalb der Verkehrsökonomie.[25] Viele Arbeiten beziehen sich auf zwei gleichgerichtete (parallele) Fahrwege und einen komplementären gemeinsamen Fahrweg (vgl. Verhoef, Small, 2004, S. 131).

Die Analyse von Stauproblemen im Netzverbund unter Einbeziehung grundlegender Substitutions- und Komplementaritätsbeziehungen lässt sich bereits anhand einfacher stilisierter Verkehrsstrukturen durchführen. Dabei kann auch die Graphentheorie von Nutzen sein. Die Knoten des Graphen charakterisieren die Kreuzungen, während die

---

[25]   Für einen Überblick vgl. z. B. Santos (ed., 2004); Verhoef, Small (2004); Mohring (1999).

Verbindungen (Kanten) eine (parallele) von einander getrennte Wegstrecke darstellen oder stattdessen separate Straßen, so dass die Verkehrsströme auf den einzelnen Verbindungen separat (isoliert) auftreten und gemessen werden.

3.1.5.1 Spontane symmetrische Verkehrsaufteilung

Ausgegangen wird von einem Ausgangspunkt O und einem Zielpunkt D, die mittels zweier paralleler Fahrwege A und B mit separierten, gleichgerichteten Verkehrsflüssen (separate Straßen oder parallele separierte Fahrstreifen einer Autobahn) sowie einem gemeinsamen Fahrweg C verbunden sind. Dies wird in der nachfolgenden Abbildung 3-5 veranschaulicht (vgl. Verhoef, Small, 2004, S. 131, Abb. 1).

Abbildung 3-5: *Parallele Fahrwege*

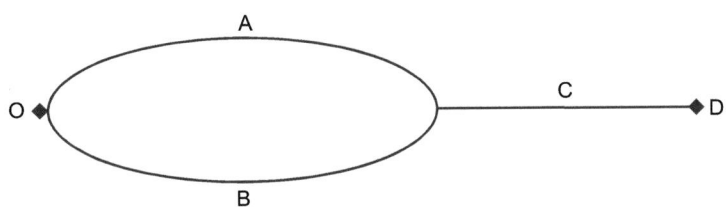

In der Sprache der Graphentheorie handelt es sich um 2 Pfade (routes): Pfad AC, bestehend aus den Verbindungen A und C sowie dem Pfad BC, bestehend aus den Verbindungen B und C. Die Punkte O und D lassen sich als Knoten des Graphen interpretieren, die als Auf- und Abfahrten sowie Straßenkreuzungen fungieren. Es wird davon ausgegangen, dass die Qualität (Bodenbelag etc.) sowie die Kapazität (maximaler Verkehrsfluss) der Fahrwege A und B identisch sind. Auf beiden Fahrwegen A und B ergibt sich spontan der identische Verkehrsfluss $\frac{Q^o}{2}$, so dass die Gesamtreisezeit auf jedem Fahrweg minimiert wird. Anreize der Verkehrsteilnehmer, anstatt Fahrweg A den Fahrweg B zu benutzen (oder umgekehrt) entstehen nicht, da nach Wechsel von A nach B die variablen Kosten einer Fahrt ansteigen, da $k\left(\frac{Q^o}{2}+1\right) \geq k\left(\frac{Q^o}{2}\right)$. Staugebühren sind in diesem Fall für die Realisierung der zeitkostenminimierenden symmetrischen Verteilung der Fahrzeuge $Q_A = Q_B = \frac{Q}{2}$ auf den beiden parallelen Straßen auch nicht erforderlich. Eine Abweichung von dieser „optimalen" Lösung wäre auch aus individueller Sicht nicht anreizkompatibel, da sie die individuellen Fahrtkosten erhöhen würde.

3.1.5.2 Das Braess-Paradox

Eine zeitkostenminimierende spontane Aufteilung der Verkehrsflüsse ist jedoch nicht mehr gewährleistet, wenn die Fahrwege A und B in Abbildung 3-6 durch eine Querstraße verbunden werden. Dieses Phänomen ist in der Literatur zur Verkehrsplanung insbesondere durch das sogenannte Braess-Paradox bekannt geworden (Braess, 1968). Dieses besagt, dass die Situation nicht per se ausgeschlossen werden kann, dass bei einer Erweiterung des Verkehrsnetzes um eine zusätzliche Straße die optimalen (insgesamt zeitkostenminimierenden) Verkehrsflüsse nicht mehr anreizkompatibel sind, da einzelne Fahrer zeitgünstigere Pfade herausfinden können. Wird dann diese zusätzliche Straße gesperrt, verteilt sich der Verkehrsfluss wieder besser, so dass in diesem Fall durch Reduktion des Straßennetzes der Gesamtzeitaufwand der Verkehrsflüsse reduziert wird. Das Modellbeispiel mit vier Knoten (Braess, 1968, S. 263) lässt sich durch Erweiterung der Abbildung 3-5 veranschaulichen (Abb. 3-6).

Abbildung 3-6:   *Braess-Paradox*

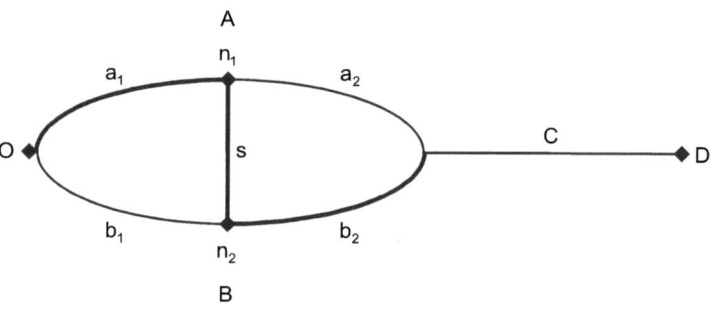

Vor dem Bau der Querverbindung s standen lediglich die beiden Pfade (a_1, a_2, C) und (b_1, b_2, C) zur Wahl.[26] Nach dem Bau der Querverbindung s stehen zusätzlich die Pfade (a_1, s, b_2, C) sowie (b_1, s, a_2, C) zur Disposition. Braess untersucht die Frage, ob durch den Bau der Querstraße s die zeitkostenminimierende symmetrische Aufspaltung der Verkehrsflüsse auf die beiden Pfade (AC) und (BC) unterlaufen werden kann, indem einzelne Fahrer die Querstraße benutzen und die Pfade (a_1, s, b_2, C) oder (b_1, s, a_2, C) wählen. Falls dies der Fall sein kann, ergibt sich als Paradox, dass der Bau einer Querstraße eine Verlangsamung der Verkehrsflüsse zur Folge hat und sich dadurch die Reisezeit insgesamt erhöht. Unter der bisher getroffenen Annahme der identischen Qualität der parallelen Straßen A und B ergeben sich vor dem Bau der Quer-

---

[26]   Ein Pfad ist definiert als die Kombination von Streckenabschnitten, die den Startpunkt O mit dem Zielpunkt D verbindet.

straße symmetrische Staubedingungen auf A und B und folglich auch auf den Streckenabschnitten a_1, a_2 und b_1, b_2 (da die Verkehrsflüsse auf A und B unverändert bleiben). Da im Optimum vor der Benutzung der Querstraße die Verkehrsflüsse auf den Teilstrecken b_2, a_2 identisch sind, entsteht kein Anreiz für einen individuellen Fahrer, die Querstraße zu benutzen. Den zusätzlichen Zeitkosten die Teilstrecke s zu benutzen, steht keine Zeitersparnis auf b_2 gegenüber. Im Gegenteil, durch den Wechsel auf b_2 werden die Stauexternalitäten auf a_2 marginal reduziert und auf b_2 marginal erhöht. Das Braess-Paradox tritt nicht auf.

Die Möglichkeit des Braess-Paradox basiert auf der Annahme, dass die Stauexternalitäten zwar für die Summe der Teilstrecken $A = a_1 + a_2$ und $B = b_1 + b_2$ identisch sind, aber auf den einzelnen Teilstrecken entgegengesetzt sind, so dass $a_1 = b_2$ (niedrig) und $a_2 = b_1$ (hoch). Dies bedeutet, dass die Teilstrecken a_1, b_2 und s von höherer Qualität sind als die Teilstrecken a_2 und b_1. Unter diesen Voraussetzungen entsteht ein Anreiz für eine individuelle Fahrt durch (a_1, s, b_2, C), den optimalen, zeitkostenminimierenden Pfad (a_1, a_2, C) zu unterlaufen, da die niedrigeren Staukosten auf b_2 (trotz marginaler Erhöhung des Staus auf b_2) im Vergleich zu den hohen Staukosten auf a_2 den Umweg über die Querstraße s lohnend machen.

Für die Verkehrspraxis stellt sich die Frage nach der Relevanz des Braess-Paradoxes. Unterschiedliche Staubedingungen auf einem Fahrweg sind nicht ausgeschlossen, wenn die Kapazität, Beschaffenheit der Fahrbahn etc. auf den Teilstrecken variieren, so dass a_1, b_2 eine höhere Qualität und a_2, b_1 eine niedrigere Qualität besitzen. Die Querstraße s eröffnet die Möglichkeit, die Pfade (a_1, a_2, C) und (b_1, b_2, C) zu umgehen. Wenn alle Fahrzeuge den Pfad (a_1, s, b_2, C) wählen, so wird die Gesamtreisezeit gegenüber der bisherigen Situation ohne Querstraße erhöht (vgl. Cohen, Horowitz, 1991, S. 701). Allerdings ist die verkehrspolitische Folgerung, dass deshalb Infrastrukturerweiterungen in Verkehrsnetzen kontraproduktiv sind, nicht zutreffend. Erforderlich ist vielmehr die Einführung von Staugebühren zur Steuerung der Verkehrsflüsse. Bereits Samuelson (1992, S. 7) weist nach, dass bei geeigneten Staugebühren sich das Braess-Paradox auflöst, indem sich die Verkehrsflüsse im Verhältnis ¼ und ³/₈ und ³/₈ auf die Pfade (a_1, s, b_2, C), (a_1, a_2, C) und (b_1, b_2, C) aufteilen. Dabei ist die teuerste, aber auch schnellste Verbindung der Pfad (a_1, s, b_2, C).

Die Analyse von Braess legt den Planungsansatz der Zeitkostenminimierung der Verkehrsflüsse über sämtliche Pfade zugrunde. Im Folgenden wird gezeigt, dass geeignete Staugebühren und damit einhergehende Qualitätsdifferenzierungen zwischen parallelen Strecken zu Wohlfahrtsverbesserungen führen, obwohl sie nicht notwendigerweise die Gesamtreisezeit minimieren.

3.1.5.3 Staugebühren zur Qualitätsdifferenzierung

Bereits in der Pigou-Knight-Kontroverse stand der Fall von zwei parallelen Straßen im Zentrum, wobei die Fahrzeuge entweder eine Straße A mit geringer Qualität der Infrastruktur, aber unbeschränkter Kapazität oder eine Straße B mit hoher Qualität der Infrastruktur, aber beschränkter Kapazität befahren konnten. Unbestritten in der Pigou-Knight-Kontroverse war, dass sich die Wahl zwischen den beiden Straßen an den sozialen Grenzkosten und nicht an den (durchschnittlichen) variablen Kosten orientieren muss. Dies wird in der folgenden Abbildung 3-7 veranschaulicht. Aufgrund der hohen Kapazität sind auf der Straße A die privaten variablen Kosten der Inanspruchnahme konstant und entsprechen den sozialen Grenzkosten. Auf der Straße B sind – aufgrund der höheren Qualität der Infrastruktur – die variablen Kosten bei freier Fahrt niedriger, bei zunehmendem Stau steigen aber sowohl die privaten als auch die sozialen Kosten an, da jedes zusätzliche Fahrzeug die Kosten aller übrigen Fahrzeuge auf das Niveau des zusätzlichen Fahrzeugs anhebt (vgl. Knight, 1924, S. 588; Pigou, 1920, Appendix iii).

Abbildung 3-7: *Wettbewerb zwischen parallelen Straßen*

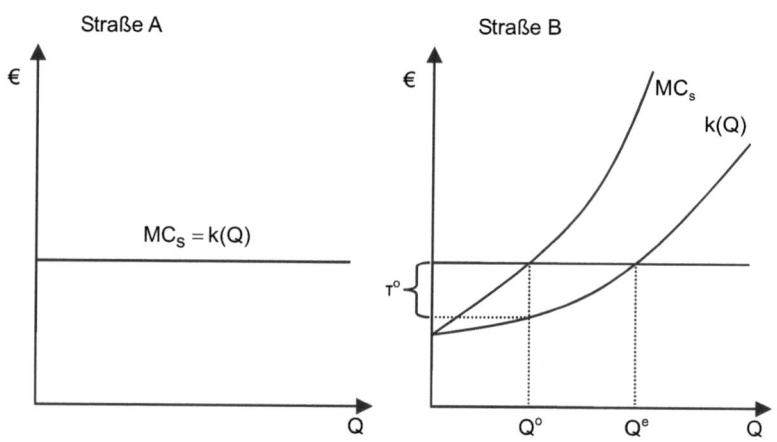

Q^o bezeichnet den sozial optimalen Verkehrsfluss, Q^e den Verkehrsfluss ohne Staugebühr auf Straße B. Aufgrund der perfekten Nichtrivalität entfällt die Notwendigkeit einer Staugebühr auf Straße A. Die eigentliche Kontroverse bestand darin, ob die erforderliche Staugebühr im Rahmen einer Steuer oder aber im Rahmen einer gewinnmaximierenden Staugebühr erhoben werden kann. Pigou fällt das Verdienst zu, dass er die Notwendigkeit einer Anpassung des individuellen Entscheidungsverhaltens der

Fahrer an die sozialen Grenzkosten herausgearbeitet hat. Für den Fall einer öffentlichen Infrastruktur ist dies durch eine nutzungsabhängige Spezialsteuer (Pigou-Steuer) in Höhe der Staukosten lösbar. Für den von Knight angenommenen Fall eines gewinnmaximierenden Straßeneigentümers im effektiven Wettbewerb (zu konkurrierender Straße) entspricht der gewinnmaximierende Preis den sozialen Grenzkosten (Gleichung (3.6)), woraus sich die sozial optimale Staugebühr τ^0 ergibt (Knight, 1924, S. 587). Bereits in diesem Beispiel zeigt sich die Qualitätsdifferenzierung von Staugebühren. Die Fahrzeuge auf der Straße B kommen gegen Zahlung einer Staugebühr im sozialen Optimum schneller zum Ziel als die Fahrzeuge auf Straße A ohne Staugebühr, aber mit höherem Zeitaufwand. Der effiziente Preis einer Fahrt ist folglich auf beiden Straßen identisch.

Bei parallelen, qualitativ gleichwertigen Straßen teilt sich der Verkehr symmetrisch auf, solange die Staugebühren für die parallelen Strecken identisch sind. Parallele Verkehrswege eröffnen allerdings die Möglichkeit einer Staugebührendifferenzierung, mit dem Ziel einer Qualitätsdifferenzierung mittels unterschiedlicher Verkehrsflüsse. Werden auf den beiden identischen Straßen A und B unterschiedliche Staugebühren erhoben ($\tau_A > \tau_B$), so teilt sich der Verkehr nicht mehr symmetrisch auf. Verkehrsteilnehmer mit hoher Zeitpräferenz wählen die Straße A und zahlen die hohe Staugebühr τ_A, während die Verkehrsteilnehmer mit geringer Zeitpräferenz die Straße B mit der niedrigen Staugebühr τ_B wählen.[27]

Betrachtet wird der Extremfall, dass lediglich zwischen zwei Nutzergruppen Q_A und Q_B unterschieden werden kann, wobei die Fahrzeuge im Verkehrsfluss Q_A starke Zeitpräferenz für freie Fahrt ohne Stauexternalität, und die Fahrzeuge im Verkehrsfluss Q_B keine hohe Zeitpräferenz besitzen. Die optimalen Staugebühren lassen sich anhand der Abbildung 3-8 ableiten. Während auf der Straße A eine sehr hohe Staugebühr anfällt, ist auf der Straße B nur eine niedrige Staugebühr zu entrichten.

---

27 Die formale Herleitung der sozial optimalen Staugebühren für die Expressstraße A und die Standardstraße B findet sich in Verhoef und Small (2004, S. 133-137).

Abbildung 3-8:   *Freie Fahrt auf Straße A*

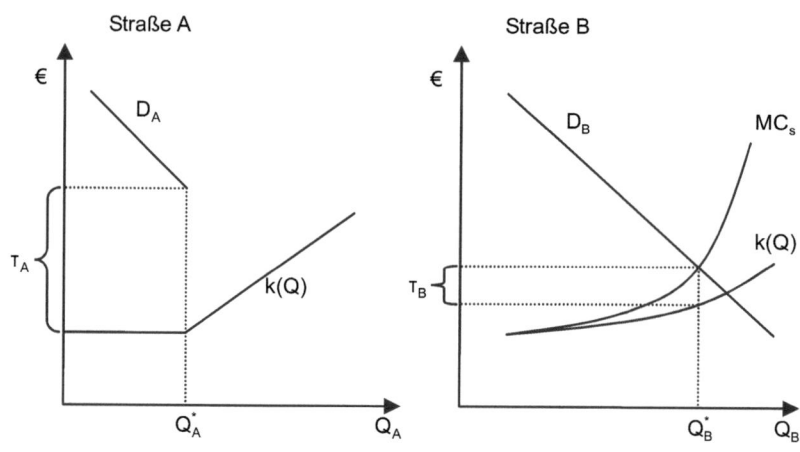

In jüngster Zeit sind verschiedene empirische Arbeiten über die Verteilung der Präferenzen der Verkehrsteilnehmer bezüglich Fahrzeit und Zuverlässigkeit durchgeführt worden, die eine erhebliche Heterogenität in der Bewertung der Fahrzeit und Zuverlässigkeit nachweisen. Staugebührenmodelle, die diese Heterogenitäten berücksichtigen, können erhebliche Wohlfahrtsverbesserungen erzielen (z. B. Small, Winston, Yan, 2005).

3.1.6   Staugebühren im Monopol

In diesem Kapitel wurde bisher davon ausgegangen, dass Staugebühren mit dem Ziel einer Maximierung der sozialen Wohlfahrt erhoben werden. Für den Fall, dass die Infrastruktur in der öffentlichen Hand ist, lässt sich die (wohlfahrtsmaximierende) Staugebühr in Höhe der Externalitätskosten als Spezialsteuer (Pigou-Steuer) auffassen. Da Infrastrukturen sich im privaten Eigentum befinden oder private Betreiber die (unregulierte) Erhebungskompetenz besitzen können, stellt sich die Frage, inwieweit Externalitätskosten auch bei einer privaten Gewinnmaximierung Berücksichtigung finden und welchen Einfluss alternative Marktformen besitzen.[28]

Bereits in der Pigou-Knight-Kontroverse zeigte sich, dass ein gewinnmaximierender Infrastrukturbetreiber die Stauexternalitäten in seiner Staugebühr internalisiert. Aller-

---

28   Hiervon zu unterscheiden ist die komparative Analyse der Wahl alternativer Eigentums-Regimes zur Lösung des Stauproblems (vgl. Mills, 1981), die im Folgenden nicht näher betrachtet wird.

dings wurde dies unter der Voraussetzung eines funktionsfähigen Wettbewerbs zwischen parallelen Straßen gezeigt (vgl. Abb. 3-7). Da Infrastrukturen oftmals im Monopol (bei Abwesenheit von aktivem und potenziellem Wettbewerbs) bereitgestellt werden, stellt sich die Frage, ob Infrastrukturbenutzungsgebühren im Monopol ebenfalls Stauexternalitäten berücksichtigen.[29] Zunächst gilt es zu berücksichtigen, dass auch ein Monopolist, der die Eigentumsrechte besitzt Staugebühren zu erheben, die Stauexternalitäten berücksichtigen muss, da diese die Gebühr reduzieren, die er von den Fahrzeugen ergeben kann (vgl. Edelson, 1971, S. 874 f.). Daher unterscheiden sich Stauexternalitäten als (negative) Konsumentenexternalitäten grundlegend von Produktionsexternalitäten (Lärm, Umweltverschmutzung etc.), die den Nutznießern (Konsumenten) der Produktion nicht direkt zugeordnet werden und folglich von den Produzenten vernachlässigt werden können.[30]

Für den Fall eines homogenen Verkehrsflusses Q_t, $t=1,\dots,T$ und einem (kurzfristig) gegebenen Infrastrukturniveau $\overline{w}$ ergibt sich im Monopol der gewinnmaximierende Verkehrsfluss Q^m wie folgt:

$$(3.37) \quad \max_Q \pi = \sum_{t=1}^{T}(P_t(Q_t)\cdot Q_t) - Q_t k_t(Q_t,\overline{w}),$$ wobei der Grenzerlös MR_t den sozialen

Grenzkosten MC_s entsprechen muss.

$$(3.38) \quad MR_t = P_t + \frac{\partial P_t}{\partial Q_t}\cdot Q_t = k_t + \frac{\partial k_t}{\partial Q_t}\cdot Q_t = MC_s \qquad t=1,\dots,T$$ mit einem dazugehörigen Brutto-Monopolpreis P_t^m.

Es gilt:

$$(3.39) \quad \frac{P_t^m - MC_t}{P_t^m} = -\frac{1}{\varepsilon_t} \qquad \text{mit } \varepsilon_t = \frac{\partial Q_t}{\partial P_t}\cdot\frac{P_t}{Q_t}$$

Der Betreiber einer privaten Wegeinfrastruktur im Monopol erhält folglich eine gewinnmaximierende Benutzungsgebühr:

$$(3.40) \quad \tau_t^m = P_t^m - k_t = \frac{\partial k_t}{\partial Q_t^m}\cdot Q_t^m + a_t^m$$

Dabei entspricht $a_t^m = -\frac{\partial P_t}{\partial Q_t^m}\cdot Q_t^m$ dem Monopolaufschlag. Je niedriger die Preiselastizität der Nachfragefunktion, umso höher ist der erforderliche Aufschlag auf die sozia-

---

29 Es handelt sich dann um monopolistische Bottleneck-Einrichtungen. Falls Stauexternalitäten unabhängig von der Marktform Berücksichtigung finden, kann sich die Marktmachtregulierung auf eine Preisniveauregulierung beschränken (vgl. Kap. 7).

30 Buchanan zeigt, dass die Erhebung einer Pigou-Steuer zur Internalisierung von externen Effekten der Produktion im Fall eines Monopols wohlfahrtsverschlechternd sein kann (second-best fallacy), vgl. Buchanan (1969).

len Grenzkosten. Dies zeigt, dass allein die Orientierung an den sozialen Grenzkosten zur gewinnmaximierenden Preisstruktur führt. Die Externalitätskosten bei der Bestimmung der Benutzungsgebühren werden folglich nicht nur im Wettbewerb, sondern auch im Monopol berücksichtigt. Abbildung 3-9 veranschaulicht die Herleitung der monopolistischen Staugebühr; dabei wird zur Vereinfachung der Zeitindex t weggelassen.

Die Infrastrukturdimensionierung eines monopolistischen Wegeinfrastrukturbetreibers ergibt unter den ansonsten gleichen Annahmen wie in Abschnitt 3.1.3:

$$(3.41) \quad \max_{Q_t, w} \pi = \sum_{t=1}^{T} \left[P_t(Q_t)Q_t - Q_t k_t(Q_t, w) \right] - \rho(w)$$

Durch Differenzierung nach Q_t ergibt sich die Monopolpreisregel P_t^m und die dazugehörige Monopolbenutzungsgebühr:

$$(3.42) \quad \tau_t^m = P_t^m - k_t .$$

Durch Differenzierung nach w ergibt sich die optimale Investitionsregel:

$$(3.43) \quad \rho'(w) = - \sum_{t=1}^{T} \frac{\partial k_t(Q_t, w)}{\partial w} \cdot Q_t$$

Analog dem Fall einer Wohlfahrtsmaximierung (mit oder ohne Kostendeckungsbeschränkung) muss das Investitionsniveau so lange ausgedehnt werden, bis die Grenzkosten einer zusätzlichen Investitionseinheit dem Grenznutzen (durch eingesparte Reisezeit) entspricht.

Die simultane Lösung der Monopolpreisregel (3.42) und der Investitionsregel (3.43) bestimmen die gewinnmaximierende Infrastrukturdimension w^m sowie den gewinnmaximierenden Verkehrsfluss Q_t^m, $t=1,...,T$ (bei monopolistischen Benutzungsgebühren). Analog wird die monopolistische Benutzungsgebühr $\tau^m = P_t^m - k_t(Q_t^m, w^m)$ bei monopolistischem Infrastrukturniveau w^m bestimmt. Obwohl die Investitionsregel sich gegenüber der wohlfahrtsmaximierenden Investitionsregel nicht unterscheidet, ergibt sich ein unterschiedliches Kapazitätsniveau.

Abbildung 3-9:   *Staugebühren im Monopol*

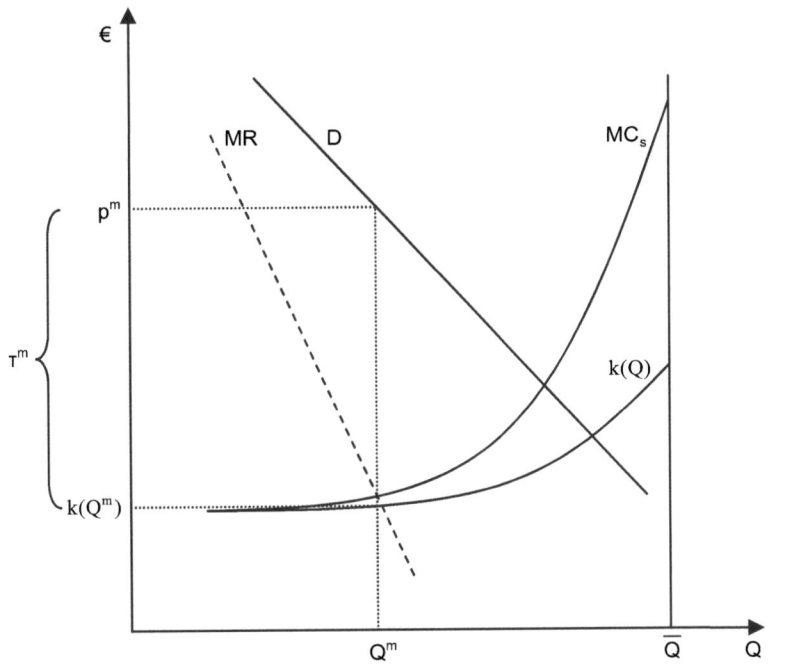

Der Vergleich zwischen dem Infrastrukturniveau im Monopol und dem sozial optimalen Infrastrukturniveau ergibt, dass das gewinnmaximierende Infrastrukturniveau im Monopol kleiner ist als das sozial optimale Infrastrukturniveau. Dies lässt sich wie folgt begründen (vgl. Berndt, 2003, S. 234-238):

Für das sozial optimale Infrastrukturniveau w^o und bei sozial optimalem Verkehrsfluss Q^o gilt aufgrund der optimalen Investitionsregel:

(3.44) $\displaystyle\sum_{t=1}^{T} Q_t^o \frac{\partial k_t}{\partial Q_t^o} \cdot Q_t^o = w^o \rho'(w^o)$ (vgl. Gleichung (3.20)) und folglich die sozial optimale Dimensionierung:

(3.45) $\displaystyle w^o = \frac{\sum\limits_{t=1}^{T} Q_t^o \cdot \frac{\partial k_t}{\partial Q_t^o} \cdot Q_t^o}{\rho'(w^o)}$

Im Monopol gilt für alle Perioden, dass der Verkehrsfluss Q^m kleiner ist als der sozial optimale Verkehrsfluss Q^o und folglich auch die Externalitätskosten niedriger sind bei Inanspruchnahme der sozial optimalen Infrastrukturdimension w^o.

Daher gilt:

$$(3.46) \quad w^o = \frac{\sum\limits_{t=1}^{T} Q_t^o \cdot \dfrac{\partial k_t(\cdot, w^o)}{\partial Q_t^o} \cdot Q_t^o}{\rho'(w^o)} > \frac{\sum\limits_{t=1}^{T} Q_t^m \cdot \dfrac{\partial k_t(\cdot, w^o)}{\partial Q_t^m} \cdot Q_t^m}{\rho'(w^o)}$$

Die sozial optimale Infrastruktur ist folglich überdimensioniert bei dem niedrigeren monopolistischen Verkehrsfluss Q^m. Damit die optimale Investitionsregel im Monopolfall erfüllt ist, muss gelten $w^m < w^o$ mit

$$(3.47) \quad w^m = \frac{\sum\limits_{t=1}^{T} Q_t^m \cdot \dfrac{\partial k_t(Q_t^m, w^m)}{\partial Q_t^m} \cdot Q_t^m}{\rho'(w^m)}$$

Denn es gilt:

$$(3.48) \quad \rho'(w^m) = -\sum\limits_{t=1}^{T} \frac{\partial k_t(Q_t^m, w^m)}{\partial w^m} \cdot Q_t^m$$

Und folglich:

$$(3.49) \quad w^m \rho'(w^m) = -\sum\limits_{t=1}^{T} w^m \frac{\partial k_t(Q_t^m, w^m)}{\partial w^m} \cdot Q_t^m$$

Die Anwendung des Euler-Theorems für k_t homogen vom Grade 0 ergibt:

$$(3.50) \quad w^m \rho'(w^m) = \sum\limits_{t=1}^{T} Q_t^m \frac{\partial k_t(Q_t^m, w^m)}{\partial Q_t^m} \cdot Q_t^m$$

Daraus folgt die Gleichung (3.47).

3.1.7 Staugebühren in der Verkehrspraxis

3.1.7.1 Straßenbenutzungsgebühren und Lkw-Maut

Mit der Einführung der Lkw-Maut hat die Thematik der Ausgestaltung von Benutzungsentgelten für Wegeinfrastrukturen auch in Deutschland an Aktualität gewonnen.[31] Wichtige Impulse für die Mauterhebung aus der Perspektive des transeuropäi-

---

[31] Vgl. Wissenschaftlicher Beirat beim Bundesministerium für Verkehr, Bau- und Wohnungswesen (1999, 2000, 2005); Knieps (2006); Wieland (2005).

schen Straßennetzes sind von der EU-Ebene ausgegangen. Im Juli 1998 veröffentlichte die EU-Kommission ein Weißbuch zu dieser Thematik (KOM (1998) 466 endg. vom 22.7.1998), das Gegenstand vielfältiger Kontroversen wurde. Bereits die so genannte „Eurovignetten-Direktive" beinhaltet wesentliche Elemente für die Ausgestaltung von Maut- und Benutzungsgebühren, allerdings beschränkt für Autobahnen oder autobahnähnliche Straßen.[32] Dabei müssen sich die durchschnittlichen Mautgebühren an den Kosten für den Bau, den Betrieb und den Ausbau des betreffenden Wegenetzes orientieren. Differenzierungen nach Tageszeit und Umweltstandards der Fahrzeuge sind dabei möglich. Im August 2003 legte die EU-Kommission einen Vorschlag zur Änderung dieser Richtlinie vor mit dem Ziel einer erleichterten Einbeziehung nachgeordneter Netzteile (Hauptverkehrsstraßen) und der Ausdehnung auf leichte Lkw (über 3,5 t).[33] Ein weiteres Anliegen ist eine besser differenzierte Entgelterhebung durch eine stärkere Differenzierung je nach Fahrzeugtyp, Zeitpunkt und Ort. Die Diskussionen um diesen Vorschlag sind noch nicht abgeschlossen.

Das EU-Weißbuch aus dem Jahre 1998 empfahl die Erhebung von Infrastruktur-Benutzungsgebühren nach den sozialen Grenzkosten und überließ dabei das Problem der Gesamtkostendeckung der Wegeinfrastrukturen dem Zufall (Europäische Kommission, 1998). Die „Eurovignetten-Direktive" aus dem Jahre 1999 fokussierte das Problem der Kostendeckung. Im Vorschlag der EU-Kommission aus dem Jahre 2003 rückte die Frage der differenzierten Benutzungsgebühren zur Kostendeckung in den Vordergrund. Die Entwicklung in der europäischen Verkehrsinfrastrukturpolitik ist also auf einen sukzessiven Übergang von Steuer- zur Nutzerfinanzierung gerichtet.

Wegekostenrechnungen sind eine altbekannte Thematik in der Verkehrsinfrastrukturpolitik; sie haben aber in jüngster Zeit im Zusammenhang mit der Ausgestaltung von Betreibermodellen zur Privatfinanzierung von Wegeinfrastrukturinvestitionen neue Impulse bekommen. Das erforderliche Privatkapital lässt sich nur akquirieren, wenn das damit einhergehende unternehmerische Risiko (Auslastungs- und Erlösrisiko etc.) durch eine marktmäßige Verzinsung abgegolten wird. Dies führt zwangsläufig zu der Notwendigkeit einer zukunftsorientierten Kostenermittlung, wobei eine entscheidungsbasierte Kapitalkostenermittlung zugrunde gelegt werden muss (vgl. Kapitel 2). Von den Infrastrukturkosten zu unterscheiden sind Kosten des Umweltschutzes und der Verkehrssicherheit.

Die optimale Benutzungsgebühr reflektiert die kurzfristigen Grenzkosten einschließlich der Staukosten und stimmt folglich mit den Opportunitätskosten der Inanspruchnahme der Infrastrukturkapazitäten überein. Da unterschiedliche Benutzergruppen (Lkw, Pkw) unterschiedliche Staukosten hervorrufen, folgt hieraus bereits die Not-

---

32 Richtlinie 1999/62/EG des Europäischen Parlaments und des Rates vom 17. Juni 1999 über die Erhebung von Gebühren für die Benutzung bestimmter Verkehrswege durch schwere Nutzfahrzeuge, Amtsblatt Nr. L 187, vom 20.07.1999, 42-50.

33 Vorschlag für eine Richtlinie des Europäischen Parlaments und des Rates zur Änderung der Richtlinie 1999/62/EG über die Erhebung von Gebühren für die Benutzung bestimmter Verkehrswege durch schwere Nutzfahrzeuge, KOM(2003) 448 engültig/2, Brüssel 29. 08. 2003.

wendigkeit unterschiedlicher Staugebühren. Es ist erforderlich, zwischen den verschiedenen Benutzerkategorien (bzw. -klassen) mit unterschiedlichen privaten Kosten einer Fahrt (einschließlich unterschiedlicher Zeitkosten), unterschiedlichen Staukosten sowie unterschiedlichen Preiselastizitäten der Nachfrage nach Straßeninfrastrukturkapazitäten zu unterscheiden. Da die Opportunitätskosten der Inanspruchnahme von knappen Wegeinfrastrukturkapazitäten von allen Benutzergruppen abhängen, sind alle Nutzergruppen bei der Erhebung von Benutzungsgebühren einzubeziehen, also neben den schweren Lkw auch leichte Lkw, Busse und Pkw auf den Straßen. Insoweit unterschiedliche Benutzergruppen unterschiedliche Staukosten verursachen, folgt hieraus auch die Notwendigkeit unterschiedlicher Benutzungsgebühren.

3.1.7.2   City-Maut

In den vergangenen Jahren haben verschiedene Städte u. a. Singapur, Trondheim, Oslo und Bergen unterschiedliche Formen von Staugebühren eingeführt. Allerdings war in den meisten großen Städten ein erheblicher politischer Widerstand gegen die Einführung von Staugebühren zu beobachten gewesen. Ein interessantes Beispiel für eine erfolgreiche Umsetzung von Staugebühren stellt London dar. Seit dem 17. Februar 2003 unterliegen dort Fahrzeuge, die an Werktagen zwischen 7 Uhr und 18.30 Uhr in das Zentrum von London fahren einer Mautpflicht von £ 5,--, die im Juli 2005 auf £ 8,-- angehoben wurde. Es gibt wenige Ausnahmen, z. B. lizenzierte Taxis, Autos von Behinderten und Busse; Anwohner erhalten 90% Preisnachlass. Es handelt sich dabei um eine Gebühr, die für das Fahren innerhalb des gebührenpflichtigen Bereichs anfällt, unabhängig von der Tageszeit (keine Spitzenlasttarifierung) und unabhängig von der zurückgelegten Distanz innerhalb des gebührenpflichtigen Bereichs. Die Einführung dieser Maut bewirkte eine signifikante Zunahme der Geschwindigkeit des Verkehrs. Die durchschnittliche Geschwindigkeit stieg um 17% von 8 Meilen pro Stunde vor der Einführung der Erhebung auf 11 Meilen pro Stunde nach der Einführung (Litman, 2005, S. 17 f.).

3.1.7.3   Gebührenpflichtige Express-Straßen

In den USA gewinnt die Erhebung von auslastungsabhängigen Straßenbenutzungsgebühren seit dem Intermodal Surface Transportation Efficiency Act (ISTEA) aus dem Jahre 1991 und dem Transportation Equity Act for the 21st (TEA-21) aus dem Jahre 1998 zunehmend an Bedeutung. Inzwischen wurden verschiedene Pilotprojekte gestartet, bei denen eine Qualitätsdifferenzierung zwischen gleichgerichteten Fahrwegen, bzw. parallelen Fahrbahnen eingeführt wurde: staugebührenpflichtige Expressstraßen mit niedrigem Verkehrsfluss und mautfreie Fahrwege mit hohem Verkehrsfluss. Gebührenpflichtige High-Occupancy-Toll(HOT)-Straßen stellen eine Variante der High-Occupancy- Vehicle(HOV)-Fahrwege dar. Während bei HOV-Fahrwegen nur Fahrten mit mindestens 2 Personen zugelassen sind, entfällt auf HOT-Wegen diese Nutzungsbeschränkung und wird durch eine Staugebühr ersetzt (vgl. Lindsey, 2005,

S. 49). Staugebührenpflichtige HOT-Fahrwege finden sich derzeit in Los Angeles, San Diego, Houston und Minneapolis. Letztlich kann die sukzessive Reform von der auch in den USA immer noch vorherrschenden Mautfreiheit hin zu nutzungsbeschränkten Express-Fahrspuren bis zur Einführung von staugebührenpflichtigen Express-Fahrstrecken (mit Diskont, wenn die Nutzungsbeschränkung von mindestens 2 Personen erfüllt ist) als eine Übergangsstrategie zur Überwindung des Status quo Bias der Öffentlichkeit gegen Mautgebühren aufgefasst werden (Small, Winston, Yan, 2006).

Da die Anzahl der Personen in einem Fahrzeug keinen Einfluss auf die Höhe der Staukosten hat, stellt die Einführung von HOT-Staugebühren gegenüber den Nutzerauflagen der HOV eine Verbesserung dar. Es besteht daher ein erhebliches Potenzial durch Anwendung geeigneter Preisdifferenzierungsschemen sowohl für Express- als auch für Standardfahrbahnen Wohlfahrtsverbesserungen zu erzielen. Der Berücksichtigung der Heterogenität der Nutzer bezüglich der Zeitdauer und Zuverlässigkeit der Reisezeit kommt dabei besondere Bedeutung zu (z. B. Small, Winston, Yan, 2005; Small, Winston, Yan, 2006; Verhoef, Small, 2004).

3.2 System-Netzexternalitäten in Stromnetzen

Eine besondere Form von Netzexternalitäten tritt in Stromnetzen auf. Der Stromtransport ist aufgrund physikalischer Gesetze (Ohmsches Gesetz, Kirchhoffsche Gesetze) nicht auf eine bestimmte Strecke begrenzt. System-Netzexternalitäten spielen eine zentrale Rolle im Elektrizitätssektor aufgrund der physikalisch-technischen Charakteristika des Stromtransports. Es ist innerhalb eines Elektrizitätsnetzes nicht möglich, Strom zwischen einem Einspeiseknoten und einem Ausspeiseknoten zu transportieren, ohne gleichzeitig die Opportunitätskosten der Netzinanspruchnahme auf den übrigen Netzteilen zu beeinflussen. Lediglich für den Spezialfall eines Netzes mit 2 Knoten ist der Stromtransport auf diese Strecke beschränkt. System-Netzexternalitäten treten folglich auf, wenn bei einem Transport die Opportunitätskosten der Auslastung sämtlicher Netzteile beeinflusst werden.

Stauprobleme auf Schienenwegen, Flughäfen oder Straßen stellen demgegenüber lokale (streckenbezogene) Externalitätskosten dar, da eine Beeinflussung der übrigen Infrastrukturkapazitäten nicht systematisch auftritt. Die Übertragbarkeit auf Verkehrsnetze ist lediglich für den Extremfall strikt komplementärer Verkehrsflüsse auf strikt komplementären Wegeinfrastrukturen gegeben. Ein Beispiel hierfür wäre der hypothetische Fall, dass im relevanten Bereich der (abgeleiteten) Nachfrage nach Start- und Landeslots sich nur zwei Flughäfen *A* und *B* befinden, so dass ein Abflug auf Flughafen *A* zwangsläufig eine Landung auf Flughafen *B* erfordern würde (und umgekehrt).

3.2.1 Zirkuläre Stromflüsse (Loop Flows)

Das Grundprinzip zirkulärer Stromflüsse lässt sich bereits anhand eines stilisierten Netzes mit 3 Knoten aufzeigen, die über 3 gleich lange Leitungen miteinander verknüpft sind (vgl. Hogan, 1992, S. 217; Keller, 2005, S. 120 ff.). Die nachfolgenden Abbildungen 3-10 und 3-11 bauen auf einem solchen stilisierten Netz auf. Die Knotenpunkte werden mit den Ziffern 1, 2, 3, der Stromfluss über die Leitungen zwischen den Knoten mit $z_{1,2}, z_{1,3}, z_{2,3}$ bezeichnet, wobei die Kapazität der Leitung (1,2) mit 200 MW beschränkt sei. Ströme verteilen sich nach den Kirchhoffschen Gesetzen auf dem Netz: in jedem Knoten stimmt die Summe der zufließenden Ströme mit der Summe der abfließenden Ströme überein (Knotenregel) und in jedem geschlossenen Stromkreis ist die Summe der Spannungsabfälle durch Ausspeisung gleich der erzeugten Spannung durch Einspeisung (Maschenregel).[34] Gegenläufige Stromflüsse auf einer Strecke heben sich auf (Nettoprinzip). Da die Strecke von 1 nach 3 über Knoten 2 doppelt so lang ist wie die Strecke (1,3), teilen sich demnach die Ströme im Verhältnis 1:2 auf. Es ist möglich 600 MW am Einspeisepunkt 1 zu erzeugen und diese am Entnahmepunkt 3 abzuliefern. Lediglich 400 MW werden direkt auf der Leitung (1,3) transportiert. 200 MW werden auf dem doppelt so langen Weg ($z_{1,2} + z_{1,3}$) transportiert (vgl. Abb. 3-10).

Angenommen die Nachfrage in Knoten 3 verdoppelt sich auf 1200 MW. Selbst wenn die Erzeugerkapazität in Knoten 1 hinreichend wäre, ist es technisch nicht realisierbar, 1200 MW in Knoten 1 einzuspeisen, obwohl die Übertragungskapazität auf der Leitung $z_{1,3}$ annahmegemäß unbegrenzt ist. Die Ursache hierfür liegt in der Kapazitätsbeschränkung auf der Leitung $z_{1,2}$, die bei einer nach den Kirchhoffschen Gesetzen erforderlichen Transportmenge 1200 : 3 = 400 > 200 MW verletzt werden müsste. Der Ausweg besteht darin, nun auch im Knoten 2 Strom einzuspeisen (vgl. Abb. 3-11).[35]

---

[34] Im Rahmen dieses Abschnitts werden zur Vereinfachung der Darstellung die Netzverluste vernachlässigt. Bei jedem Stromfluss geht eine gewisse Menge an elektrischer Energie in Abhängigkeit von der Belastung der Leitung aufgrund ihres Widerstands verloren. Der Netzverlust stellt ebenfalls eine Systemexternalität dar.

[35] Die Möglichkeit einer Stromerzeugung in Knoten 3, welche die Nettonachfrage auf 600 MW beschränken würde, soll hier nicht berücksichtigt werden.

Abbildung 3-10: Zirkuläre Stromflüsse (Einspeiseknoten 1)

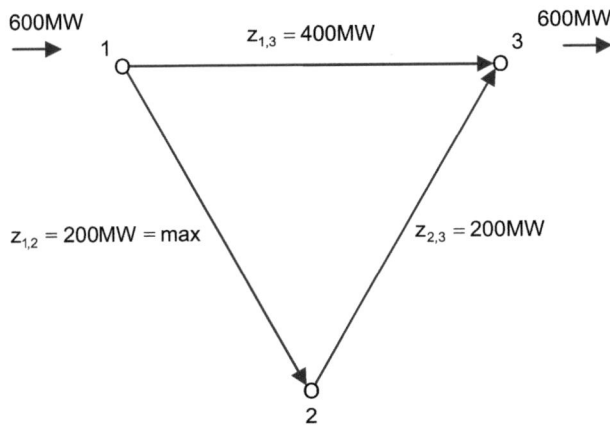

Es stellt sich die Frage, wieviel MW in Knoten 2 eingespeist werden müssen, um die Entnahme von 1200 MW in Knoten 3 sicherzustellen. Unter der getroffenen Annahme dass nur in Knoten 3 Strom entnommen wird, heben sich die Stromflüsse einer Einspeisung in Knoten 1 und in Knoten 2 auf der Leitung $z_{1,2}$ bei einer parallelen Erhöhung der Einspeisung gegenseitig auf. Angenommen in Knoten 1 werden 900 und in Knoten 2 werden 300 MW eingespeist. Da die gleichzeitige Einspeisung in Knoten 1 und Knoten 2 entgegengesetzten Stromfluss auf der Leitung $z_{1,2}$ zwischen diesen Knoten hervorruft, gilt $1/3 \cdot (900-300)=200$, so dass $z_{1,2\,max}$ eingehalten wird. Gleichzeitig stimmen in jedem Knoten die Summe der abfließenden und der zufließenden Ströme überein und die Nachfrage in Knoten 3 wird erfüllt ($z_{1,3} = 700 = 2/3 \cdot 900 + 1/3 \cdot 300$ und $z_{2,3} = 1/3 \cdot 900 + 2/3 \cdot 300 = 500$).

Bezeichne $N = \{1,..., n\}$ die Anzahl Knoten im Netz. Im allgemeinen Fall von $n > 3$ sind zirkuläre Stromflüsse (Loop Flows) ebenfalls von Bedeutung. Es ergibt sich dann eine immer größere Möglichkeit, dass der Strom über mehrere parallele Pfade fließt.[36] Der Fall $N = 2$ wird ausgeschlossen, weil in 2-Knotennetzen zirkuläre Stromflüsse nicht auftreten können. Der Fall $N = 1$ wird ebenfalls nicht betrachtet, weil in diesem Fall Stromerzeugung und Stromentnahme zusammenfallen (Kogeneration) und folglich überhaupt kein Stromtransport stattfindet.

---

36 Für den Fall von 7 Netzknoten vgl. Keller (2005, S. 128 f.).

Abbildung 3-11: *Zirkuläre Stromflüsse (Einspeiseknoten 1 und 2)*

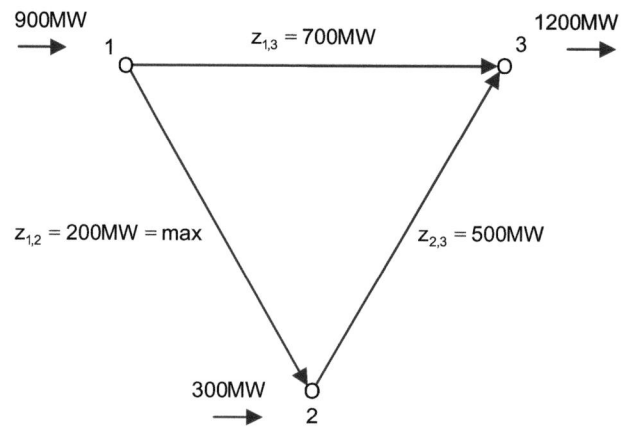

3.2.2 Positive und negative Netznutzungspreise in Höhe der Systemexternalitäten

Betrachtet sei wiederum die in Abbildung 3-10 und 3-11 dargestellten Situationen des 3-Knotennetzes. Die Kosten der Stromerzeugung werden zunächst vernachlässigt. Im Folgenden wird von einer unelastischen Nachfrage nach Ausspeisung der Energiemenge x in Knoten 3 ausgegangen, so dass sich die Einspeisung in den Knoten 1 und 2 zur Aufrechterhaltung des Spannungsgleichgewichts anpassen muss. Bezeichne g_1 bzw. g_2 die in Knoten 1 bzw. Knoten 2 eingespeiste Menge.

Folglich muss immer gelten:

(3.51) $x = g_1 + g_2$

Obwohl die Leitungen zwischen den Einspeiseknoten 1 und 2 und dem Ausspeiseknoten 3 annahmegemäß unbegrenzte Übertragungskapazität besitzen, verursacht die Einspeisung in Knoten 1 und 2 Opportunitätskosten des Stromtransports. Diese fallen auf der Leitung $z_{1,2}$ an. Die Kosten der Stromerzeugung sind zu separieren von den Kosten des Stromtransports. Zu lösen ist folglich das Problem der Kostenminimierung des Transports, der in Knoten 3 bereitgestellten Energie.

Die Opportunitätskosten der Einspeisung an den Knoten 1 und 2 werden mit $K(g_1)$ und $K(g_2)$ bezeichnet.[37]

Die Lagrange-Optimierung lautet:

$$(3.52) \quad L = K(g_1) + K(g_2) - \mu_{1,2}(z_{1,2} - z_{1,2\,max}) - \mu_{1,3}(z_{1,3} - z_{1,3\,max}) - \mu_{2,3}(z_{2,3} - z_{2,3\,max})$$

Es wird angenommen, dass lediglich auf der Leitung $z_{1,2}$ die Kapazitätsgrenze erreicht werden kann und die Kapazitäten der Leitungen $z_{1,3}$ und $z_{2,3}$ unbegrenzt sind.

3.2.2.1 Transportkosten bei alleiniger Einspeisung in Knoten 1

Betrachtet wird die Situation in Abbildung 3-10. Die alleinige Einspeisung in Knoten 1 ist physikalisch möglich. Erforderlich ist dabei auch die Inanspruchnahme der Leitungen $z_{1,2}$ und $z_{2,3}$.

Es gilt:

$$(3.53) \quad \frac{\partial L}{\partial g_1} = \frac{\partial K}{\partial g_1} - \mu_{1,2}\frac{\partial z_{1,2}}{\partial g_1} - \mu_{1,3}\frac{\partial z_{1,3}}{\partial g_1} - \mu_{2,3}\frac{\partial z_{2,3}}{\partial g_1} = 0$$

Daher gilt für den wohlfahrtsmaximierenden Netznutzungspreis:

$$(3.54) \quad p_1 = \mu_{1,2}\frac{\partial z_{1,2}}{\partial g_1} > 0 \,;\; \mu_{1,2} > 0 \text{ aufgrund der Knappheit in der Leitung } z_{1,2}.$$

Der Preis für die Inanspruchnahme von Netzkapazitäten am Knoten 3 entspricht folglich den Opportunitätskosten der Nutzung von Leitung $z_{1,2}$. Aus der Perspektive der Knappheitssituation der zu dem Nachfrageknoten 3 hinführenden Leitungen $z_{1,3}$ und $z_{2,3}$ müsste der Knotenpreis $p_1 = 0$ sein, da auf diesen Leitungen keine Knappheiten vorliegen und folglich die Schattenpreise $\mu_{1,3}$ und $\mu_{2,3}$ gleich 0 sind. Dennoch werden durch diese Transporte Opportunitätskosten der Netzinanspruchnahme verursacht, die auf der Leitung $z_{1,2}$ anfallen.[38] Es handelt sich um Systemexternalitäten, da diese Opportunitätskosten aus der isolierten Betrachtung einer einzelnen Strecke $z_{1,3}$ oder $z_{2,3}$ nicht erfasst werden können. Hier liegt auch der zentrale Unterschied zu lokalen Externalitätskosten, die auf einzelnen Autobahnstrecken oder Flughäfen anfallen.

---

[37] Es handelt sich um physische Externalitäten, die sich unmittelbar aus dem Schattenpreis der Leitungsbeschränkung ergeben. Die Kosten der Stromerzeugung werden dabei außer Betracht gelassen.

[38] Es handelt sich um eine Ecklösung, da genau bei einer Ausspeisung von 600 MW in Knoten 3 die Knappheit auftritt. Bei geringeren Mengen wäre dies nicht der Fall.

Als Fazit lässt sich festhalten, dass bei Vorliegen von Systemexternalitäten eine isolierte streckenbezogene Optimierung der Auslastung der Leitungen die tatsächlichen Opportunitätskosten der Netzinanspruchnahme nicht reflektiert. Einerseits könnte dadurch die technische Durchführbarkeit des Stromtransports in einem Netz gefährdet werden, aber auch eine optimale Nutzung der Transportkapazitäten ist nicht gewährleistet. Bereits anhand dieses sehr einfachen Szenarios (nur 3 Knoten, nur 1 Ausspeiseknoten, maximal 2 Einspeiseknoten) lässt sich die Notwendigkeit eines zentralen Netzkoordinators bei Vorliegen von Systemexternalitäten aufzeigen.

3.2.2.2 Transportkosten bei Einspeisung in Knoten 1 und 2

Ausgangspunkt ist in diesem Fall Abbildung 3-11. Es wird von den gleichen Bedingungen wie in Abbildung 3-10 ausgegangen, außer, dass in Knoten 3 die doppelte Menge Strom ausgespeist wird. Die Ausspeisung von 1200 MW in Knoten 3 wäre bei alleiniger Einspeisung in Knoten 1 physikalisch nicht möglich. Aufgrund der Kirchhoffschen Gesetze ergeben sich bei einer zusätzlichen Einspeisung in Knoten 2 gegenläufige Stromflüsse auf der Leitung $z_{1,2}$.

Es gilt folglich: $\dfrac{\partial z_{1,2}}{\partial g_1} > 0$ und $\dfrac{\partial z_{1,2}}{\partial g_2} < 0$.

Ausgehend von der Lagrange-Optimierung in Gleichung (3.52) ergeben sich die wohlfahrtsmaximierenden Netznutzungspreise p_1 und p_2 in den Knoten 1 und 2 wie folgt:

$$(3.55) \qquad p_1 = \mu_{1,2} \cdot \frac{\partial z_{1,2}}{\partial g_1} > 0$$

$$(3.56) \qquad p_2 = \mu_{1,2} \cdot \frac{\partial z_{1,2}}{\partial g_2} < 0$$

Die Opportunitätskosten der Netzeinspeisung können sowohl positiv als auch negativ sein. Es sind folglich auch negative Netznutzungspreise möglich. Im 3-Knotenbeispiel (vgl. Abb. 3-11) zeigt sich dies wie folgt. Im Gleichgewicht entsprechen die Opportunitätskosten der Netzeinspeisung in Knoten 1 und 2 dem Schattenpreis der Kapazitätsbeschränkung von Leitung $z_{1,2}$. Ausgehend von der im Beispiel gewählten Situation der erforderlichen Anreize für Erzeuger in Knoten 1 weniger einzuspeisen und für Erzeuger in Knoten 2 zusätzlich einzuspeisen (aufgrund der gegenläufigen Stromflüsse), ergibt sich in Knoten 1 ein positiver Netznutzungspreis, während der Erzeuger in Knoten 2 eine Vergütung für die Netzeinspeisung in Höhe der positiven Systemexternalitäten erhält.

3.2.2.3 Umkehrung der Merit Order des Kraftwerkeinsatzes

Da Strom nicht lagerbar ist und die Stromnachfrage in der Realität stochastisch ist, lohnt es sich, unterschiedliche Kraftwerkstypen mit unterschiedlichen Grenzkosten der Erzeugung einzusetzen. Hieraus ergibt sich die sogenannte Merit Order des Kraftwerkeinsatzes mit zunehmenden Grenzkosten, wobei zwischen Grund- und Spitzenlastkraftwerken (mit höheren Grenzkosten) unterschieden wird. Diejenigen Kraftwerke mit geringen Erzeugungskosten werden zuerst eingesetzt, dasjenige mit den höchsten Erzeugungskosten wird zuletzt zugeschaltet (vgl. Crew, Kleindorfer, 1976).

Bezeichne λ_j die Produktionskosten und β_j die Kapazitätskosten von Kraftwerk G_j. $j=1,...,J$, wobei $0 < \lambda_1 < \lambda_2 < ...\lambda_J$, $\beta_1 > \beta_2 > ... > \beta_J$

Falls die Opportunitätskosten der Netznutzung und die Netzverluste vernachlässigt werden, ergibt sich ein optimaler Kraftwerkeinsatz gemäß der Merit Order, wobei das marginale Kraftwerk zu Grenzkosten $\lambda = \lambda_J$ einspeist. λ bezeichnet das System- λ der Stromerzeugung. Es gibt den Schattenpreis der Erzeugung an, die Grenzkosten der letzten Einheit oder Einspeisung in das Netz, um das Gleichgewicht zwischen Erzeugung und Abnahme aufrechtzuerhalten. Alle Kraftwerke mit Grenzkosten $\lambda_j \leq \lambda$ tragen zur Deckung der Nachfrage bei. Bei Vorliegen von Opportunitätskosten der Netznutzung müssen diese bei der Einspeiseentscheidung mit berücksichtigt werden. Es wird davon ausgegangen, dass sich an jedem Einspeiseknoten $j=1,...,J$ genau ein Kraftwerk mit den Grenzkosten der Erzeugung λ_j befindet.

Die Reihenfolge der Brutto-Kosten (Erzeugung und Transport) ist folglich entscheidungsrelevant, so dass die aus der Sicht der Stromerzeugung ohne Netze sich ergebende Merit Order der eingesetzten Kraftwerke sich auch umkehren kann. Der Tradeoff zwischen Erzeugungskosten und Transportkosten kann durchaus zu Gunsten eines Kraftwerks mit höheren Erzeugungskosten und niedrigeren Transportkosten ausfallen. Falls ein Kraftwerk zwar niedrigere Grenzkosten der Erzeugung hat, sich aber an einem ungünstigeren Ort im Netz befindet mit hohen Opportunitätskosten der Netzinanspruchnahme, so wird es unter Umständen nicht in das Netz einspeisen können. Bereits anhand eines 3-Knotennetzes lässt sich aufzeigen, dass der Fall auftreten kann, dass aufgrund eines Kapazitätsengpasses in der Verbindungsleitung zwischen Knoten 1 und 3 das Kraftwerk an Knoten 1 gezwungen sein kann, vom Netz zu gehen, damit die Nachfrage in Knoten 3 befriedigt werden kann und lediglich das Kraftwerk am Netzknoten 2 mit der ungünstigeren Kostenstruktur einspeist.

Betrachtet sei das folgende 3-Knotennetz (Abb. 3-12). Ausgegangen wird von 2 Kraftwerken G_1 und G_2, die sich an Knoten 1 bzw. Knoten 2 befinden und die gemeinsam die Nachfrage an Knoten 3 bedienen. Die Nachfrage beträgt 300 MW. Die Grenzkosten der Stromerzeugung werden als konstant angenommen. Sie betragen für das erste

Kraftwerk $\lambda_1 = v(G_1) = \frac{1}{2}v(G_2)$ und für das zweite Kraftwerk $\lambda_2 = v(G_2)$. Liegt keine Knappheit im Netz vor, würde G_1 bis zu seiner Kapazitätsgrenze die Nachfrage bedienen. Erst danach käme G_2 zum Einsatz. Angenommen, es liegt nun eine Leitungsknappheit zwischen Knoten 1 und Knoten 3 vor, wobei die Leitungskapazität $z_{1,3} = 100$ MW = max beträgt. Aufgrund der Kirchhoffschen Gesetze muss G_2 die gesamte Strommenge produzieren.

Die Stromflüsse sind $z_{1,2} = z_{1,3} = 100 MW$ und $z_{2,3} = 200 MW$. Im Gegensatz zur Situation in Abbildung 3-11, wo sich auf der Strecke $z_{1,2}$ die Stromflüsse gegenseitig aufhoben, addieren sich im vorliegenden Fall die Stromflüsse hin zum Abnahmeknoten 3. Jede positive erzeugte Menge in G_1 würde dazu führen, dass die Nachfrage 300 MW nicht mehr voll bedient werden könnte. Die Merit Order dreht sich um, so dass in diesem extremen Fallbeispiel ausschließlich das teuerste Kraftwerk produziert (vgl. Keller, 2005, S. 183 ff.).

Abbildung 3-12:   *Umkehrung der Merit Order*

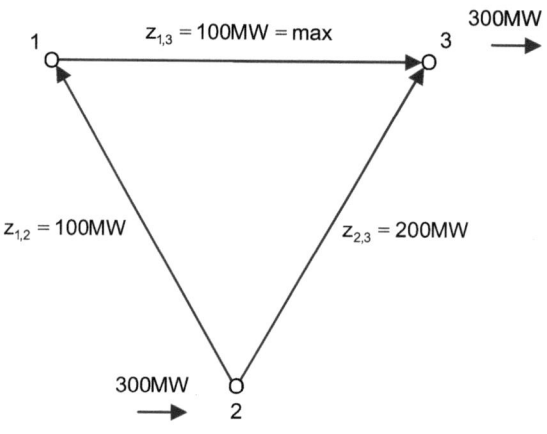

Das Ziel des vorangegangenen Abschnitts bestand darin, das Allokationsproblem bei Vorliegen von Systemexternalitäten disaggregiert zu untersuchen. Es zeigte sich, dass solange ein zentraler Netzkoordinator die Netznutzungspreise an den jeweiligen Knoten vorgibt und damit die ökonomischen Systemexternalitäten internalisiert, zwangsläufig von den dezentral agierenden Kraftwerksbetreibern die ökonomisch effizienten Einspeiseentscheidungen getroffen werden. Kraftwerke, die aufgrund eines ungünstigen Standorts hohe Einspeisepreise zahlen müssen und gleichzeitig hohe Erzeugungskosten haben, kommen nicht zum Zuge.

Dieses Ergebnis lässt sich ebenfalls aus der integrierten Betrachtung von Stromerzeugung und Stromtransport herleiten, wie dies traditionell üblich war (Bohn et al., 1984; Schweppe et al., 1988). Während bei der disaggregierten Vorgehensweise der zentrale Dispatcher an jedem Knoten Netznutzungspreise festlegt, an denen die Erzeuger und Nachfrager ihre Einspeise- und Entnahmepläne anpassen, wird in der integrierten Preissetzung an jedem Knoten ein einziger Preis für Erzeugung und Netznutzung festgelegt.[39] Aus der Perspektive des disaggregierten Ansatzes der Netzökonomie (vgl. Kapitel 1) ist die ausschließliche Optimierung des Transportnetzes vorzuziehen, da sie gleichzeitig den Wettbewerb auf der Ebene der Stromerzeugung ermöglicht.

Übungsaufgaben

3-1: Hyperstau

Erklären Sie das Phänomen des Hyperstaus und grenzen Sie diesen vom üblichen Stauproblem ab.

3-2: Braess-Paradox

Was besagt das Braess-Paradox? Nehmen Sie bei Ihrer Antwort eine Graphik zu Hilfe und gehen Sie darauf ein, unter welchen Voraussetzungen keine Anreize bestehen die Querstraße zu befahren.

3-3: Zirkuläre Stromflüsse

Erläutern Sie das Grundprinzip zirkulärer Stromflüsse (Loop Flows) anhand eines stilisierten Netzes mit 3 Knoten und gleich langen Leitungen.

3-4: Systemexternalitäten versus streckenbezogene Externalitäten

In der Verbändevereinbarung der Elektrizitätswirtschaft vom 22.05.1998 wurde das Kontraktpfad-Prinzip als Bepreisungsgrundlage für die Netznutzung der deutschen Elektrizitätsnetze zugrunde gelegt. Mit diesem Prinzip wurde festgelegt, dass das Netznutzungsentgelt entlang der Luftlinie zwischen einem Ein- und Ausspeiseknoten mit den jeweiligen Netzbetreibern verhandelt werden muss. Erklären Sie, warum eine solche Preisstruktur nicht sozial optimal sein konnte.

---

[39] Für die Dualität zwischen integrierter und disaggregierter Sichtweise im Einzelnen vgl. Keller (2005, S. 208 ff.). Es erscheint nicht nur von dogmenhistorischem Interesse, dass das Dualitätsprinzip linearer Programmierung im Problemkontext von Elektrizitätsnetzen entwickelt wurde (Kuhn, 2002; Dantzig, 2002).

Literatur

Baumol, W.J., Bradford, D.F. (1970), Optimal Departures from Marginal Cost Pricing, American Economic Review, 60, 265-283

Berndt, A. (2003), Trassenpreise zwischen effizienter Allokation, Kostendeckung und Diskriminierungspotentialen, Eine wettbewerbsökonomische Analyse des Marktes für Schieneninfrastrukturkapazitäten, Freiburger Studien zur Netzökonomie, 8, Nomos-Verlag, Baden-Baden

Bohn, R.E., Caramanis, M.C., Schweppe, F.C. (1984), Optimal pricing in electrical networks over space and time, Rand Journal of Economics, 15/3, 360-376

Braess, D. (1968), Über ein Paradox aus der Verkehrsplanung, Unternehmensforschung, 258-268

Buchanan, J.M. (1969), External Diseconomics, Corrective Taxes, and Market Structure, American Economic Review, 59/1, 174-177

Button, K. (2004), The Rationale for Road Pricing: Standard Theory and Latest Advances, in: G. Santos (ed.), Road Pricing: Theory and Evidence, Research Transportation Economics, 9, 3-26

Büttler, H.-J. (1982), Grenzkostenpreise im Strassenverkehr, Schweizerische Zeitschrift für Volkswirtschaft und Statistik, 2, 185-203

Cohen, J.E., Horowitz, P. (1991), Paradoxial behaviour of mechanical and electrical networks, Nature, 352, 699-701

Crew, M.A., Kleindorfer, P.R. (1976), Peak load pricing with diverse technology, The Bell Journal of Economics, 7, 2007-231

Dantzig, G.B. (2002), Linear Programming, Operations Research, 50/1, 42-47

Dewees, D.N. (1979), Estimating the Time Costs of Highway Congestion, Econometrica, 47/6, 1499-1512

Edelson, N.M. (1971), Congestion Tolls Under Monopoly, American Economic Review, 61/5, 873-882

Europäische Kommission (1998), Weißbuch – Faire Preise für die Infrastrukturbenutzung: Ein abgestuftes Konzept für einen Gemeinschaftsrahmen für Verkehrsinfrastrukturgebühren in der EU, KOM/98/0466 endg.

Hogan, W.W. (1992), Contract Networks for Electric Power Transmission, Journal of Regulatory Economics, 4, 211-242

Keeler, Th.E., Small, K. (1977), Optimal Peak-Load Pricing, Investment and Service Levels on Urban Expressways, Journal of Political Economy, 85(1), 1-25.

Keller, K. (2005), Netznutzungspreise in liberalisierten Elektrizitätsmärkten – Eine ökonomische Analyse der Entgelte für das Höchstspannungsnetz, Freiburger Studien zur Netzökonomie 10, Nomos Verlag, Baden-Baden

Knieps, G. (1996), Wettbewerb in Netzen – Reformpotentiale in den Sektoren Eisenbahn und Luftverkehr, J.C.B. Mohr (Paul Siebeck), Tübingen

Knieps, G. (2005), Wettbewerbsökonomie – Regulierungstheorie, Industrieökonomie, Wettbewerbspolitik, Springer-Lehrbuch, 2. Aufl., Berlin u.a.

Knieps, G. (2006), Die LKW-Maut und die drei Grundprobleme der Verkehrsinfrastrukturpolitik, in: Schriftenreihe der Deutschen Verkehrswissenschaftlichen Gesellschaft: Die LKW-Maut als erster Schritt in eine neue Verkehrsinfrastrukturpolitik, Reihe B, B 292, 56-72

Knight, F.H. (1924), Some Fallacies in the Interpretation of Social Cost, The Quarterly Journal of Economics, 38, 582-606

Kuhn, H.W. (2002), Being in the right place at the right time, Operations Research, 50/1, 132-134

Lindsey, R. (2005), Recent developments and current policy issues in road pricing in the US and Canada, European Transport / Trasporti Europei, 31, 46-66

Litman, T. (2005), London congestion Pricing – Implications for other Cities, CESifo DICE Report 3/2005, 17-21

Meyer, J.R., Peck, M.J., Stengson, J., Zwick, C. (1959), The Economics of Competition in the Transportation Industries, Harvard University Press, Cambridge MA

Mills, D.E. (1981), Ownership Arrangements and Congestion-Prone Facilities, American Economic Review, 71/3, 493-502

Mohring, H. (1999), Congestion, in: Gómez-Ibànez, J.A., Tye, W.B., Clifford, W. (eds.) Essays in Transportation Economics and Policy, A Handbook in Honour of John R. Meyer, Brookings Institution Press, Washington D.C., 181-222

Mohring, H., Harwitz, M. (1962), Highway Benefits: An Analytical Framework, Northwestern University Press, Evanston, Il.

Morrison, S.A. (1987), The Equity and Efficiency of Runway Pricing, Journal of Public Economics, 34, 45-60

Pigou, A. (1920), The Economics of Welfare, Macmillan, London

Ramsey, F. (1927), A Contribution to the Theory of Taxation, The Economic Journal, 37, 341-354

Samuelson, P.A. (1992), Tragedy of the Open Road: Avoiding Paradox by Use of Regulated Public Utilites that Charge Corrected Knightian Tolls, Journal of International and Comparative Economics, 1, 3-12

Santos, G. (ed.) (2004), Road Pricing: Theory and Evidence, Elsevier, Amsterdam et al.

Schweppe, F.C., Caramanis, M.C., Tabors, R.D., Bohn, R.E. (1988), Spot Pricing of Electricity, Kluwer Academic Publishers, Boston, Dordrecht, London

Small, K.A., Winston, C., Yan, J. (2005), Uncovering the Distribution of Motorists' Preferences for Travel Time and Reliability, Econometrica, 73/4, 1367-1382

Small, K.A., Winston, C., Yan, J. (2006), Differentiated Road Pricing, Express Lanes and Carpools: Exploiting Heterogeneous Preferences in Policy Design, AEI-Brookings Joint Center for Regulatory Studies, Working Paper 06-06, March, Forthcoming in Brookings-Wharton Papers on Urban Affairs

Starkie, D.N.M. (1982), Road Indivisibilities, Some Observations, Journal of Transport Economics and Policy, 16/1 259-266

Verhoef, E.T., Small, K.A. (2004), Product Differentiation on Roads – Constraint Congestion Pricing with Heterogeneous Users, Journal of Transport Economics and Policy, 38/1, 127-156

Wieland, B. (2005), The German HGV-toll, European Transport / Trasporti Europei, 31, 118-128

Winston, C. (1985), Conceptual Developments in the Economics of Transportation - An Interpretative Survey, Journal of Economic Literature, 23/1, 57-94

Wissenschaftlicher Beirat beim Bundesministerium für Verkehr, Bau- und Wohnungswesen (1999), Faire Preise für die Infrastrukturbenutzung – Ansätze für ein alternatives Konzept zum Weißbuch der Europäischen Kommission, Gutachten vom August 1999, Internationales Verkehrswesen, 51/10, 436-446

Wissenschaftlicher Beirat beim Bundesministerium für Verkehr, Bau- und Wohnungswesen (2000), Straßeninfrastruktur: Wege zu marktkonformer Finanzierung, Empfehlungen vom Februar 2000, Internationales Verkehrswesen, 52/5, 186-190

Wissenschaftlicher Beirat beim Bundesministerium für Verkehr, Bau- und Wohnungswesen (2005), Privatfinanzierung der Verkehrsinfrastruktur, Gutachten vom März 2005, Internationales Verkehrswesen, 57/7+8, 303-310

4 Strategien zur Preisdifferenzierung

4.1 Grundprinzipien

Grundsätzlich gilt es zu unterscheiden zwischen Preisinstrumenten auf den Märkten für Netzdienstleistungen (Endkundenmärkten) und Preisinstrumenten auf den Märkten für Netzinfrastrukturkapazitäten (Vorleistungsmärkten). Im Folgenden wird davon ausgegangen, dass der freie Marktzutritt auf diesen Märkten zugelassen ist und dass die unternehmerische Suche nach Preisstrukturen nicht durch regulatorische Eingriffe beeinflusst wird.

Preisdifferenzierung bedeutet, dass neben Kostenunterschieden auch Nachfragegesichtspunkte mit in die Preisbildung einbezogen werden müssen. Preisdifferenzierung kann auch im Zusammenhang mit Produktdifferenzierung erfolgen (z. B. unterschiedliche Qualitätsklassen in einem Zug oder Flugzeug) oder unterschiedlichen Vertragsdauern (Laufzeitdifferenzierungen). Hier gilt, dass Preisunterschiede, die lediglich die vollen Kosten der Produktdifferenzierung reflektieren (z. B. zusätzliche Verpflegung etc.), noch keine Preisdifferenzierung darstellen. Die folgende Definition berücksichtigt diese Punkte:

> „... price discrimination should be defined as implying that two varieties of a commodity are sold (by the same seller) [either to the same buyer or] to two buyers at different *net* prices, the net price being the price (paid by the buyer) corrected for the cost associated with the product differentiation" (Phlips, 1983, S. 6).[40]

Das so definierte Phänomen der Preisdifferenzierung umfasst eine Vielzahl unterschiedlicher Preisstrukturen. Preisdifferenzierung beinhaltet jede Form von Mengenrabatten, Spitzenlasttarifierung sowie Differenzierung nach unterschiedlichen Zahlungsbereitschaften verschiedener Konsumentengruppen (Schülerrabatte etc.).

Es lassen sich 3 Typen von Preisdifferenzierung unterscheiden (vgl. Pigou, 1952, S. 279). Preisdifferenzierung 1. Grades liegt vor, wenn die individuelle Zahlungsbereitschaft der Konsumenten für unterschiedliche Produkteinheiten voll abgeschöpft wird. Preisdifferenzierung 2. Grades liegt vor, wenn die unterschiedlichen Zahlungsbereitschaften von Konsumentengruppen durch unterschiedliche Preise abgeschöpft wer-

---

40 [„either to the same buyer or"] wird dem Zitat hinzugefügt, um auch Mengenrabatte mit zu berücksichtigen.

den, wobei die Konsumenten innerhalb einer Gruppe den gleichen Preis bezahlen. Durch die Kaufentscheidung ordnen sich die Konsumenten selbst (endogen) einer bestimmten Gruppe zu. Preisdifferenzierung 3. Grades liegt vor, wenn die Konsumenten nach einfachen, objektiven Kriterien in unterschiedliche Konsumentengruppen eingeteilt werden können, deren unterschiedliche Zahlungsbereitschaften durch unterschiedliche Preise abgeschöpft werden. Im Unterschied zur endogenen Marktsegmentierung bei Preisdifferenzierung 2. Grades ist die Zuordnung von Konsumenten zu den einzelnen Marktsegmenten bei einer Preisdifferenzierung 3. Grades exogen möglich.

Die Durchsetzung von Preisdifferenzierungsstrategien basiert auf zwei grundlegenden Voraussetzungen:

- Separierbarkeit der Märkte,

- Vermeidung von Arbitrage.

Falls ein Produkt auf einem Markt relativ günstig eingekauft und dann auf einem anderen Markt zu einem höheren Preis verkauft werden kann, ist Preisdifferenzierung nicht stabil. Daher muss die Transferierbarkeit einzelner Einheiten eines Produktes zwischen unterschiedlichen Märkten schwierig oder unmöglich sein. Beispiele mit solchen geringen Arbitragemöglichkeiten sind beispielsweise die Versorgung einzelner Haushalte mit Gas, Strom oder Wasser, Transportleistungen, Start- und Landerechte auf Flughäfen und Schienentrassen.

Die Grenze einer weiter gehenden Differenzierung wird dann erreicht, wenn die Transaktionskosten für das Preisschema zu hoch werden, d.h. wenn die Kosten der Arbitragevermeidung die Vorteile einer Tarifverfeinerung überschreiten. Diese Grenze lässt sich jedoch nicht uniform bestimmen, sondern hängt von den jeweils herrschenden Verhältnissen auf den Märkten ab. Eine weitere Differenzierung ist nicht mehr möglich wenn:

- keine Konsumentengruppe mehr gefunden werden kann, die durch zusätzliche Preissenkung zusätzliche Einheiten kauft;

- keine weiteren Marktspaltungen mehr möglich sind (ohne dass Arbitrage zwischen den einzelnen Gruppen stattfindet);

- die Kostendeckung insgesamt gefährdet wird.

Preisdifferenzierung ist sowohl auf den Märkten für Netzdienstleistungen als auch auf den Märkten für Netzinfrastrukturkapazitäten von Bedeutung. Aufgrund von Größenvorteilen sind Grenzkostenpreise nicht in der Lage, die Gesamtkosten zu decken. In allen Marktformen, mit Ausnahme der vollkommenen Konkurrenz,[41] ist das In-

---

[41] Aufgrund einer großen Zahl von atomistischen Anbietern sind Größenvorteile ausgeschlossen.

strument der Preisdifferenzierung relevant, im Monopol gleichermaßen wie im funktionsfähigen Wettbewerb.

Das juristische Konzept der Diskriminierung darf nicht dazu verwendet werden, um volkswirtschaftlich erwünschte Preisdifferenzierungen per se zu untersagen. Diese Gefahr entsteht u. a. deshalb, weil im angelsächsischen Sprachgebrauch das wettbewerbsneutrale ökonomische Konzept der Preisdifferenzierung ebenfalls als „price-discrimination" bezeichnet wird. Preisdifferenzierung bedeutet, dass sich Preisunterschiede nicht nur auf Kosten zurückführen lassen, sondern, dass auch Nachfragegesichtspunkte mit in die Preisbildung einbezogen werden.

Insoweit Preisdifferenzierungsstrategien im Vergleich zu linearen Tarifen mit Anreizen für eine Vergrößerung des Marktvolumens einhergehen, können sie sowohl die Nachfrager als auch die Anbieter von Netzdienstleistungen bzw. von Netzinfrastrukturkapazitäten besser stellen. Anreize, wohlfahrtsverbessernde Preisstrategien zu entwickeln, entstehen folglich sowohl im Monopol als auch im Wettbewerb. Die Suche nach der geeigneten Form einer Preisdifferenzierung stellt dabei eine unternehmerische Aufgabe dar, da nur die Unternehmen selbst in der Lage sind anhand ihrer Marktinformationen die adäquaten Preisdifferenzierungen vorzunehmen. Es existiert nicht ein einziges optimales Tarifschema. Vielmehr müssen die Grenzen einer zusätzlichen Preisdifferenzierung im Sinne eines Suchprozesses ausgelotet werden.

4.1.1 Preisdifferenzierung durch Spitzenlasttarifierung

Systematische Nachfrageschwankungen über die Zeit (z. B. im Tagesverlauf, Wochenverlauf, saisonal) führen auf Märkten mit nicht lagerbaren Produkten zur Spitzenlasttarifierung. Besonderes Charakteristikum der Spitzenlastproblematik in Netzsektoren ist die unterschiedliche Auslastung von Kapazitäten sowohl auf der Ebene der Netzdienstleistungen als auch auf der Ebene der Netzinfrastrukturkapazitäten. Der Aufbau von Netzkapazitäten stellt ein Kuppelprodukt dar: Kapazität, die in der Spitzenlastperiode gebraucht wird, steht auch in der Schwachlastperiode zur Verfügung.

Die auf Nachfrageschätzungen basierende Anwendung von Spitzenlasttarifierung führt zu auslastungsabhängigen Preisen. Spitzenlasttarifierung bedeutet, dass ein Anbieter für Varianten eines Erzeugnisses, die hinsichtlich der räumlichen, leistungs- und mengenbezogenen Dimensionen identisch sind, im Verlauf einer bestimmten zeitlichen Periode verschiedene Preise verlangt.

Netzleistungen werden nicht notwendigerweise komplett aus einer Hand bereitgestellt, sondern von unterschiedlichen Anbietern, deren Leistungen in komplementärer Weise aufeinander aufbauen, wobei die vorgelagerten Netzinfrastrukturkapazitäten über die Märkte bereitgestellt werden. Dies führt dazu, dass die Struktur auslastungsabhängiger Tarife sich nicht nur auf den Märkten für Netzdienstleistungen, sondern auch auf den vorgelagerten Märkten für Netzinfrastrukturkapazitäten widerspiegelt.

4.1.1.1 Spitzenlasttarifierung im Wettbewerb

Das Standardmodell geht von der Annahme aus, dass zwischen der Spitzenlastnachfrage und der Schwachlastnachfrage unterschieden werden kann (vgl. Steiner, 1957). Inzwischen sind auch Verallgemeinerungen für mehr als zwei Zeitpunkte (Zeitintervalle) entwickelt worden (vgl. z. B. Taylor, 1994).

Das von Steiner entwickelte Modell behandelt das Problem einer sozial optimalen Preisstruktur, welche die Summe von Konsumenten- und Produzentenrente maximiert. Es gilt zu unterscheiden zwischen (konstanten) Kapazitätsgrenzkosten β und (konstanten) Produktionskosten b. Aufgrund der gewählten Modellstruktur (insbesondere konstante Grenzkosten der Kapazität) treten jedoch keine positiven Gewinne auf (vgl. Steiner 1957, S. 587). Obwohl Steiner den Zusammenhang zur Marktform des Wettbewerbs nicht explizit herausgearbeitet hat, charakterisiert das Ergebnis eine Spitzenlasttarifierung im Wettbewerb (vgl. Officer, 1966). Die Unternehmen besitzen identische Produktionsbedingungen. Sie nehmen die Preise der Spitzenlast- und der Schwachlastperiode als gegeben an und stellen die verfügbaren Kapazitätseinheiten bereit. Es besteht sowohl die Möglichkeit für Marktzutritt als auch für Marktaustritt, falls die Produktion zu Gewinnen bzw. zu Defiziten führt. Unteilbarkeitsprobleme werden aufgrund der Stetigkeitsannahme der Kapazitätsgrenzkostenkurve vernachlässigt.[42]

Bezeichne p_1 bzw. p_2 die Endkundenpreise in der Spitzenlast- bzw. Schwachlastperiode. Im Fall einer festen Lastspitze (firm peak case) stellt die Inanspruchnahme der Kapazität in der Schwachlastperiode ein Nebenprodukt dar, so dass selbst zum Preis $p_2 = b$ (also ohne Beitrag zu den Kapazitätskosten) die Kapazität in der Schwachlastperiode nicht ausgeschöpft ist. Allein die in der Spitzenlastperiode nachgefragte Menge ist ausschlaggebend für die Kapazität und die Spitzenlastnachfrage zahlt die gesamten Kapazitätskosten. Es handelt sich aber aufgrund der fehlenden Knappheit in der Schwachlastperiode nicht um Preisdifferenzierung. Anders verhält es sich im Fall einer wandernden Lastspitze (shifting peak case), bei dem auch in der Schwachlastperiode die Kapazität voll genutzt wird. Die nachfolgende Abbildung 4-1 veranschaulicht dieses Ergebnis (vgl. Phlips, 1983, Fig. 8.3, S. 138).

---

[42]   Zur Analyse von Unteilbarkeitsproblemen, vgl. Officer (1966, S. 649 ff.)

Abbildung 4-1:   *Spitzenlasttarifierung im Wettbewerb*

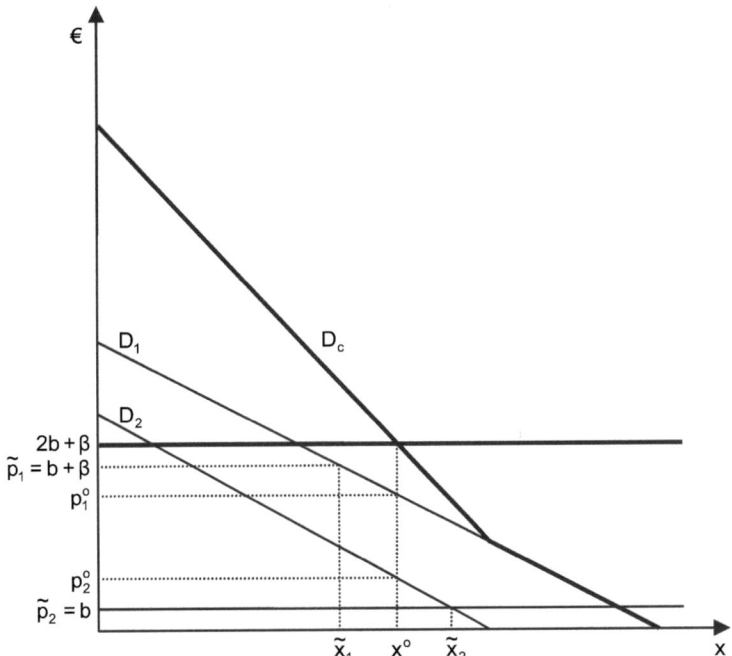

Die im Wettbewerb sich ergebende sozial optimale Lösung muss die Eigenschaft der Kapazitätsbereitstellung als Kuppelprodukt berücksichtigen: D_c stellt die Nachfrage nach nicht lagerbaren Leistungen dar, die sich aus der vertikalen Addition der Nachfrage in der Spitzenlast- und Schwachlastperiode ergibt. Die sozial optimale Gesamtkapazität x^o ergibt sich im Schnittpunkt $D_c = \beta + 2b$. Der Output muss in jeder Periode ausgedehnt werden, bis die Kapazität in jeder Periode ausgelastet wird (d.h. $x^o = x_1^o = x_2^o$); es liegen auch in der Schwachlastperiode keine Kapazitäten mehr brach. Die optimalen dazugehörigen Preise sind p_1^o und p_2^o. Diese Lösung ist eine volkswirtschaftlich erwünschte Form der Preisdifferenzierung (vgl. Steiner, 1957, S. 590). Bei Spitzenlasttarifierung im Fall der wandernden Lastspitze ist die optimale Allokation dann erreicht, wenn die vollen Opportunitätskosten einer zusätzlichen Kapazitätseinheit gerade der Summe der Zahlungsbereitschaften der beiden Nachfragegruppen (Spitzenlast und Schwachlast) für eben diese Einheit entsprechen. Die relevanten Opportunitätskosten beziehen sich also nicht auf die spezifischen Nutzungen der beiden Nachfragegruppen, sondern auf die unteilbare Kapazitätseinheit als Ganzes, deren

Opportunitätskosten nicht weiter auf die einzelnen Nachfrager bzw. Nachfragegruppen aufteilbar sind. Da aber die Zahlungsbereitschaften und damit die Preise der beiden Nachfragegruppen im Optimum unterschiedlich sind, liegt eine Form der Preisdifferenzierung vor.

Preisdifferenzierung mittels Spitzenlasttarifierung ist im Wettbewerb anreizkompatibel. Angenommen, lediglich die Spitzenlastnachfrage würde zur Deckung der Kapazitätskosten herangezogen, so dass $\tilde{p}_2 = b$ und $\tilde{p}_1 = b + \beta$. Folglich werden in der Schwachlastperiode die Mengen $\tilde{x}_2 > x^o$ und in der Spitzenlastperiode $\tilde{x}_1 < x^o$ nachgefragt. Lediglich die Kapazitätskosten für $\tilde{x}_1$ Einheiten würden gedeckt, aber $\tilde{x}_2$ Einheiten wären erforderlich. Da $\tilde{x}_2 > \tilde{x}_1$, würde die Lastspitze in die vormalige Schwachlastperiode wandern. Der Output in der Schwachlastperiode wäre dann größer als derjenige in der Spitzenlastperiode. Die hierfür erforderlichen Kapazitätskosten würden jedoch nicht gedeckt.

4.1.1.2   Spitzenlasttarifierung im Monopol

Das Prinzip der Spitzenlasttarifierung bei zeitlich schwankender Nachfrage mit nicht lagerbaren Gütern gilt auch im Monopol, um durch eine zeitliche Differenzierung der Preise eine gleichmäßige Auslastung der Kapazität zu erreichen (vgl. Takayama, 1985, S. 678-683). Ausgehend von der Eigenschaft der Kapazitätsbereitstellung als Kuppelprodukt ergibt sich wiederum die Gesamtnachfrage nach Kapazität D_c (totale Zahlungsbereitschaft) aus der vertikalen Addition der Nachfrage in der Spitzenlast- und Schwachlastperiode. Hieraus ergibt sich die aggregierte Grenzerlöskurve MR_c. Dies ist aus Abbildung 4-2 (vgl. Keller, 2005, S. 95) ersichtlich. Die gewinnmaximierende Kapazität ergibt sich im Schnittpunkt $MR_c = 2b + \beta$. Die im Monopol bereit gestellte Kapazität ist kleiner als diejenige im Wettbewerb.[43] Aber genau so wie im Wettbewerb wird im Fall einer wandernden Lastspitze die Kapazität sowohl in der Spitzenlast- als auch in der Schwachlastperiode ausgeschöpft. Dabei ergeben sich differenzierte Monopolpreise $p_1^m > p_2^m$, so dass sich insgesamt eine Monopolrente ergibt von:

$$(4.1) \qquad \pi^m = p_1^m x^m + p_2^m x^m - (\beta + 2b)x^m$$

Auch für den Monopolisten ist es anreizkompatibel, Preisdifferenzierung mittels Spitzenlasttarifierung auf der Basis der aggregierten Nachfrage anzuwenden.

---

[43]   Dies gilt auch für den allgemeineren Fall kontinuierlicher Zeitparameter (vgl. Takayama, 1985, S. 683)

Abbildung 4-2:   *Spitzenlasttarifierung im Monopol*

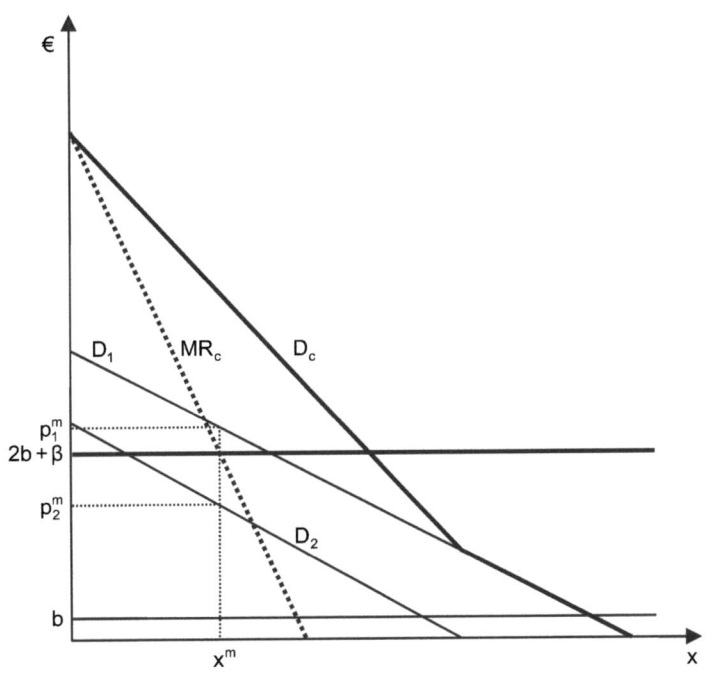

4.1.2   Optionale zweiteilige Tarife und Mengenrabatte

Ein zweiteiliger Tarif besteht aus einer Grundgebühr und einer variablen Preiskomponente. Werden zweiteilige Tarife optional neben einstufigen (linearen) Tarifen angeboten, hat der Nachfrager nach Netzleistungen die Wahl zwischen einer höheren variablen Nutzungsgebühr oder der Zahlung einer Grundgebühr und einer niedrigeren variablen Nutzungsgebühr.

Ein aus volkswirtschaftlicher Sicht zentraler Vorteil zweiteiliger Tarife gegenüber einstufigen Tarifen liegt darin, dass das Ziel der Deckung der fixen Kosten einer Netzinfrastruktur erreicht werden kann, ohne durch erhebliche Aufschläge auf den variablen Preis die Nachfrage in starkem Maße abzuschrecken. Dadurch wird eine effizientere Auslastung der Infrastruktur ermöglicht (Knieps 2005, S. 212 ff.). Zweiteilige Tarife stellen eine Form der Preisdifferenzierung dar, da sich die Preisunterschiede nicht nur auf Unterschiede der direkt zurechenbaren variablen Kosten einer Netzleistung zurückführen lassen, sondern auch Nachfragegesichtspunkte zur Deckung der fixen Kosten der Infrastruktur mit in die Preisbildung einbezogen werden.

Zweiteilige Tarifsysteme sind auf Märkten für Netzdienstleistungen bereits seit langem etabliert. Beispiele hierfür sind Energie- und Wasserversorgung sowie Telekommunikationsdienste, wo neben der Rechnung für den individuellen Verbrauch der Einheiten, auch Anschluss- und Grundgebühren erhoben werden. Aber auch auf den Märkten für Netzinfrastrukturkapazitäten sind zweiteilige Tarife von Bedeutung.

Grundlegend ist das Prinzip der Optionalität. Ausgehend von einem Einheitstarif, der über den Grenzkosten liegt ist es immer möglich, eine Pareto-Verbesserung durch Preisdifferenzierung zu erzielen, die keine Konsumenten schlechter stellt und die Unternehmen besser stellt (vgl. Willig, 1978). Um die Kleinkunden nicht von den Netzleistungen auszuschließen, ist es erforderlich, diesen zweiteiligen Tarif optional anzubieten, damit die Kleinkunden zu dem ursprünglichen Einheitstarif $\bar{p}$ die Netzleistungen beziehen können. Das Grundprinzip optionaler zweiteiliger Tarife lässt sich anhand der nachfolgenden Abbildung 4-3 veranschaulichen (vgl. Brown, Sibley, 1986, Fig. 4.6, S. 69).

Angenommen, es existieren zwei Typen von Konsumenten: Kleinkonsumenten mit der Nachfrage $D_1(p)$ sowie Großkonsumenten mit der Nachfrage $D_2(p)$. Es gelte: $D_1(p) < D_2(p)$ für alle p. Der zweiteilige Tarif *(E, p*)* besteht aus einer Grundgebühr E sowie einem Stückpreis p^*. Dieser zweiteilige Tarif wird optional zu dem linearen Preis $\bar{p}$ ohne zusätzliche Grundgebühr angeboten, wobei $\bar{p} > p^* > MC$ ist. Da $p^* < \bar{p}$ folgt, dass $x_2^* > \bar{x}_2$ ist. E ist so gewählt, dass das Unternehmen auf den ersten $\bar{x}_2$ Einheiten des Großkonsumenten den gleichen Gewinn erzielt wie in einer Situation, in der nur der lineare Tarif angeboten wird. Dies wird erreicht, indem $E = \bar{x}_2 \cdot (\bar{p} - p^*)$ gesetzt wird. Der Großkonsument hat Anreize, den zweiteiligen optionalen Tarif zu wählen, da er seine Konsumentenrente durch einen Übergang von $\bar{x}_2$ nach x_2^* um die Fläche B vergrößern kann. Hierbei erzielt das Unternehmen einen zusätzlichen Gewinn in Höhe der Fläche C. Für den Kleinkonsumenten dagegen lohnt sich die Bezahlung der Grundgebühr nicht, denn sie hätte für ihn eine Einbusse an Konsumentenrente in Höhe der Fläche A zur Folge. Er wird deshalb beim Einheitspreis bleiben.

Das Grundprinzip optionaler zweiteiliger Tarife gilt bei Vorliegen von Größenvorteilen unabhängig von der zugrunde liegenden Marktform, sowohl für einen kostendeckenden, linearen Wettbewerbspreis als auch für einen linearen Monopolpreis. In Netzsektoren stellt sich allerdings aufgrund der vertikalen Komplementarität zwischen Netzinfrastruktur und Netzdienstleistung die Problematik, ob zweiteilige Tarife für Netzinfrastrukturkapazitäten zu Wettbewerbsverzerrungen auf den Märkten für Netzdienstleistungen führen können. Hier zeigt sich erneut die Bedeutung der Optionalität zweiteiliger Tarife. Ansonsten bestünde die Gefahr, dass kleinere Anbieter auf den Märkten für Netzdienstleistungen aus dem Markt gedrängt würden, insoweit sich für diese die Zahlung einer Grundgebühr nicht lohnt.

Abbildung 4-3: *Zweiteilige optionale Tarife*

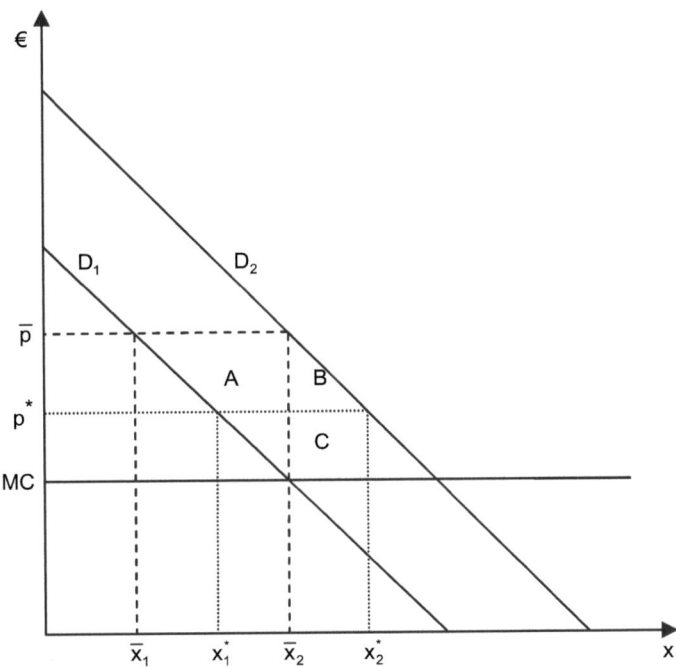

Mengenrabatte (fallende Blocktarife) stellen ebenfalls eine Form von Preisdifferenzierung dar. Es handelt sich um nicht lineare Preise, wobei der Preis pro Einheit von der insgesamt gekauften Menge abhängt. Optionale zweiteilige Tarife sind zur Charakterisierung und Umsetzung nicht linearer Preisstrukturen geeignet. Es besteht eine direkte Relation zwischen nicht linearen mehrteiligen Tarifen mit unterschiedlichen Tarifstufen und einem Bündel aus zweiteiligen Tarifen, aus denen der Konsument den für ihn passenden zweiteiligen Tarif auswählen kann (vgl. Brown, Sibley, 1986, S. 80 ff.; Knieps, 2005, S. 212-214).

4.2 Preisdifferenzierung in Netzsektoren

4.2.1 Preisdifferenzierung für Netzdienstleistungen

Preisdifferenzierung für Netzdienstleistungen ist in allen Netzsektoren zu beobachten. Netzdienstleistungen sind nicht lagerbar; ihre Bereitstellung ist mit relativ geringen Grenzkosten, aber hohen Fixkosten verbunden. Im Luftverkehr, beispielsweise, sind die Grenzkosten eines zusätzlichen Fluggastes lediglich dessen Abfertigungskosten, während die fixen Kosten die Opportunitätskosten des eingesetzten Flugzeugs und des erforderlichen Flugpersonals umfassen. Ähnlich verhält es sich bei Bus- und Zugverkehr. Beispiele für Preisdifferenzierung sind im Luftverkehr Frühbucherrabatte, Vielfliegerprogramme und Yield-Management (z. B. Tscheulin, Lindenmeier, 2003). Beispiele im Zugverkehr sind die Bahncards. Aber auch in den Märkten für Energie und Telekommunikation sind vielfältige Formen von Preisdifferenzierung bekannt (kostenlose Endgeräte, Flatrates etc.). Administrativ festgelegte Preisstrukturen wurden durch die Marktöffnung instabil (z. B. Aberle, 2003, S. 365 ff.). Demgegenüber bildet sich seit der umfassenden Netzöffnung eine Vielzahl neuartiger Preisdifferenzierungen.

Ein wichtiges Kennzeichen für die Auswirkung des Abbaus gesetzlicher Marktzutrittsschranken und der damit einhergehenden Preisregulierung im Luftverkehr besteht im zunehmenden Einsatz von flexiblen Preisinstrumenten (neben anderen Marketingmaßnahmen). Hierzu zählen insbesondere Vielfliegerprogramme, die eine besondere Form eines Mengenrabattes darstellen. Die Kunden einer Fluggesellschaft erhalten im Rahmen eines Bonussystems für den wiederholten Ticketkauf und die Benutzung derselben Fluggesellschaft oder anderer Partnerunternehmen des Programms (wie Hotels und Mietwagenfirmen) Bonuspunkte, die gegen Prämienleistungen eingelöst werden können. Beispiele für Prämien sind Freiflüge der jeweiligen Fluggesellschaft, Hotelaufenthalte, Mietwagen und Luxusartikel. Die Programme lassen sich durch eine Reihe von Hauptmerkmalen charakterisieren, die je nach Anbieter unterschiedlich ausgeprägt sein können, z. B. Verfallsdatum der Bonuspunkte, Übertragbarkeit der Bonuspunkte, Beitrittsvoraussetzungen, Prämien etc. (vgl. Beyhoff, 1994).

Preisdifferenzierungen zwischen unterschiedlichen Kundengruppen und damit einhergehende unterschiedliche Produktcharakteristika (Buchungszeitpunkt, Flexibilität beim Umbuchen etc.) sind im Wettbewerb üblich, ohne dass deswegen bereits eine Monopolisierung des Marktes in Gang gesetzt wird. Ebenso sind die inzwischen vermehrt eingesetzten Yield-Managementsysteme, die die angebotenen Preisnachlässe abhängig machen von der Anzahl der bereits verkauften Sitze, ein zulässiges Instrument im Wettbewerb.[44]

---

[44] Vgl. im Einzelnen Kahn (1993, S. 396 ff.); Locay, Rodriguez (1992); Borenstein, Rose (1994).

4.2.2 Preisdifferenzierung bei Zugtrassen

Tarifsysteme zur Benutzung von Netzinfrastrukturen sollten so ausgestaltet werden, dass sie in der Lage sind, gleichzeitig die Kriterien der Diskriminierungsfreiheit, der effizienten Allokation knapper Netzinfrastrukturkapazitäten (Effizienzanforderung) sowie der Finanzierungsanforderung möglichst weitgehend zu erfüllen. Traditionelle Vollkostenrechnungen auf der Basis administrativer Aufteilungsschlüssel der Infrastruktur-Gemeinkosten auf unterschiedliche Nutzergruppen sind ökonomisch nicht sinnvoll und können diese Aufgabe bekanntlich nicht lösen (vgl. Abschnitt 2.2). Aber auch bei einer Preisbildung allein nach (sozialen) Grenzkosten sind diese Kriterien nicht notwendigerweise gleichzeitig erfüllt.

Traditionell wurde die Allokation der Kapazitäten der Schienenwege durch administrative Maßnahmen der nationalen Eisenbahnmonopole festgelegt. Hierzu zählen beispielsweise Fahrplankonferenzen, Prioritätenregelungen der Zugfolge bei Verspätungen sowie diskretionäre Einzelmaßnahmen der Zugleitung. Benutzungsgebühren, die die Knappheit dieser Schienenkapazitäten widerspiegeln, wurden nicht erhoben, auch wenn zu bestimmten Tages- oder Jahreszeiten erhebliche Kapazitätsengpässe auf bestimmten Streckenabschnitten bestanden. Die Entscheidung, zu welcher Zeit ein Streckenabschnitt benutzt wird, hatte folglich keinen Einfluss auf die Preisbildung. Bahnkunden hatten bei Nachfragespitzen daher keinen Anreiz, auf ruhigere Zeiten auszuweichen. Somit hatten Kundengruppen mit hoher Präferenz für Pünktlichkeit und entsprechender Zahlungsbereitschaft keine Möglichkeit, Züge mit Pünktlichkeitsgarantie zu benutzen.

Dieses Problem lässt sich durch die Erhebung eines (zeitabhängigen) Knappheitspreises für die Beanspruchung der Schienenwege lösen. Gesellschaften, die einen Zug auf einem viel befahrenen Streckenabschnitt einsetzen wollen, müssten dann einen Marktpreis bezahlen, der die Opportunitätskosten der Inanspruchnahme dieser Kapazitäten widerspiegelt (vgl. Abschnitt 3.1). Dabei ist es nicht ausgeschlossen, dass ein Güterzug mit traditionell niedriger Priorität bereit wäre mehr zu zahlen als ein Intercity Zug mit traditionell hoher Priorität, um bestimmte Produktionsprozesse nicht zu verzögern. Die Überwälzung effizienter Benutzungsgebühren der Schienen auf die Kunden der Betriebsgesellschaften impliziert einen höheren Zugtarif in Spitzenzeiten und einen niedrigeren Zugtarif in Schwachlastzeiten und somit die Wirkung einer Spitzenlasttarifierung. Eine derartige Spitzenlasttarifierung hat die Funktion, die vorhandenen Schienenkapazitäten zu steuern.

Auch auf viel befahrenen Strecken müssen optimale Benutzungsgebühren noch keine volle Kostendeckung gewährleisten. Größenvorteile beim Bau von Schieneninfrastrukturen führen dazu, dass optimale Zugangsgebühren die Investitionskosten der Infrastruktur nicht decken können (vgl. Abschnitt 3.1.4). Es stellt sich folglich die Frage nach der Finanzierung des Defizits und damit einhergehend nach dem politisch ex ante vorgegebenen Kostendeckungsgrad. Damit die Anreize zur Erzielung der erforderlichen Kostendeckung für den Infrastrukturbetreiber glaubwürdig sind, darf der Grad der Gesamtkostendeckung nicht dem Zufall (ex post) überlassen bleiben.

Das Ziel der effizienten Allokation von Trassenkapazitäten bei vorgegebener Kostendeckungsbeschränkung erfordert die Anwendung von Preisdifferenzierungsstrategien. Preisdifferenzierung bei der Bereitstellung unterschiedlicher Trassenqualitäten berücksichtigt notwendigerweise Unterschiede in der Belastbarkeit der Verkehre, die sich in unterschiedlichen Zahlungsbereitschaften (Preiselastizitäten der Nachfrage) nach Schieneninfrastrukturkapazitäten niederschlagen. Dies bedeutet insbesondere, dass Unterschiede der Trassenpreise nicht allein auf Kostenunterschiede der angebotenen Trassenqualitäten zurückzuführen sind, sondern auch unterschiedliche Aufschläge zur Deckung der fixen Infrastrukturkosten beinhalten müssen (vgl. Berndt, Kunz, 2003, S. 195 ff.).

Vom Juni 1998 bis April 2001 bot die Deutsche Bahn AG ein zweistufiges Trassenpreissystem an. Ein Trassennachfrager erhielt die Wahlmöglichkeit (Option) durch Erwerb einer InfraCard einen niedrigeren variablen Preis pro Zugtrasse in Anspruch zu nehmen, oder aber ohne InfraCard den höheren Preis für die konkrete Leistungsinanspruchnahme zu zahlen. Da die InfraCard eine Grundgebühr mit einem niedrigeren variablen Preis pro konsumierter Leistungseinheit (Zugtrasse) darstellt, hätte eine generelle Verpflichtung zum Erwerb der InfraCard kleinere Trassennachfrager vom Netzzugang der Deutschen Bahn AG ausgeschlossen, bzw. deren Netzzugang behindert. Umso wichtiger ist deshalb, dass der Kauf einer InfraCard optional war und die Kunden, abhängig von ihren Nachfragecharakteristika, sich für oder gegen den Erwerb einer InfraCard entscheiden konnten.

Die Deutsche Bahn AG berücksichtigte dabei die folgenden Parameter bei der Preisbildung für InfraCards (feste Preiskomponente):

- Umfang des genutzten Netzes,

- Qualität des genutzten Netzes,

- Vertragsdauer.

Das Trassenpreissystem berücksichtigte die folgenden Parameter bei der Berechnung der variablen Preiskomponente:

- Kapazitätsauslastung,

- Fahrplanflexibilität,

- Zu- und Abschläge (innovative Zugsysteme, Umweltbonus).

Der Vorteil dieses zweistufigen Preissystems war der Anreiz, dass größere Trassennachfrager (Besitzer einer InfraCard) alles versuchen, um diese möglichst intensiv zu nutzen. Da überdies die Trassennachfrager, für die sich der Kauf einer InfraCard nicht lohnte, ebenfalls Trassen erwerben konnten, wurden durch die Einführung dieses zweistufigen Systems Anreize für mehr Verkehr auf den Schienen gesetzt.[45]

4.2.3 Preisdifferenzierung von Start- und Landerechten

Da Netzinfrastrukturkapazitäten auch auf vielen Flughäfen knapp sind, stellt sich auch hier die Frage nach der Einführung von mehrteiligen, auslastungsabhängigen Tarifen.[46]

Eine Vielzahl von Flughäfen stößt in Spitzenzeiten an ihre Kapazitätsgrenzen. Angesichts dieser zunehmenden Kapazitätsengpässe auf den Flughäfen wird vermehrt an die öffentliche Hand appelliert, diese Knappheitsprobleme durch weiteren Kapazitätsausbau zu beseitigen. Dabei ist jedoch zu bedenken, dass Investitionen in einer Höhe, dass Start- und Landerechte im Überfluss vorhanden wären, aus volkswirtschaftlicher Sicht Ressourcenverschwendung wäre (vgl. Abschnitt 3.1.4). Vielmehr gilt es, zusätzliche Investitionen solange vorzunehmen, bis der zusätzliche Nutzen einer Kapazitätserweiterung deren zusätzlichen Kosten entspricht. Selbst bei einem volkswirtschaftlich optimalen Investitionsniveau werden also auf viel beflogenen Flughäfen in Spitzenzeiten Knappheitsprobleme bestehen bleiben.

Sobald Flughafenkapazitäten nicht mehr im Überfluss – also als öffentliche Güter – vorhanden sind, stellt sich die Frage nach der Präzisierung und Definition dessen, was und wann etwas eigentlich knapp geworden ist. Auch in der üblichen Güterwelt, etwa beim Handel mit Getreide, stellt sich das mikroökonomische Problem der Definition der Güterkategorien (z. B. Getreidesorten), wobei dem präzisen Zeitpunkt der Transaktion meist keine entscheidende Bedeutung zukommt. Ganz anders verhält es sich dagegen bei Flughafenkapazitäten. Hier müssen eine Vielzahl von Ressourcen möglichst zeitgenau aufeinander abgestimmt werden. Bereits die Definition eines Start- oder Landerechts eröffnet ein erhebliches Spektrum an alternativen Möglichkeiten, die sich entscheidend auf die Transaktionspotenziale auswirken können. Bedeutet etwa die Zuteilung eines Startrechts lediglich das Recht einer Fluggesellschaft, innerhalb eines relativ großen Zeitintervalls zu starten, ist dieses Recht für einige Fluggesellschaften von weitaus geringerem Wert als die Garantie, zu einem ganz bestimmten Zeitpunkt ohne Verspätung starten zu dürfen. Andere Fluggesellschaften mögen dagegen flexible Operationszeiten bevorzugen. Der Handel mit Slots setzt deshalb eine Definition der Start- und Landerechte voraus, die sowohl diesen Bedürfnissen der Fluggesellschaften (und deren Fluggästen) als auch den operationalen und logistischen Möglichkeiten der Flughafenbetreiber Rechnung trägt.

Solange Flughafenslots unter Anwendung von „Großvaterrechten"[47] zugeteilt werden, stellt sich die Frage, inwieweit bereits durch eine Reform der Flughafengebühren so-

---

45 Vgl. im Einzelnen Knieps (1998); Aberle (2003, S. 357-362).
46 Vgl. im Einzelnen Knieps (2004, S. 146-153); Niejahr, (1999).

wohl eine effizientere Allokation knapper Flughafenkapazitäten als auch eine Verbesserung des Status quo in Richtung symmetrischer Zugangsbedingungen erreicht werden kann. Marktgerechte Start- und Landegebühren höhlen den Wert eines Großvaterrechtes aus (vgl. Neuscheler, 2007, Abschnitt 2.4).

Die Flughafengebühren richten sich bisher grundsätzlich nach dem Gewicht des Flugzeugs. Ihre Funktion ist es, zur Finanzierung der Flughäfen beizutragen. Die Flughafengebühren haben dabei nicht das Ziel, die Allokation der vorhandenen Kapazitäten zu lenken. Sie sind dazu nicht in der Lage, da das Gewicht eines Flugzeugs und die Flugdistanz nichts aussagen über den (marginalen) Beitrag eines Fluges zur Verknappung der Kapazitäten der Flugüberwachungsdienste und der Flughäfen und über die dadurch entstehenden Kosten für alle anderen Verkehrsteilnehmer. Hierfür ist vielmehr die zum jeweiligen Zeitpunkt bestehende Nachfrage nach Flughafenkapazitäten und nach den Kapazitäten auf der Flugstrecke von entscheidender Bedeutung. Kurzfristig sind die Flughafenkapazitäten im Wesentlichen unveränderbar. Treten unvorhergesehene Kapazitätsengpässe auf Flughäfen auf, so wird typischerweise nach dem Prinzip der zeitlichen Abfolge rationiert.

Die Staugebühren bzw. Knappheitspreise sollten je nach Auslastungsgrad der Kapazitäten innerhalb eines Tages und saisonal variieren, da die Auslastungsgrade für denselben Flug jeweils unterschiedlich sein können. Dadurch würde eine effiziente Allokation der Start- und Landerechte zu Spitzenzeiten ermöglicht. Diese Staugebühren wirken wie eine Spitzenlasttarifierung, sollten jedoch nicht mit ihr verwechselt werden. Denn selbst wenn sich die Kapazitätsauslastung im Zeitablauf nicht veränderte und die Höhe der Staukosten nicht schwankte, müsste eine (zeitunabhängige) Staugebühr erhoben werden. Die Erhebung von Staugebühren zur kurzfristigen Allokation der Slots hat zudem den Vorteil, dass bei hohen Staugebühren in Spitzenperioden das Horten von Slots unattraktiv wird.

Die Erhebung von knappheitsorientierten Start- und Landegebühren erfolgt bisher nur auf wenigen Flughäfen, wobei Großbritannien in Europa die Vorreiterrolle einnimmt. Die Civil Aviation Authority lässt sowohl Spitzenlasttarifierung als auch Kapazitätszuschläge in einem gewissen Ausmaß zu (vgl. Brunekreeft, Neuscheler, 2003, S. 263). Auf den Flughäfen Heathrow und Gatwick werden Landegebühren bereits seit Anfang der 1970er Jahre nach dem Prinzip der Spitzenlasttarife erhoben. In den Morgen- und Abendstunden ist eine einheitliche Spitzenlastlandegebühr unabhängig vom Gewicht des Flugzeugs zu entrichten. Aber auch bei der Erhebung der Passagiergebühr und der Parkgebühr für die Flugzeuge wird das Prinzip der auslastungsabhängigen Spitzenlasttarifierung angewandt. Da die Spitzenlastzeiten für Landen, Passagierabfertigung und Parken der Flugzeuge auseinanderfallen, werden für diese unterschiedli-

---

[47]   Falls ein einmal zugeteiltes Start- oder Landerecht (Slot) auch in zukünftigen Perioden genutzt werden kann ohne eine Re-Allokation, handelt es sich um ein so genanntes Großvaterrecht.

chen Leistungen unterschiedliche Spitzenlastperioden mit unterschiedlichen Spitzenlasttarifen zugrunde gelegt.

Verschiedene Flughäfen haben inzwischen Grundgebühren bzw. Mindestlandegebühren eingeführt, um kleinere Flugzeuge von einer Flughafenbenutzung in Spitzenlastperioden abzuhalten. Dazu zählen Toronto, Sydney, New York, aber auch Frankfurt, München und Düsseldorf.

4.2.4 Preisdifferenzierung im Erdgastransport

Der Transport von Erdgas erfolgt streckenbezogen zwischen einem Einspeise- und einem Ausspeisepunkt; dabei erfolgt der Gasfluss in einer Pipeline auch im Zeitablauf ganz überwiegend in einer Richtung. Die Steigerung des Transportvolumens einer Pipeline geht mit einem erhöhten Druckabfall einher. Dieser Druckabfall bezeichnet die Differenz des Gasdrucks zwischen dem Einspeise- und Entnahmepunkt, bzw. zwischen zwei genau definierten Punkten einer Leitung (z. B. Kompressorstationen).[48] Ein weiteres Charakteristikum von Gas ist seine Speicherbarkeit. Der internationale Transport muss nicht zwangsläufig über Pipelines erfolgen, sondern kann auch mittels LNG-Tankschiffen erfolgen; dabei wird das Gas vor Beginn des Schifftransports durch Abkühlung in einen flüssigen Aggregatzustand überführt und am Bestimmungshafen wieder in den gasförmigen Zustand zurückversetzt.

Im Hinblick auf die Umsetzung von Preisdifferenzierungsmodellen gilt es zwischen den physikalischen Funktionen der Netzeinspeisung, der Netzausspeisung, Zwischenlagerung und des Gastransports einerseits, und den Handelstransaktionen von (Zwischen-)Händlern und Börsen andererseits zu unterscheiden. Ferner muss unterschieden werden zwischen ex ante Transaktionen und real time Gasflüssen. Handelstransaktionen finden ex ante statt und betreffen die Transportnetzebene nur insoweit, als dadurch indirekt das tatsächliche Transportvolumen bestimmt wird. Letztlich kommt es aus ökonomischer Sicht darauf an, die realen Möglichkeiten des Transports und die damit einhergehenden Opportunitätskosten der Netzauslastung möglichst genau abzuschätzen. Die Frage, ob entfernungsabhängige Transporttarife hinreichend die Opportunitätskosten des Transports reflektieren ist dabei von der Frage zu trennen, ob vorgelagerte Handelsgeschäfte einen Transportbedarf gar nicht erst entstehen lassen bzw. reduzieren.

Die Durchführung von Erdgastransport stellt nicht notwendigerweise ein homogenes Produkt dar. Vielmehr gilt es die spezifischen Produktdifferenzierungspotenziale herauszukristallisieren. Unterschiedliche Transportqualitäten lassen sich beispielsweise durch unterschiedliche Flexibilitätsgrade hinsichtlich des zeitlichen Auseinanderfal-

---

48 Um eine gewünschte Gasdurchflussrate auch über längere Distanzen zu gewährleisten, werden bei großen Pipelines Kompressorstationen zur wiederholten Verdichtung des Gases eingesetzt.

lens von Einspeiseleistungen und Entnahmeleistungen definieren. Höhere Flexibilität des Transportkunden entspricht einer höheren Transportqualität – und damit einhergehend höheren Opportunitätskosten der Kapazitätsbereitstellung – und rechtfertigt (ceteris paribus) einen höheren Transporttarif. Zusätzliche Produkt- und Preisdifferenzierungspotenziale ergeben sich durch die Bereitstellung zusätzlicher Flexibilität für die Transportkunden mittels einer Differenzierung der Vertragslaufzeit, insbesondere der Ausweitung des Angebots auf kürzere Laufzeiten (Monate, Wochen, Tage). Gleichzeitig lassen sich hierbei auch die saisonal variierenden Opportunitätskosten der Transportkapazitäten nach dem Prinzip einer Spitzenlasttarifierung einbeziehen.

Die technisch verfügbare Transportkapazität auf einer Pipelinestrecke wird bestimmt durch den Rohrdurchmesser, den mittleren Betriebsdruck sowie das Ausmaß der Leitungsspeicherung. Da die Kapazitätsdefinition und die Produktdefinition bei gegebener Netzdimension nicht unabhängig von einander sind, handelt es sich auch hier um ein ökonomisches Konzept, das ebenfalls einer unternehmerischen Kosten-Nutzenabwägung bedarf.

Es bestehen vielfältige Möglichkeiten, die Potenziale der Produktdifferenzierung (optionale Flexibilisierung der Ein- und Ausspeisung etc.) und der Spitzenlasttarifierung zwecks Glättung der Transportnachfrage auszunutzen. Auch die Potenziale der Preisdifferenzierung mittels zweiteiliger Tarife können zusätzlich ausgeschöpft werden Dabei können Kriterien wie die Entfernung und der Querschnitt der betroffenen Leitungen eine Rolle spielen. Es stellt sich die Frage nach deren Zusammenhang mit den Opportunitätskosten schwankender Netzauslastung. Kriterien der Entfernungsabhängigkeit und der Querschnitt der Leitung haben entscheidenden Einfluss auf die Gesamtkosten der bereitgestellten Transportkapazität, da Pipelines über weitere Entfernungen (ceteris paribus) mehr Kapital binden und bei Zunahme des Leitungsdurchmessers eine überproportionale Zunahme der Leitungskapazität aufweisen (vgl. Fasold, Wahle, 1996).[49]

Als Fazit ergibt sich, dass eine Umsetzung von Preisdifferenzierungsansätzen unter Berücksichtigung der Opportunitätskosten der unterschiedlichen Nachfrager nach Netzkapazitäten und der schwankenden Transportnachfrage im Zeitablauf der Gastransportmärkte anzustreben ist, damit die entscheidungsrelevanten Gesamtkosten von Pipelines gedeckt werden können. Netzzugangstarife dienen nicht nur der Finanzierung der Infrastruktur, sondern gleichzeitig als Steuerungsinstrumente in Richtung einer gleichmäßigeren Auslastung des Netzes.

---

[49] Es handelt sich um Größenvorteile aus dem Umfang der Rohrleitung, weil das Volumen bei einer Vergrößerung des Durchmessers der Leitung rascher wächst als der Rohrumfang, der letztlich die Kosten bestimmt (vgl. Abschnitt 1.3.2).

Übungsaufgaben

4-1: Spitzenlasttarifierung

Ermitteln Sie die optimale Kapazität bei Spitzenlasttarifierung für den Fall einer wandernden Lastspitze im Wettbewerb. Begründen Sie, warum in diesem Fall eine Preisdifferenzierung vorliegt.

4-2: Zweiteilige Tarife

Erläutern Sie die Bedeutung der Optionalität zweiteiliger Tarife.

4-3: Marktform und Preisdifferenzierung

Welchen Einfluss hat die Marktform auf die Preisdifferenzierung?

Literatur

Aberle, G. (2003), Transportwirtschaft – Einzelwirtschaftliche und gesamtwirtschaftliche Grundlagen, R. Oldenburgverlag, 4. Aufl., München, Wien

Berndt, A., Kunz, M. (2003), Immer öfter ab und an? Aktuelle Entwicklungen im Bahnsektor, in: G. Knieps, G. Brunekreeft (Hrsg.), Zwischen Regulierung und Wettbewerb: Netzsektoren in Deutschland, Physica-Verlag, 2. Aufl., Heidelberg, 165-218

Beyhoff, S. (1994), Vielfliegerprogramme und der Wettbewerb im Luftverkehr, Deutsche Forschungsanstalt für Luft- und Raumfahrt e.V., Mitteilung 94-02, Köln

Borenstein, S., Rose, N.L. (1994), Competition and Price Dispersion in the U.S. Airline Industry, Journal of Political Economy, 102/4, 653-683

Brunekreeft, G., Neuscheler, T. (2003), Preisregulierung von Flughäfen, in: G. Knieps, G. Brunekreeft (Hrsg.), Zwischen Regulierung und Wettbewerb: Netzsektoren in Deutschland, Physica-Verlag, 2. Aufl., Heidelberg, 251-280

Brown, S.J., Sibley, D.S. (1986), The theory of public utility pricing, Cambridge University Press, Cambridge et al.

Fasold, H.-G., Wahle, H.-N. (1996), Einfluß der Rohrrauhigkeit und der Rohrreibungszahl auf die Transportkapazität und die spezifischen Kosten von Gasrohrleitungen, gwf-Gas/Erdgas, 137/3, 109-118

Kahn, A.E. (1993), The Competitive Consequences of Hub Dominance: A Case Study, Review of Industrial Organization, 8, 381-405

Keller, K. (2005), Netznutzungspreise in liberalisierten Elektrizitätsmärkten – Eine ökonomische Analyse der Entgelte für das Höchstspannungsnetz, Freiburger Studien zur Netzökonomie 10, Nomos Verlag, Baden-Baden

Knieps, G. (1998), Das neue Trassenpreissystem: Volkswirtschaftliche Vorteile eines zweistufigen Systems, Internationales Verkehrswesen, 50. Jahrgang, 10, 466-470

Knieps, G. (2005), Wettbewerbsökonomie – Regulierungstheorie, Industrieökonomie, Wettbewerbspolitik, Springer-Lehrbuch, 2. Aufl., Berlin u. a.

Knieps, G. (2004), Die Grenzen der (De-)Regulierung im Verkehr, Zeitschrift für Verkehrswissenschaft, 3, 133-158

Locay, L., Rodriguez, A. (1992), Price Discrimination in Competitive Markets, Journal of Political Economy, 100, 954-965

Mansfield, E. (1997), Microeconomics, Theory / Applications, W.W. Norton & Company, New York & London, 9. Aufl.

Neuscheler, T. (2007), Flughäfen zwischen Regulierung und Wettbewerb – Eine netzökonomische Analyse, erscheint in: Freiburger Studien zur Netzökonomie, 13, Nomos Verlag, Baden-Baden

Niejahr, M. (1999), Europäische Aspekte des Zugangs zu Infrastrukturen: Das Beispiel der Flughäfen, in: Diskriminierungsfreier Zugang zu (Verkehrs-)Infrastrukturen: Konzepte, Erfahrungen und institutionelles Design, Schriftenreihe der Deutschen Verkehrswissenschaftlichen Gesellschaft e.V., Schriftenreihe B, B 224, 127-142

Officer, L.H. (1966), The Optimality of Pure competition in the Capacity Problem, Quarterly Journal of Economics, 80/4, 647-651

Ordover, J.A., Panzar, J.C. (1980), On the nonexistence of Pareto superior outlay schedules, Bell Journal of Economics, 11, 351-354

Phlips, L. (1983), The Economics of Price Discrimination, Cambridge University Press, Cambridge MA u.a.

Pigou, A.C. (1952), The Economics of Welfare, MacMillan, 4. Aufl., London

Steiner, P.O. (1957), Peak loads and efficient pricing, Quarterly Journal of Economics, 71, 585-610

Takayama, A. (1985), Mathematical economics, Cambridge University Press, Cambridge et al.

Taylor, L. (1994), Telecommunications Demand in Theory and Practice, Kluwer Academic Publishers, Dortrecht

Tscheulin, D.K., Lindenmeier, J. (2003), Yield-Management – Ein State-of-the-Art, Zeitschrift für Betriebswirtschaft, 73. Jg., 6, 629-662

Willig, R.D. (1978), Pareto superior nonlinear outlay schedules, Bell Journal of Economics, 9, 56-69

5 Auktionen

5.1 Grundprinzipien

Eine Auktion ist ein Marktmechanismus, der Gebote von Marktteilnehmern mittels expliziter Regeln in eine Allokation von Ressourcen transferiert. Als Ergebnis einer Auktion ergibt sich in eindeutiger Weise, welcher Marktteilnehmer zu welchem Preis ein bestimmtes Auktionsobjekt erhält (z. B. McAfee, McMillan, 1987, S. 701). Auktionen spielen in vielen Wirtschaftsbereichen von Alters her eine bedeutende Rolle. Versteigerungen von Bildern, Antiquitäten, Wein, Vieh sind nur einige Beispiele. Durch die Verbreitung des Internets hat die Auktion als Marktplatz für den Austausch von Gütern nochmals an Bedeutung gewonnen. Aber auch in den Netzsektoren besitzen Auktionen als Allokationsmechanismus für Netzdienstleistungen (z. B. Bedienung von Busstrecken) und für die Bereitstellung der Netzinfrastrukturkapazitäten (z. B. Start- und Landeslots auf Flughäfen) großes Potenzial. Am bekanntesten sind hier bisher Auktionen von öffentlichen Ressourcen, beispielsweise Funkfrequenzen, auf deren Basis Netzinfrastrukturen aufgebaut werden können. Auktionen stellen für eine marktbasierte Allokation knapper Güter keineswegs den einzigen Mechanismus dar; die üblichen Markttransaktionen zu Listenpreisen und selbst Tausch (mit und ohne Seitenzahlungen) sind als Allokationsmechanismen ebenfalls gebräuchlich.

Üblicherweise bleibt es auf den Märkten dem Eigentümer eines privaten Gutes überlassen, ob und wie er sein Eigentum nutzt, und mit welchem Allokationsmechanismus er gegebenenfalls sein Eigentum veräußert. Die komparativen Vorteile verschiedener Allokationsmechanismen kristallieren sich in diesem Fall endogen im Wettbewerbsprozess heraus. Anders verhält es sich demgegenüber, wenn die öffentliche Hand involviert ist. In diesem Fall ist Transparenz und Diskriminierungsfreiheit oberstes Gebot, unabhängig davon, ob die öffentliche Hand sich als Anbieter oder Nachfrager betätigt. So ist die Vergabe öffentlicher Aufträge typischerweise mit einer Ausschreibungspflicht verbunden. Aber auch für die Bestellung gemeinwirtschaftlicher Leistungen, oder bei der Vergabe von Wegerechten, Frequenzen etc. sind Auktionen und Ausschreibungen besonders geeignet. Aus analytischer Sicht besitzen Ausschreibungen und Versteigerungen Ähnlichkeiten; bei beiden Verfahren geht es um die Suche nach dem günstigsten Transaktionspartner (vgl. z. B. Güth, 1995).

Obwohl Auktionen seit langer Zeit in der Praxis üblich sind, hat sich eine Theorie hierzu erst ab der Mitte des letzten Jahrhunderts als Teilgebiet der nichtkooperativen

Spieltheorie entwickelt. Nichtkooperatives Verhalten lässt sich anhand der Nash-Verhaltensannahme (Nash, 1951) präzisieren. Angewandt auf Auktionen bedeutet dies, dass die Gebote der anderen Bieter als gegeben und nicht beeinflussbar angenommen werden. Jeder Bieter versucht in diesem Rahmen die für ihn beste Entscheidung zu treffen. Eine Menge von Strategien wird Nash-Gleichgewicht genannt, falls – unter der Annahme, dass die Strategien aller anderen Bieter konstant sind – kein Bieter einen größeren Nutzen durch die Wahl einer anderen Strategie erzielen kann.

Im Vordergrund der Auktionstheorie steht die Analyse und Entwicklung verschiedenartiger Auktionstypen. Die Festlegung des Auktionsobjekts und die institutionellen Rahmenbedingungen von Auktionen standen bisher in den Modellanalysen eher im Hintergrund. Die Grundzüge der Auktionstheorie zählen inzwischen zum Standardrepertoire der Einführung in die Mikroökonomie (vgl. z. B. Varian, 1999, Kapitel 17).[50]

In der Literatur zur Auktionstheorie werden verschiedene Kriterien zur Bewertung der „Qualität" eines Auktionsdesigns herangezogen. Hierzu zählen insbesondere die erzielbaren Erträge, die Anreize zur Kollusionsbildung, die Möglichkeit Wertinterdependenzen zwischen den Versteigerungsobjekten zu berücksichtigen und der Komplexitätsgrad der Implementierung (vgl. Milgrom, 1987; Robinson, 1995; Wolfstetter, 1996; Klemperer, 2002).

Als Fazit aus der umfangreichen Literatur lässt sich festhalten, dass es nicht ein einziges ideales Auktionsdesign gibt, das universell empfohlen werden könnte: „Furthermore, anyone setting up an auction would be foolish to follow past successful designs blindly; auction design is *not* 'one size fits all'" (Klemperer, 2002, S. 187). An Stelle der Konstruktion eines „idealen" Auktionsmechanismus, geht es folglich im Sinne einer komparativen institutionellen Analyse (Demsetz, 1969) vor allem darum, einerseits die Rolle von Auktionen im Kontext alternativer Allokationsmechanismen zu untersuchen und andererseits die Bestimmungsfaktoren für einen Institutionenwettbewerb bei der Suche nach besseren Auktionsverfahren herauszuarbeiten.

In diesem Kapitel soll die Frage im Mittelpunkt stehen, welche Potenziale Ausschreibungen und Auktionen in Netzsektoren besitzen und welche netzspezifischen Probleme sich dabei ergeben, die bisher von der Auktionstheorie nicht oder nur unzulänglich behandelt worden sind. Es wird sich zeigen, dass insbesondere den unterschiedlichen Ausschreibungszielen sowie der geeigneten Festlegung des Ausschreibungsobjekts eine herausragende Bedeutung zukommt.

---

[50] Weiterführende Überblicke finden sich z. B. in Klemperer (2004, S. 9-72) und in Lipczynski, Wilson, Goddard (2. Aufl. 2005, Kapitel 11).

5.1.1 Elemente eines Auktionsdesigns

5.1.1.1 Private-Value-Auktionen versus Common-Value-Auktionen

Asymmetrische Information ist ein zentrales Element von Auktionen. Der Verkäufer hat keine vollständige Information über die individuellen Bewertungen (Zahlungsbereitschaften) der Bieter für das Auktionsobjekt und die Bieter haben keine vollständige Information über die Bewertungen bzw. Zahlungsbereitschaften der anderen Bieter.

Es existieren zwei extreme Alternativen über die Verteilung der Bewertungen der Bieter (polare Fälle):

◼ Unabhängige Private-Value-Auktionen

Jeder Bieter bewertet das Auktionsobjekt individuell, so dass der Private-Value der individuellen Zahlungsbereitschaft entspricht. Diese persönlichen Bewertungen des Auktionsobjekts unterscheiden sich von Bieter zu Bieter, und es existiert kein objektiver Referenzwert (innerer Wert), auf den sich die Bieter festlegen können. Ein Beispiel hierfür ist die Versteigerung eines Bildes von einem unbekannten Künstler, das von den einzelnen Bietern unterschiedlich eingeschätzt wird.

◼ Reine Common-Value-Auktionen

Das Auktionsobjekt hat einen eindeutigen, objektiven Wert, der für alle Bieter übereinstimmt. Allerdings ist den Bietern dieser Wert nicht bekannt. Auf der Basis von privater Information oder Signalen, die zwischen den Bietern variieren, erstellt jeder Bieter eine unabhängige Einschätzung dieses objektiven Werts. Ein Beispiel hierfür ist die Versteigerung von Bohrrechten. In einer Auktion für Förderrechte von Öl bestimmt das im Ölfeld vorhandene Öl den objektiven Wert dieses Förderrechts, der – bei gegebenem Ölpreis – von allen Bietern als identisch angesehen wird. Zum Versteigerungszeitpunkt allerdings kennen die Bieter die Menge des tatsächlich vorhandenen Öls nicht, obwohl jeder Bieter seine private Einschätzung vorgenommen hat. Die private Einschätzung eines Bieters kann dann von dem Wissen über die Einschätzung der anderen Bieter beeinflusst werden.

◼ Mischformen von Private-Value- und Common-Value-Auktionen

Die individuelle Bewertung eines Auktionsobjekts hängt sowohl von dem individuellen Geschmack als auch von dem objektiven Referenzwert ab (z. B. dem erwarteten am Markt erzielbaren Preis). Beispiele hierfür sind Sammlergegenstände, Liebhaberobjekte oder Antiquitäten, bei denen der marktmäßige Schätzpreis über- oder auch unterboten werden kann.

5.1.1.2 Öffentliche versus geheime Gebote

Es gilt zu unterscheiden zwischen öffentlichen Auktionen, bei denen die Bieter die Gebote der anderen Bieter kennen und Gegengebote machen können (Englische und Holländische Auktionen) und geheimen Auktionen, bei denen die Bieter ihre Gebote simultan unterbreiten, ohne diese den anderen Bietern offenzulegen (Geheime Höchstpreisauktion und Vickrey-Auktion). Darüber hinaus gibt es eine Vielzahl von Mischformen, wie beispielsweise die Englisch-Holländische Auktion.

■ Englische Auktion

Es handelt sich um eine aufsteigende, öffentliche Bietauktion. Zunächst wird ein Mindestpreis angesetzt, den viele Bieter bezahlen würden, und dann sukzessive erhöht, bis nur ein Bieter verbleibt. Der letzte verbleibende Bieter mit dem höchsten Gebot erhält den Gegenstand und die Auktion endet.

■ Holländische Auktion

Es handelt sich hier um eine absteigende, öffentliche Bietauktion. Zunächst wird der Preis zu einem sehr hohen Niveau angesetzt, den kein Bieter zu zahlen bereit wäre, und dann sukzessive gesenkt, bis ein Bieter bereit ist, diesen Preis zu zahlen. Der Bieter erhält den Gegenstand zu diesem Gebot und die Auktion endet.[51]

■ Geheime Höchstpreisauktion

Hier legen alle Bieter unabhängig voneinander ein einziges Gebot vor, ohne Kenntnis der Gebote der anderen Bieter. Der Bieter mit dem höchsten Gebot erhält den Zuschlag und bezahlt den Preis der seinem Gebot entspricht. Geheime Höchstpreisauktionen werden bei Versteigerungen von Förderrechten für Öl, Gas, Mineralien etc. durch die öffentliche Hand angewandt.[52]

■ Vickrey-Auktion (Geheime Zweithöchstpreisauktion)

Alle Bieter legen unabhängig voneinander ein einziges Gebot vor, ohne Kenntnis des Gebots der anderen Bieter. Der höchste Bieter erhält den Zuschlag, aber er bezahlt den Preis des zweithöchsten Gebots.[53] Vickrey-Auktionen werden für die Versteigerung von Briefmarken eingesetzt und auch für einige Auktionen im Internet. Auch für die Versteigerung von Strom wurde dieser Auktionstyp diskutiert (Lucking-Reiley, 2000).

---

[51] Der Begriff Holländische Auktion stammt daher, weil in den Niederlanden dieser Auktionstyp zur Versteigerung von Tulpenzwiebeln entwickelt wurde.

[52] Eine spezielle Variante der geheimen Höchstpreisauktion, bei der der erfolgreiche Bieter im Rahmen einer Ausschreibung unter Umständen von seinem Gebot zurücktreten kann, wird auch Schweizerische Auktion genannt (von Ungern-Sternberg, 1991).

[53] Der Begriff Vickrey-Auktion geht auf William Vickrey zurück, der wesentliche Beiträge zur Auktionstheorie verfasst hat (z. B. Vickrey, 1961).

Vickrey-Auktionen finden allerdings trotz ihrer theoretischen Eleganz im Vergleich zu anderen Auktionsformen eher selten Anwendung (Rothkopf et al., 1990).

■ Englisch-Holländische Auktion

Es handelt sich um eine aufsteigende Auktion, in der der Preis ansteigt, bis lediglich eine kleine, vorher festgelegte Anzahl von Bietern übrig bleibt. Die verbleibenden Bieter sind dann aufgefordert, ein geheimes Gebot zu unterbreiten, welches das letzte Gebot nicht unterlaufen darf. Der Gewinner bezahlt entsprechend dem höchsten Gebot. Die Versteigerungen bei eBay haben gewisse Ähnlichkeiten mit Englisch-Holländischen Auktionen. Da bei eBay das Versteigerungsende angegeben wird, d. h. der Zeitpunkt bis zu welchem Gebote abgegeben werden können, handelt es sich hier in der Schlussphase faktisch um eine geheime Auktion. Aufgrund des festgelegten Schlusszeitpunkts bieten viele Bieter oft nur während der letzten Sekunden, so dass sie auf Gebote anderer Bieter nicht mehr reagieren können (Klemperer, 2002, S. 181 f.).

5.1.1.3 Einzelobjekt-Auktionen versus Versteigerungen mehrerer Einheiten von Auktionsobjekten

Ein großer Teil der Auktionstheorie beschäftigt sich mit der Versteigerung von einzelnen, nicht teilbaren Auktionsobjekten. Die Literatur über die gleichzeitige Versteigerung mehrerer Einheiten von Auktionsobjekten ist bisher weit weniger entwickelt und stellt gegenwärtig ein sehr aktives Forschungsfeld dar (vgl. Klemperer, 2004, S. 29). Es kann sich dabei sowohl um homogene Einheiten, als auch um Qualitätsdifferenzierungen handeln. Folgende Fälle können unterschieden werden.

■ Jeder Bieter fragt maximal eine Einheit des Auktionsobjekts nach (z. B. nichtübertragbare Eintrittskarten).

■ Die Bieter haben die Wahlmöglichkeit einzelne Einheiten oder aber auch Kombinationen von Einheiten zu ersteigern (z. B. Streckenlizenzen im Busverkehr). Hier handelt es sich um kombinatorische Auktionen, deren Vorteil darin besteht, dass die Bieter detaillierter ihre Präferenzen äußern können. Dies ist insbesondere dann der Fall, wenn die verschiedenen Einheiten zueinander komplementär sind (vgl. Cramton, et al., 2006, S. 4).

5.1.2 Grundprobleme der Auktionstheorie

5.1.2.1 Common-Value-Auktionen und der Fluch des Gewinners

Der Fluch des Gewinners bezeichnet die Gefahr, dass der Gewinner mit der höchsten individuellen Bewertung den objektiven Wert des Versteigerungsobjekts überschätzt. Der Gewinner der Auktion ist dann der eigentliche Verlierer, da er mehr als den wahren Wert des Auktionsobjekts bezahlt. In Private-Value-Auktionen kann dagegen der

Fluch des Gewinners nicht auftreten, da die einzelnen Bieter das Versteigerungsobjekt individuell bewerten.

5.1.2.2 Anreizkompatibles versus strategisches Bieten

Anreizkompatibilität in einer Auktion bedeutet, dass die Bieter ihre Gebote gemäß ihren individuellen Zahlungsbereitschaften abgeben. Demgegenüber bedeutet strategisches Bieten, dass es sich für die Bieter lohnen kann, ihre Gebote unter ihren individuellen Zahlungsbereitschaften abzugeben. Im Folgenden soll aufgezeigt werden, welche der Auktionen anreizkompatibel sind und welche strategisches Bieten hervorrufen. Im Fall des strategischen Bietens wird unterstellt, dass die Bieter risikoneutral sind und ausschließlich auf den Erwartungswert des Auktionsergebnisses abstellen. Sie sind indifferent zwischen einem sicheren Zuschlag mit einer Rente a oder einer Wahrscheinlichkeit von 0,5, die Auktion zu gewinnen mit einer Rente $2a$.

■ Anreizkompatibilität der Englischen Auktion und der Vickrey-Auktion

In der Englischen Auktion besteht die optimale Strategie eines Bieters darin, so lange zu bieten, bis der Preis die individuelle Zahlungsbereitschaft erreicht und sich von der Auktion zurückzuziehen, sobald der Preis diesen Wert überschreitet. Es kommt derjenige Bieter mit der höchsten Zahlungsbereitschaft zum Zuge. Falls das Gebot erfolgreich ist, erhält der Bieter eine Konsumentenrente in Höhe der Differenz zwischen seiner individuellen Zahlungsbereitschaft und dem erfolgreichen Gebot. Falls das Gebot erfolglos ist, gewinnt und verliert der Bieter nichts.

Bei der Vickrey-Auktion bezahlt der Bieter mit dem höchsten Gebot den Preis, der dem zweithöchsten Gebot entspricht. Die optimale Bietstrategie besteht dann wie bei der Englischen Auktion darin, ein Gebot abzugeben, das der individuellen Zahlungsbereitschaft entspricht; denn falls ein Bieter ein Gebot über seiner individuellen Zahlungsbereitschaft abgibt, kann dies im ungünstigen Fall zur Folge haben, dass er den Zuschlag für das zweithöchste Gebot bekommt, dieses aber ebenfalls noch über seiner individuellen Zahlungsbereitschaft liegt.[54] Falls ein Bieter ein Gebot unter seiner individuellen Zahlungsbereitschaft abgibt, kann dies im ungünstigen Fall zur Folge haben, dass er den Zuschlag nicht erhält, obwohl seine individuelle Zahlungsbereitschaft noch nicht ausgeschöpft ist.[55] Jeder Bieter kann folglich seine wahre Zahlungsbereitschaft angeben ohne fürchten zu müssen, dass er aufgrund seiner wahren Angabe mehr zahlen muss.

---

[54] Im günstigen Fall ist die Höhe des Gebotes über der individuellen Zahlungsbereitschaft irrelevant, da der zweithöchste Preis dadurch nicht betroffen ist.

[55] Im günstigen Fall ist die Höhe des Gebotes unter der individuellen Zahlungsbereitschaft irrelevant, da der zweithöchste Preis dadurch nicht betroffen ist.

■ Strategisches Bieten bei der Holländischen Auktion und der Geheimen Höchstpreisauktion

Bei der Holländischen Auktion ist die optimale Strategie für einen Bieter, zu warten bis der Preis unter seine individuelle Zahlungsbereitschaft gefallen ist und danach ein Gebot zu machen. Erhält er damit den Zuschlag, erwirbt er eine Bieterrente in Höhe der Differenz zu seiner Zahlungsbereitschaft. Erhält ein anderer Bieter den Zuschlag, hat er dadurch aufgrund der angenommenen Risikoneutralität keinen Verlust. Im Gegensatz zur Englischen Auktion beeinflusst Risikoaversion die optimale Bietstrategie. Der risikoaverse Bieter ist bereit, eine Reduktion der verbleibenden Konsumentenrente bei Gewinn der Auktion gegen eine höhere Wahrscheinlichkeit die Auktion zu gewinnen einzutauschen (vgl. Libczynski et al., 2005, S. 403).

Bei der Geheimen Höchstpreisauktion lohnt es sich für die Bieter, ebenfalls Gebote unter ihren individuellen Zahlungsbereitschaften abzugeben. Dabei gilt es abzuwägen zwischen der Zunahme der erwarteten Bieterrente durch niedrigere Gebote und der Abnahme der Wahrscheinlichkeit den Zuschlag zu erhalten. Unter der Annahme gleich verteilter, unabhängiger individueller Zahlungsbereitschaften V_i der Bieter i ($i=1,\ldots,N$) und Risikoneutralität kann gezeigt werden, dass im Nash-Gleichgewicht die optimale Bietstrategie für jeden Bieter darin besteht, ein Gebot B_i zu unterbreiten, das wie folgt lautet:

(5.1) $$B_i^* = \frac{N-1}{N} \cdot V_i, \qquad\qquad i=1,\ldots,N$$

Falls lediglich 2 Bieter auftreten, bietet jeder Bieter entsprechend der Hälfte seiner individuellen Zahlungsbereitschaft. Falls 3 Bieter auftreten, bietet jeder Bieter $^2/_3$ seiner Zahlungsbereitschaft. Bei 100 Bietern, bietet jeder Bieter $^{99}/_{100}$ seiner Zahlungsbereitschaft. Folglich gilt, dass bei einer Zunahme der Anzahl der Bieter das optimale Gebot sich der individuellen Zahlungsbereitschaft annähert. Risikoaverses Bieterverhalten beeinflusst ebenfalls die optimale Bietstrategie, da risikoaverse Bieter höhere Gebote unterbreiten als risikoneutrale Bieter (Libczynski et al., 2005, S. 394 ff.).

5.1.2.3 Preis- und Qualitätsdifferenzierung bei Versteigerung mehrerer Einheiten eines Auktionsobjekts

Ein wesentliches Charakteristikum von Auktionen im Vergleich zu anderen Allokationsmechanismen besteht in ihrer Eigenschaft, die individuellen Zahlungsbereitschaften der Nachfrager offen zu legen. Wenn auf einer Auktion mehrere Einheiten eines Auktionsobjektes versteigert werden, so können die unterschiedlichen individuellen Zahlungsbereitschaften der Bieter abgeschöpft werden. Angenommen, jeder Bieter ersteigert eine Einheit oder kommt gar nicht zum Zug. In der Auktion wird die erste Einheit an den Bieter mit der höchsten Zahlungsbereitschaft und die letzte Einheit an den Bieter mit der geringsten Zahlungsbereitschaft gehen. Es handelt sich um eine Preisdifferenzierung ersten Grades (vgl. Knieps, 2005, S. 206 f.).

Die verschiedenen Einheiten des Auktionsobjekts können sich in ihrer Qualität auch unterscheiden. Bei der Versteigerung dieser Einheiten schlagen sich die unterschiedlichen Produktqualitäten endogen in den Preisen nieder. Hiervon zu unterscheiden sind Versteigerungen von Objekten, die unterschiedlichen Produktkategorien angehören. In einem solchen Fall handelt es sich weder um Preisdifferenzierung noch um die Versteigerung mehrerer Einheiten eines Auktionsobjektes.

5.2 Auktionen in Netzindustrien

5.2.1 Netzspezifische Besonderheiten

In der Auktionstheorie wird die Entscheidung, eine Auktion als Allokationsverfahren einzusetzen, typischerweise vorausgesetzt. Oftmals wird aus Vereinfachungsgründen außerdem von einem wohl definierten Versteigerungsobjekt ausgegangen und als Ziel der Auktion wird die Maximierung des Erlöses angenommen. Im Zentrum steht dann die Frage nach der Leistungsfähigkeit des Auktionsdesigns.

Für die Anwendung der Auktionstheorie in Netzsektoren ist es erforderlich, zwischen folgenden Problembereichen zu unterscheiden.

■ Ausschreibungs-/Auktionskompetenz

Ausgangspunkt ist die Frage, welche Entscheidungsfreiheit der Verkäufer bei der Wahl und Ausgestaltung des Allokationsverfahrens hat. Der Referenzpunkt in einer Marktwirtschaft besteht in der freiwilligen Entscheidung der potenziellen Käufer (Bieter) und der Verkäufer, ob sie an einer Versteigerung teilnehmen möchten. Der Verkäufer kann zwischen bestehenden Auktionsplattformen wählen oder eine eigene Auktionsplattform aufbauen. Bei Aufträgen der öffentlichen Hand ab einem bestimmten Mindestbetrag besteht dagegen Ausschreibungspflicht. Obwohl eine Zuteilung öffentlicher Ressourcen (z. B. Lizenzen) nicht zwangsläufig über Versteigerungen erfolgen muss, sind diese zur Erfüllung der Verpflichtung zur Diskriminierungsfreiheit und Transparenz besonders geeignet. Auch zur Bestellung von politisch erwünschten defizitären Universaldienstleistungen ist die Ausschreibung von Bedeutung. Da defizitäre Universaldienste im Wettbewerb nicht spontan bereitgestellt werden, müssen Art und Umfang dieser Leistungen im politischen Prozess festgelegt und gleichzeitig auch ihre Finanzierung gewährleistet werden. Erforderlich ist dabei eine trennscharfe Schnittstelle zwischen der Bestellerfunktion (Aufgabenträger) einerseits und dem Anbieter von Netzleistungen (Auftragnehmer) andererseits (vgl. Kapitel 7). Da Ausschreibungen und Auktionen marktmäßige Allokationsverfahren auf geöffneten Märkten darstellen, sind sie mit „Großvaterrechten" prinzipiell unvereinbar. Notwendige

Voraussetzung dafür, dass Auktionen als Allokationsmechanismen bei der Bereitstellung von Netzleistungen eingesetzt werden können, ist die institutionelle Rahmenbedingung einer umfassenden Marktöffnung (vgl. Reformbedarf bei ÖPNV, Slotvergabe auf Flughäfen etc.).

■ Ausschreibungs- und Auktionsziele

Ausschreibungen und Versteigerungen haben mit anderen marktlichen Allokationsmechanismen gemeinsam, dass sie die Interessen der Verkäufer und der Käufer möglichst zum Ausgleich bringen.

Das Ziel der allokativen Effizienz macht es erforderlich, dass die Ausschreibungsobjekte an den Bieter mit dem höchsten Nutzen gelangen, solange der erzielbare Preis über dem Reservationspreis des Verkäufers liegt. Allerdings soll auch vermieden werden, dass ein Bieter ein Ausschreibungsobjekt überzahlt (Fluch des Gewinners). Analoges gilt auch für den Besteller in Form einer Ausgabenminimierung.

Die Versteigerungstheorie stellt das Erlösziel des Verkäufers in den Mittelpunkt. Absprachen zwischen Bietern sollen möglichst verhindert werden. Gleichermaßen soll auch ein Verdrängungswettbewerb zu Lasten neu eintretender Bieter vermieden werden. Nur so ist es möglich, die maximale Quasirente für ein Versteigerungsobjekt zu erzielen. Das Ziel der Erlösmaximierung kann allerdings in Netzsektoren zu einer aus volkswirtschaftlicher Sicht unerwünschten Monopolrente führen. Die Konzeption einer Auktion, die dem Verkäufer den höchsten erwarteten Gewinn erbringt, kann daher in Netzsektoren in Konflikt geraten mit dem Ziel einer Preisniveau-Regulierung (vgl. Kapitel 8).

5.2.1.1 Auktionen und Netzwettbewerb

In Netzbereichen, in denen ein einziger Anbieter den relevanten Markt kostengünstiger bedienen kann als mehrere Anbieter (natürliches Monopol), haben Auktionen eine besondere Funktion. Versteigerungen des Rechts, Anbieter auf einem Markt mit der Marktform eines natürlichen Monopols zu sein, können unter bestimmten Voraussetzungen den fehlenden aktiven Wettbewerb auf dem Markt ersetzen. Gemäß Demsetz (1968, S. 58) sind die beiden folgenden Bedingungen entscheidend für das Funktionieren eines Versteigerungsprozesses um ein natürliches Monopol:

■ Wettbewerb auf den Inputmärkten (viele potenzielle Bieter) sowie

■ keine Absprachen zwischen den an der Versteigerung teilnehmenden Konkurrenten.

Demsetz macht keinen konkreten Vorschlag zur institutionellen Ausgestaltung des Ausschreibungsprozesses. Es geht ihm in erster Linie darum, die Disziplinierungswirkung des potenziellen Wettbewerbs bei Vorliegen eines natürlichen Monopols aufzuzeigen.

Bisher wurden in Netzsektoren die Potenziale von Ausschreibungen und Auktionen noch nicht voll ausgeschöpft. Eine wesentliche Ursache besteht darin, dass Verpflichtungen zur Anwendung marktlicher Allokationsverfahren nicht konsequent umgesetzt werden und auf Ausschreibungen und Auktionen verzichtet wird.

Im Verkehrssektor sind beispielsweise Großvaterrechte und Marktschließung durch Streckenkonzessionen immer noch von erheblicher Bedeutung. So werden im öffentlichen Personennahverkehr (ÖPNV) Streckenlizenzen immer noch in starkem Umfang freihändig vergeben und nicht im Rahmen eines diskriminierungsfreien Ausschreibungswettbewerbs. Aktiver und potenzieller Wettbewerb im ÖPNV kann nur wirksam werden, wenn die Verleihung von Ausschließlichkeitsrechten und Altunternehmerprivilegien abgeschafft wird. Wettbewerb um einen Markt wird ermöglicht, falls Konzessionen für einzelne Linien oder einen Verbund von Linien an den billigsten Betreiber versteigert werden. Dabei sollten jene Unternehmen ermittelt werden, die bereit sind, die in Qualität und Menge festgelegten Mindestleistungen zu den günstigsten Bedingungen anzubieten. Die Streckenkonzessionen sollten ohne Vorrangbestimmungen und Besitzstandsklauseln auf Zeit erteilt werden.

Großvaterrechte spielen bei der Slotvergabe auf Flughäfen nach wie vor eine große Rolle. Start- und Landerechte werden in Europa nach wie vor nicht abhängig vom sich verändernden Bedarf neu verteilt, sondern verbleiben bei derjenigen Fluggesellschaft, die zuerst die Zuteilung erhalten hat. Dies gilt selbst dann, wenn eine Fluggesellschaft dieses Recht nicht ausschöpft oder eine andere Fluggesellschaft eine bessere Verwendung dafür besitzt. Durch eine Versteigerung von Start- und Landeslots könnten die Vorteile einer langfristigen Fahrplangestaltung beibehalten werden, gleichzeitig würde jedoch der Luftverkehrsmarkt auch für Marktneulinge geöffnet.

5.2.1.2 Komplexität des Auktionsobjekts in Netzen

Unabhängig davon, welcher Allokationsmechanismus zum Zuge kommt, muss zunächst das Transaktionsobjekt definiert werden. Dies wird in der Auktionstheorie kaum problematisiert, da normalerweise Auktionsobjekte einzeln gehandelt werden können. Dies ist anders bei Vorliegen von Netzinterdependenzen. Grundsätzlich gilt es zu unterscheiden zwischen dem kleinsten ökonomisch sinnvollen Versteigerungsobjekt einerseits und Externalitäten zwischen verschiedenen Versteigerungsobjekten andererseits. Je umfassender das Versteigerungsobjekt gewählt wird, umso geringer sind die Gefahr von negativen Externalitäten und die Möglichkeit von Wertinterdependenzen zwischen den Objekten. Umgekehrt gilt, je kleiner das Versteigerungsobjekt wird, desto größer ist die Gefahr von negativen Externalitäten.[56]

Interdependenzen und Netzexternalitäten variieren erheblich auf den unterschiedlichen Netzebenen. Es gilt zu unterscheiden zwischen Netzexternalitäten bei der Bereit-

---

[56] Das Problem der negativen Externalitäten aufgrund von Interferenzen zwischen nebeneinander liegenden Frequenzbändern wurde von Coase (1959) systematisch analysiert.

stellung von Netzdienstleistungen und solchen bei der Bereitstellung von Netzinfrastrukturkapazitäten. Während das kleinste Auktionsobjekt die Belegung einer Zugtrasse sein kann, sind Zugüberwachungssysteme typischerweise großräumig dimensioniert. Zur Bereitstellung von Netzdienstleistungen können komplementäre Netzkapazitäten erforderlich sein. So erfordert etwa ein Flug nicht nur ein Start- sondern auch ein Landerecht. Die Menge der Start- und Landerechte auf unterschiedlichen Flughäfen sind jedoch voneinander unabhängig, da sie für vielerlei Destinationen verwendet und daher auch unabhängig voneinander gehandelt werden können (vgl. Abschnitt 3.1).

5.3 Disaggregierte Ausschreibungen und Auktionen in Netzsektoren

Die vielfältigen Potenziale von Ausschreibungen und Auktionen sind sowohl auf der Ebene der Netzdienstleistungen, als auch des Infrastrukturmanagements, der Netzinfrastruktur und der öffentlichen Ressourcen, auf deren Basis Netzinfrastrukturen aufgebaut werden können von Bedeutung (vgl. Knieps, 2004). Im Folgenden werden einzelne Fallbeispiele illustrativ herausgegriffen.

5.3.1 Ausschreibungen im Öffentlichen Personennahverkehr (ÖPNV)

Die Anforderungen für eine Integration der Tarifgestaltung, Tarifverbundsysteme und der Fahrplankoordination erfordern keinesfalls, dass die öffentliche Hand als Besteller gleichzeitig auch die unternehmerischen Aufgaben im ÖPNV wahrnimmt. Eine Vorgabe der Bedienungsqualität zu einem politisch erwünschten Tarif impliziert keineswegs die gleichzeitige Übernahme der unternehmerischen Aufgabe. Diese sollte vielmehr im Rahmen eines Ausschreibungswettbewerbs vergeben werden, wobei gleichzeitig der kostengünstigste Verkehrsanbieter ermittelt wird.

Wettbewerb um einen Markt wird ermöglicht, falls Konzessionen für einzelne Linien oder einen Verbund von Linien an den billigsten Betreiber versteigert werden. Dabei sollten jene Unternehmen ermittelt werden, die bereit sind, die in Qualität und Menge festgelegten Mindestleistungen zu den günstigsten Bedingungen anzubieten. Wettbewerb in einem Markt wird ermöglicht, wenn – etwa im rentablen Überlandlinienverkehr – mehrere Anbieter gleichzeitig eine Konzession erwerben können oder quantitative Marktzutrittsbeschränkungen völlig entfallen und die Tarife sich frei bilden können. Es ist zu erwarten, dass Ausschreibungswettbewerb im ÖPNV besonders Erfolg versprechend ist, da sowohl Autobusse als auch Züge mobil und nicht an eine bestimmte Strecke bzw. an ein bestimmtes geographisches Netz gebunden sind und folglich keine irreversiblen Kosten auftreten, auf denen strategisches Verhalten basieren kann. Voraussetzung ist allerdings, dass kein Anbieter von Bus- oder Eisenbahnverkehr einen bevorzugten Zugang zu den Infrastrukturen oder eine bevorzugte Behandlung bei der Fahrplangestaltung erhält. Trassenpreiskataloge dürfen folglich keine Diskriminierungselemente zum Nachteil von Marktneulingen enthalten.

Bei der Ausschreibung dieser defizitären Netzleistung besteht das beste Gebot in der Bereitstellung dieser Leistung zum niedrigsten Subventionsbedarf. Die Zielsetzung, durch Ausschreibung eines Bündels von lukrativen und defizitären Netzleistungen – mit einer damit einhergehenden Marktschließung während der Laufzeit der Konzession – den Subventionsbedarf zu senken ist zwangsläufig mit dem Nachteil verknüpft, die Potenziale des aktiven Wettbewerbs auf den lukrativen Strecken nicht ausschöpfen zu können.

Aktiver Wettbewerb zwischen unterschiedlichen Anbietern von Nahverkehrsleistungen kann ein Koordinationsproblem bei der Bereitstellung von Netzdienstleistungen bewirken. Im Öffentlichen Personennahverkehr stellt sich das Problem der Fahrplankoordination. Die Entscheidungen über Häufigkeit und Zeitpunkt der Bereitstellung des Verkehrsangebots und der bereit zu stellenden Servicequalität liegen dabei in der Hand der Bestellerin und sind Gegenstand des Auktionsverfahrens.[57]

Ein frühes Beispiel ist die Versteigerung der Bedienung von Busstrecken in der City of London. Bereits im Jahre 1984 wurden erste Strecken im Großraum von London versteigert. Dabei wurden der Aufbau des Busnetzes und alle dazugehörigen Komponenten des Transportangebotes wie Häufigkeit, Bustypen, Routenplanung, Umsteigepunkte von der London Regional Transport als Bestellerin festgelegt. Lediglich die tatsächliche Bereitstellung der Busdienste wurde mit dem Ziel einer Kostenminimierung ausgeschrieben. Dabei wurden sowohl einzelne Streckenabschnitte als auch Netzteile (Streckenpakete) als Versteigerungsobjekte zugelassen. Die Lizenzen wurden für einen längeren Zeitraum (in der Regel für 5 Jahre) in Form von Brutto-Kostenverträgen vergeben. Die Auktion gewann derjenige, der die Bedienung einer bestimmten Strecke zu der niedrigsten Kompensation anbot. Die Erträge aus den Fahrten gingen an die für die Vergabe zuständige London Regional Transport. Es handelte sich um die ersten Anwendungen einer kombinatorischen Auktion, die immer noch erhebliche praktische Relevanz hat (Cantillon, Pesendorfer, 2006, S. 574, 589).

Inzwischen finden Ausschreibungswettbewerbe für lokale Busdienste in verschiedenen europäischen Ländern zunehmend Anwendung. Besonders in den skandinavischen Ländern ist der Ausschreibungswettbewerb in diesem Sektor gut etabliert und hat dort zum Teil zu erheblichen Einsparungen öffentlicher Subventionen geführt. Die Kommunen erfüllen dabei eine zentrale Linien- und Netzplanung im innerstädtischen

---

[57] Die vielfältigen Möglichkeiten, das Koordinationsproblem im ÖPNV auch bei permanent geöffneten Märkten zu lösen, wurden von Weiß (1999) ausführlich aufgezeigt.

öffentlichen Personennahverkehr und legen dabei auch die politisch gewünschten Qualitätsstandards fest (vgl. Bekken et al., 2006)

5.3.2 Versteigerung von Frequenzen

Die Ebene der öffentlichen Ressourcen, auf deren Basis Netzinfrastrukturen aufgebaut werden können, lässt sich zunächst als Pool der Menge aller potenziellen Eigentumsrechte an Boden, Luft, Weltraum oder Wasser auffassen. Voraussetzung für das Entstehen wohldefinierter Property Rights und einhergehend handelbarer Eigentumsrechte ist der hoheitliche Akt der Strukturierung der potenziellen Rechte (transparente Festlegung und Parzellierung). Beispiele hierfür sind Rechte an natürlichen Ressourcen wie Frequenzen und Wegerechte. Hiervon zu unterscheiden sind Ordnungssysteme, die den Charakter eines öffentlichen Gutes besitzen, ähnlich dem Metermaß oder den Postleitzahlsystemen. Bei diesen Ordnungssystemen gibt es keine Rivalität im Konsum und ein Ausschluss Dritter ist hier ökonomisch nicht sinnvoll. Anders verhält es sich bei Frequenzen und Wegerechten, deren Nutzung als Input für den Netzaufbau mit direkter Rivalität verbunden ist und deren Inanspruchnahme positive Opportunitätskosten besitzt.

Die Zuteilung dieser öffentlichen Ressourcen erfolgte in der Vergangenheit weitgehend nach administrativen Regeln. Erst seit den letzten Jahrzehnten werden hier vermehrt marktbasierte Allokationsverfahren eingesetzt. Besonders populär wurden Verfahren zur Versteigerung von Frequenzen. Obwohl bereits im Jahre 1958 der amerikanische Kongress Anhörungen zu dieser Thematik hielt – und R.H. Coase in seinem Aufsatz „The Federal Communications Commission" 1959 Versteigerungen ausdrücklich befürwortete – dauerte es bis 1993, dass der amerikanische Kongress einer Versteigerung des Frequenzspektrums zustimmte (McMillan, 1994, S. 117).

Die Versteigerung von Mobilfunklizenzen der dritten Generation (UMTS) fand in Großbritannien im April 2000 statt und in der Folge auch in anderen europäischen Ländern. Während weitgehende Einigkeit darüber herrschte, dass eine Versteigerung ein effizienterer Allokationsmechanismus ist als der so genannte „Beauty Contest" (d.h. die freihändige Zuweisung an die „geeigneten" Bewerber), stand die Suche nach dem bestem Auktionsdesign und dem geeigneten Auktionsobjekt in Form von Frequenzpaketen im Mittelpunkt (vgl. z. B. Abbink et al., 2005; Klemperer, 2002, S. 184 ff.; Seifert, Ehrhart, 2005). Der Erlös der Versteigerung für die öffentliche Hand, die Gefahr der Kollusion unter Bietern sowie die Verdrängung von Marktneulingen und das Risiko des Überbietens (Fluch des Gewinners) standen dabei im Vordergrund. In den unterschiedlichen Ländern bildeten sich unterschiedliche Auktionsformen heraus, wobei sowohl die Auktionsobjekte als auch die Auktionsregeln erheblich variierten.

In Großbritannien wurden fünf Lizenzen mit einer vorgegebenen Bandbreite versteigert, wobei jeder Bieter maximal eine Lizenz ersteigern konnte. Die Bandweite der

Lizenzen variierte, so dass die unterschiedlichen Lizenzen unterschiedliche Werte besaßen. Die wertvollste Lizenz wurde dabei für einen Marktneuling reserviert (vgl. Seifert, Ehrhart, 2005, S. 230 ff.). Während die Regierung ursprünglich eine Englisch-Holländische Auktion plante mit einer Schlussrunde mit fünf Bietern, die ihre finalen Gebote geheim abzugeben hatten, entschied sie sich schließlich doch für eine reine aufsteigende Auktion (Klemperer, 2002, S. 184 f.).

In Deutschland wurde die Anzahl der Lizenzen dagegen nicht von vornherein vorgegeben. Die Gebote bestanden aus multiplen Objekten (Frequenzblöcken), so dass die Gesamtzahl der Lizenzen und die Bandbreiten sich endogen innerhalb einer aufsteigenden Auktion herausstellten (Seifert, Ehrhart, 2005, S. 232 f.).

Übungsaufgaben

5-1: Vickrey-Auktionen

Erläutern Sie das Grundprinzip einer Vickrey-Auktion und begründen Sie, warum diese die Bieter zum ehrlichen Bieten veranlasst. Welche Rolle spielt hierbei die Annahme der Risikoneutralität?

5-2: Auktionen und Preisdifferenzierung

Unter welcher Voraussetzung führen Auktionen zu Preisdifferenzierung?

5-3: Auktionen in Netzindustrien

Erläutern Sie die Rolle von Ausschreibungen zur Bereitstellung von Universaldienstleistungen.

5-4: Ausschreibungswettbewerb

Erläutern Sie die Rolle des Ausschreibungswettbewerbs am Beispiel des Londoner Busverkehrs.

Literatur

Abbink, K., Irlenbusch, B., Pezanis-Christou, P., Rockenbach, B., Sadrieh, A., Selten R. (2005), An Experimental test of design alternatives for the British 3G/UMTS auctions, European Economic Review, 49, 505-530

Bekken, J.-T., Longva, F., Fearley, N., Osland, O. (2006), Norwegian experience with tendered bus services, European Transport / Trasporti Europei, 33, 29-40

Cantillon, E., Pesendorfer, M. (2006), Auctioning Bus Routes: The London Experience, in: P. Cramton, Y. Shoham, R. Steinberg (eds.), Combinatorial Auctioning, MIT Press Cambridge, MA, London, 573-591

Coase, R.H. (1959), The Federal Communications Commission, Journal of Law and Economics, 2, 1-40

Cramton, P., Shoham, Y., Steinberg, R. (2006), Introduction to Combinatorial Auctions, in: P. Cramton, Y. Shoham, R. Steinberg (eds.), Combinatorial Auctions, MIT Press, Cambridge (MA), London, 1-14

Demsetz, H. (1968), Why Regulate Utilities?, Journal of Law and Economics, 11, 55-65

Demsetz, H. (1969), Information and Efficiency: Another Viewpoint, Journal of Law and Economics, 13, 1-22

Güth, W. (1995), Preisregeln für Auktionen und Ausschreibungen, Zeitschrift für Wirtschafts- und Sozialwissenschaften (ZWS), 115, 1-26

Klemperer, P. (2002), What really matters in Auction Design, Journal of Economic Perspective, 16/1, 169-189

Klemperer, P. (2004), Auctions: Theory and Practice, Princeton University Press, Princeton and Oxford

Knieps, G. (2004), Versteigerungen und Ausschreibungen in Netzsektoren: Ein disaggregierter Ansatz, Schriftenreihe der Deutschen Verkehrswissenschaftlichen Gesellschaft: Versteigerungen und Ausschreibungen in Verkehrs- und Versorgungsnetzen: Praxiserfahrungen und Zukunftsperspektiven, Reihe B, B 272, 11-28

Knieps, G. (2005), Wettbewerbsökonomie – Regulierungstheorie, Industrieökonomie, Wettbewerbspolitik, Springer-Lehrbuch, 2. Aufl., Berlin u. a.

Lipczynski, J., Wilson, J., Goddard, J. (2005), Industrial Organization, second edition, Pearson Education Limited, Harlow et al.

Lucking-Reiley, D. (2000), Vickrey Auctions in Practice: Nineteenth-Century Philately to Twenty-First-Century E-Commerce, Journal of Economic Perspective 14/3, 183-192

McAfee, R.P., McMillan, J. (1987), Auctions and Bidding, Journal of Economic Literature, 25/2, 699-738

McMillan, J. (1994), Selling Spectrum Rights, Journal of Economic Perspectives, 8, 145-162

Milgrom, P.R. (1987), Auction theory, in: T.F. Bewley (Hrsg.), Advances in Economic Theory, Cambridge University Press

Nash, J.F. (1951), Non-Cooperative Games, Annuals of Mathematics, 54, 286-295

Robinson, M.S. (1995), Collusion and the choice of auction, Rand Journal of Economics, 16, 141-145

Rothkopf, M.H., Teisberg, T.J., Kahn, E.P. (1990), Why Are Vickrey Auctions Rare?, Journal of Political Economy, 98/1, 94-109

Seifert, S., Ehrhart, K.-M. (2005) Design of the 3G Spectrum Auctions in the UK and Germany: An Experimental Investigation, German Economic Review 6/2, 229-248

Ungern-Sternberg von, T. (1991), Swiss Auctions, Economica, 58, 341-357

Varian, H.R. (1999), Intermediate Microeconomics, W.W. Norton & Company, fifth edition, New York, London

Vickrey, W. (1961), Counterspeculation, auctions, and competitive sealed tenders, Journal of Finance, 16, 8-37

Weiß, H.-J. (1999), ÖPNV-Kooperationen im Wettbewerb – Ein disaggregierter Ansatz zur Lösung des Koordinationsproblems im öffentlichen Personennahverkehr, Freiburger Studien zur Netzökonomie, 4, Nomos Verlag, Baden-Baden

Wolfstetter, E. (1996), Auctions – An Introduction, Journal of Economic Surveys, 10, 367-420

6 Kompatibilitätsstandards

6.1 Grundelemente

Kompatibilitätsstandards spielen in vielen Bereichen der Wirtschaft seit langem eine wichtige Rolle. Beispiele hierfür sind Maße für Gewichte und Längen, die Spurbreiten der Eisenbahnen, Stromspannung oder Übertragungs- und Vermittlungsprotokolle in der Telekommunikation. Traditionell wurde die Problematik der Festlegung, Durchsetzung und Veränderung von geeigneten Kompatibilitätsstandards vorwiegend von Ingenieuren und Juristen angegangen. Erst in den letzten Jahren haben sich auch Ökonomen dieser Fragestellung angenommen.[58]

6.1.1 Direkte und indirekte Netzexternalitäten

Eine wichtige Rolle bei der ökonomischen Analyse von Kompatibilitätsstandards spielen positive Konsumexternalitäten. Je mehr Konsumenten das gleiche Gut konsumieren, umso höher ist der Nutzen eines Individuums, dieses Gut ebenfalls zu konsumieren.[59] Positive Konsumexternalitäten werden üblicherweise auch Netzexternalitäten genannt. Alle Konsumenten, die bei dem Konsum eines identischen oder kompatiblen Produktes eine positive Konsumexternalität erfahren, werden als zum gleichen „Netz" gehörig betrachtet (vgl. Katz, Shapiro, 1985, S. 424). Ein einfaches Beispiel stellen Telekommunikationsnetze dar. Je mehr Konsumenten an einem solchen Netz angeschlossen sind, umso höher ist der Nutzen eines Konsumenten, ebenfalls an diesem Netz angeschlossen zu sein, da die Möglichkeit der Kommunikation ansteigt. Die ersten Arbeiten zur Untersuchung von Netzexternalitäten sind im Kontext von Telekommunikationsnetzen entstanden.[60] Kindleberger (1983) verwendete in einer historischen Analyse zur Bedeutung von Kompatibilitätsstandards den Begriff der Netzexternalität nicht; er verweist lediglich auf Transaktionskosteneinsparungen und Vorteile in der Produktion durch Standardisierung etwa von Maßen und Gewichten oder Spurweiten der Eisenbahnen. In der modernen industrieökonomischen Literatur wird unterschie-

---

58 Vgl. hierzu u. a. Kindleberger (1983); Gilbert, ed. (1992); Blankart, Knieps (1993); Shy (2001), Shapiro, Varian (1999a); Varian, Farrell, Shapiro (2004).
59 Im Unterschied zur üblichen Annahme in der Wohlfahrtsökonomie, dass der individuelle Nutzen des Konsums unabhängig ist vom Konsum der anderen Individuen.
60 Vgl. z. B. Artle, Averous (1973); Rohlfs (1974); Oren, Smith (1981).

den zwischen direkten physischen Effekten auf die Qualität des Produktes (beispielsweise direkte Netzexternalitäten in Kommunikationsnetzen) und indirekten Netzexternalitäten, die ebenfalls Konsumexternalitäten hervorrufen.[61]

Sind zwei Kommunikationsnetze aufgrund eines gemeinsamen Standards miteinander kompatibel, so bestimmt die Summe der Nutzer dieser beiden Netze das Ausmaß der direkten physischen Netzexternalitäten. Aber auch dann, wenn die Nutzen der Konsumenten ausschließlich von den technischen Charakteristika eines Produktes (z. B. PC) und den komplementären Produkten (z. B. PC-Software) abhängen, sind Konsumexternalitäten von Relevanz. Der Umfang und die Vielfalt der verfügbaren Software, die am Markt angeboten wird, hängen von der Anzahl der vorhandenen kompatiblen oder identischen Hardware-Einheiten ab. Zunehmende Skalenerträge in der Produktion komplementärer Produkte können folglich die gleiche Auswirkung haben wie das Vorliegen direkter physischer Netzexternalitäten. Eine Zunahme der Anzahl der Konsumenten von (Software-) kompatibler Hardware führt zu Größenvorteilen in der Produktion der angebotenen Software und erhöht die Konsumentenrente jedes Individuums (vgl. Chou, Shy, 1990). Diese indirekten Netzexternalitäten zeigen sich nicht nur im Kontext von Hardware-Software (Computer-Software, Videorecorder-Kassetten), sondern auch in der Dichte von komplementären Servicenetzen zu langlebigen Wirtschaftsgütern (z. B. Reparaturwerkstätten von Autos). Falls Autos mit unterschiedlichen Tanktechnologien (Benzin oder Gas) zur Wahl stehen, hängt die Entscheidung der Konsumenten für ein Auto mit einer bestimmten Tanktechnologie (z. B. Gas) ebenfalls von der Dichte der verfügbaren Tankstellen ab, bei denen Gas getankt werden kann (vgl. Conrad, 2006).

6.1.2 Standards als öffentliche Güter, private Güter und Klubgüter

Standards können den Charakter öffentlicher Güter, privater Güter wie auch kollektiver Güter besitzen.[62] Dies hängt vom Zusammenspiel zwischen Netzeffekt und Technologieeffekt ab.

◼ Der Technologieeffekt beschreibt den Nutzen aus einer bestimmten Technologie.

◼ Der Netzeffekt bezeichnet den Nutzen aus der Zahl der Wirtschaftssubjekte, die den gleichen Standard benutzen.

Betrachten wir etwa Standards für Maße, unabhängig ob Längen-, Gewichts-, Temperatur-, Zeit- oder Wertmaße. Die Wirtschaftssubjekte sind relativ indifferent, welcher Standard realisiert wird und besitzen keine Präferenz für eine bestimmte Konkretisierung des Standards. Anreize, sich an den Standardisierungsbemühungen zu beteili-

---

[61] Vgl. z. B. Katz, Shapiro (1985) sowie Farrell, Saloner (1985, 1986a).
[62] Vgl. Besen, Saloner (1989), Berg (1989), Kindleberger (1983).

gen, sind folglich gering, obwohl alle von einer einheitlichen Festlegung und den dadurch entstehenden Netzexternalitäten profitieren würden. Jedes Wirtschaftssubjekt wird versuchen, die Kosten der Standardsetzung zu vermeiden (es handelt sich hier um das Phänomen des Trittbrettfahrens). In diesen Fällen kann Kompatibilität nicht dezentral über den Markt erreicht werden. Der Standard nimmt den Charakter eines öffentlichen Gutes an, das – wenn überhaupt – von der öffentlichen Hand bereitgestellt werden muss.

Den Gegensatz zu Standards, die reine öffentliche Güter sind, bilden technische Spezifikationen, die hauptsächlich die Charakteristika privater Güter besitzen. Es herrscht eine starke Präferenz für den simultanen Gebrauch unterschiedlicher Technologien vor. Dieser Fall tritt dann auf, wenn der Technologieeffekt so groß ist, dass er den Netzeffekt überwiegt, auch wenn nur wenige Nutzer dem Netz angehören. Ist der Netzeffekt im Grenzfall Null, so liegt die Situation der üblichen Güterwelt vor. Inkompatibilität zwischen Endprodukten ist hier der von allen bevorzugte Zustand.[63] Beispielsweise haben Standards für Kraftfahrzeuge, Haushaltsgeräte oder Industrieanlagen unterschiedlicher Hersteller den Charakter eines privaten Gutes, da sie dem Ziel dienen, einen bestimmten Qualitätsanspruch zu garantieren.

Die dritte Kategorie sind Standards, die als kollektive Güter aufgefasst werden können. Ausgangspunkt ist die Situation, in der die Vorteile von Kompatibilität als hinreichend groß angesehen werden, so dass von einer aktiven Beteiligung – etwa den Unternehmen einer Branche – am Standardisierungsprozess ausgegangen werden kann (also kein Trittbrettfahren vorliegt). Beispielsweise haben verschiedene Branchen heutzutage ihre eigenen Telekommunikationsstandards.[64] Da die Präferenzen für eine bestimmte Technologie zwischen den unterschiedlichen Wirtschaftssubjekten einer Ökonomie dennoch erheblich variieren können, besteht die Möglichkeit, dass sich Netzinseln für unterschiedliche Bedarfe herauskristallisieren (vgl. z. B. Farrell, Saloner, 1986b).[65] In einem solchen Fall werden Netzexternalitäten zugunsten der Vielfalt unterschiedlicher Technologien bewusst aufgegeben. Neben dem Fall, dass sämtliche Technologien einer Industrie miteinander inkompatibel sind und dem Fall, dass sämtliche Technologien einer Industrie miteinander kompatibel sind, besteht auch die Möglichkeit, dass Unternehmen Standardkoalitionen formen, so dass die Technologien der Mitglieder einer Koalition miteinander kompatibel sind (vgl. Economides, Skrzypacz, 2003).

Der Extremfall, dass alle Wirtschaftssubjekte indifferent sind, welcher Standard realisiert wird – wie dies etwa bei Standards für Maße (Länge, Gewicht, Temperatur) der

---

63 Dies schließt jedoch nicht aus, dass Produzenten Anreize besitzen können, lediglich kompatible Komponenten am Markt bereitzustellen.

64 SWIFT (Society for Worldwide Interbank Financial Telecommunications) wird von den Banken benutzt, SEDAS (Standardregelungen Einheitlicher DatenAustauschSysteme) von der Konsumgüterindustrie.

65 Der Grenzfall, dass ein Standard von allen Wirtschaftssubjekten angenommen wird, ist dabei natürlich nicht ausgeschlossen.

Fall ist, so dass der Standard den Charakter eines öffentlichen Gutes annimmt – wird im Folgenden nicht betrachtet. Auch die Situation der üblichen privaten Güterwelt der völligen Abwesenheit von positiven Externalitäten und der völligen Inkompatibilität der Produkte unterschiedlicher Hersteller wird hier nicht betrachtet. Stattdessen werden im Folgenden Kompatibilitätsstandards als Klubgüter betrachtet, so dass die Anwender eines Industriestandards eine positive Netzexternalität allen Nutzern der mit diesem Standard kompatiblen Technologien verschaffen.

Die folgende Tabelle 6-1 fasst die Unterscheidung von Standards in unterschiedliche Güterklassen zusammen.

Tabelle 6-1: *Standards als öffentliche Güter, private Güter und Klubgüter*

Netzeffekt →	Groß	Gering
Technologieeffekt ↓		
Groß	Standards als Klubgüter (Standardkoalitionen)	Standards als private Güter
Gering	Standards als Klubgüter (Industriestandards)	Standards als öffentliche Güter

6.1.3 Netzexternalitäten im Spannungsfeld von Netzvielfalt und der Suche nach neuen Technologien

Netzexternalitäten lassen sich wie folgt formalisieren:

(6.1) $u_i = u_i(S,T)$

d. h. der Nutzen u_i eines Individuums i, an einem Netz angeschlossen zu sein, hängt von dessen Technologie T und von der Anzahl (Menge) der insgesamt angeschlossenen Teilnehmer S ab.[66] Bei Vorliegen positiver Netzexternalitäten gilt:

(6.2) $u_i(S,T) < u_i(S',T)$ für $S < S'$.

---

[66] Zur Vereinfachung der Darstellung wird im Folgenden die Menge der Teilnehmer mit deren Anzahl (Mächtigkeit) gleichgesetzt.

Mit dieser Definition werden Staueffekte in Netzen, also negative Netzexternalitäten, ausgeschlossen (vgl. Kapitel 3).

Netzexternalitäten legen es nahe, möglichst kompatible Netztechnologien zu wählen. Je mehr Individuen das gleiche Netz benutzen, desto mehr erhöht sich der Nutzen. Doch dieser Grundsatz wird durch die Unterschiedlichkeit individueller Präferenzen beschränkt. Für die Gesamtheit der Individuen N wird es unter Umständen günstiger sein, sich in mehrere, nicht kompatible Netzinseln aufzuspalten, als zusammen ein großes Einheitsnetz zu bilden (vgl. z. B. Farrell, Saloner, 1986b). Zu solchen Netzinseln kommt es beispielsweise, wenn es beim Auftauchen einer neuen Technologie T_2 für einzelne Individuen vorteilhafter ist, bei der alten Technologie T_1 zu bleiben, für andere aber lohnender, zur neuen Technologie T_2 überzugehen.

(6.3) $u_i(S, T_1) > u_i(N, T_2)$, $i \in S$

(6.4) $u_i(\tilde{S}, T_2) > u_i(N, T_1)$, $i \in \tilde{S}$ wobei $S + \tilde{S} = N$.

In einer komparativ statischen Situation wird eine Technologie T_1 mit einer alternativen Technologie T_2 verglichen. In einer dynamischen Welt ist jedoch die Menge der möglichen Technologien $\{T_1, T_2, ...\}$ offen. Sie lässt sich ex ante nicht bestimmen, weil die Technologien erst gesucht und gefunden werden müssen, bevor sie angewandt werden können (vgl. Blankart, Knieps, 1994, S. 451 ff.).

6.1.4   Standards von Gütern, komplementären Komponenten und großtechnischen Systemen

Viele Arbeiten zu Kompatibilitätsstandards beschäftigen sich mit der Standardisierung von einzelnen Produkten. Kompatibilität bedeutet dann, dass Produkte bezüglich ihrer technischen Spezifikationen sich im gleichen „Netz" befinden.

Auch wenn keine positiven Netzexternalitäten vorliegen, können Produzenten vor der Entscheidung stehen, ob sie individuelle Komponenten produzieren sollen, die mit den Komponenten anderer Hersteller kompatibel sind oder ob sie die Produktion inkompatibler Systeme vorziehen (vgl. Matutes, Regibeau, 1988; Economides, 1989). Es handelt sich um Situationen, in denen die Konsumenten Präferenzen für die Nutzung eines Systems besitzen, das aus einer Menge von kompatiblen Elementen besteht. In diesem Kontext bedeutet Kompatibilität, dass ein Konsument Komponenten verschiedener Hersteller kombinieren kann, so dass eine größere Vielfalt von Gütern resultiert und der Konsument dadurch in die Lage versetzt wird, die von ihm bevorzugte Version des Systems zu nutzen (vgl. Holler, Knieps, Niskanen, 1997, S. 386 ff.).

In großtechnischen Systemen von Netzindustrien ist es erforderlich, das Standardisierungsproblem disaggregiert anzugehen. Seit der umfassenden Netzöffnung von

Schienennetzen, Flugverkehrsnetzen, Energienetzen, Telekommunikationsnetzen etc. ist die voll integrierte, hierarchische Standardisierung abgelöst worden durch die Standardisierung von Schnittstellen zwischen den einzelnen Netzebenen einerseits (vertikales Standardisierungsproblem) und andererseits der Standardisierung innerhalb der einzelnen Netzebenen (horizontales Standardisierungsproblem).

Netzexternalitäten sind auf der Ebene der Netzdienstleistungen im Vergleich zu der Ebene der Netzinfrastrukturen von geringerer Bedeutung. Es entwickelt sich eine Vielzahl von nicht kompatiblen Servicenetzen, da die Kunden eine Präferenz für unterschiedliche Netzdienstleistungen besitzen. Obwohl Vielfalt der unterschiedlichen Netzinseln im Vordergrund steht, können Anreize für Kompatibilitätsstandards zwischen einzelnen Servicenetzkomponenten vorhanden sein. Ein eindrückliches Beispiel stellt das Internet dar. Internet Service Provider stellen ihren Kunden eine Vielzahl unterschiedlicher Dienstleistungen bereit, so dass sich eine große Zahl unterschiedlicher Dienstleistungsnetze herausbildet. Dennoch basieren sämtliche dieser Servicenetze auf einer gemeinsamen Netzlogistik der Paketvermittlung, die auf dem technischen Standard des TCP/IP aufbaut. Während das IP (Internet Protocol) dafür zuständig ist, dass die Daten beim richtigen Empfänger ankommen, ist das TCP (Transfer Control Protocol) für die Zuverlässigkeit der Übertragung, einschließlich der Fehlerkorrektur verantwortlich (vgl. z. B. Knieps, 2003, S. 224).

Auf der Ebene der Netzinfrastrukturen sind Netzexternalitäten und Kompatibilität zwischen unterschiedlichen Netzen von erheblicher Bedeutung. Grenzüberschreitender Eisenbahnverkehr erfordert beispielsweise, dass die Spurbreiten der Schienen übereinstimmen (vgl. z. B. Blankart, Knieps, 1993, S. 49 f.). Die Stromspannung zwischen unterschiedlichen Stromnetzen muss übereinstimmen, um den Transport zwischen unterschiedlichen Stromnetzen zu ermöglichen.

6.2   Das Koordinationsproblem

6.2.1   Der spontane Wechsel zu einer superioren Technologie

Das Koordinationsproblem lässt sich bereits im vergleichsweise einfachen Fall erläutern, in dem lediglich der Übergang von einer alten Technologie (z. B. Telex) zu einer neuen, für alle Nutzer besseren Technologie (z. B. Telefax) betrachtet wird. Die Möglichkeit des Übergangs zu einer dritten Technologie wird zunächst ausgeschlossen. Es wird davon ausgegangen, dass der Technologieeffekt schwächer ist im Vergleich zum Netzeffekt und nur garantiert, dass jeder Anwender mit der neuen Technologie einen Vorteil erlangt, wenn alle übrigen wechseln. Der Markt ist nur unter speziellen Voraussetzungen in der Lage, den Wechsel spontan zu initiieren (vgl. Farrell, Saloner, 1985).

Angenommen, zur Wahl stehen zwei Netze T_1 und T_2. T_1 sei das alte herkömmliche und T_2 ein neues Netz. Es bezeichne N die Anzahl der potenziellen Netzteilnehmer, die zwischen T_1 und T_2 wählen können. Die Teilnehmergruppe S wende die Technologie T_1 an und die Teilnehmergruppe $\tilde{S}$ wende die Technologie T_2 an.

Es wird angenommen, dass von den N Individuen sich jedes entweder im alten oder neuen Netz befindet, also $S + \tilde{S} = N$. Falls ein Individuum j vom Netz T_1 auf das neue Netz T_2 übergeht, erzeugt es eine Abnahme der Externalität (Nutzenverlust) bei der Gruppe, die T_1 anwendet und eine Zunahme der Externalität (Nutzengewinn) bei der Gruppe, die T_2 anwendet (vgl. Abbildung 6-1).

Abbildung 6-1: *Nutzeneffekt aus dem Übergang zu einem neuen Netz*

Wie beeinflussen diese Externalitäten das Kalkül eines Individuums j, das vor der Entscheidung steht, ob es vom alten auf das neue Netz wechseln soll? Zum einen wird das Wirtschaftssubjekt den Technologieeffekt beurteilen, also den Nutzen der im Netz T_2 inhärenten Technologie gegenüber dem Nutzen der im Netz T_1 inhärenten Technologie. Als Netzeffekt wird es darüber hinaus den Nutzen aus der Zahl der Individuen $\tilde{S} + j$, die sich im Falle seines Wechsels ebenfalls im neuen Netz befinden, in Rechnung stellen. Das Zurücklassen einer um 1 geringeren Zahl von Individuen im Netz T_1 geht nicht in sein Kalkül ein. Es entsteht eine negative Externalität zu Lasten der Nutzer des alten Netzes. Ein Individuum j wird zum neuen Netz wechseln, falls:

(6.5) $u_j(S, T_1) < u_j(\tilde{S} + j, T_2)$

Bei der Wechselentscheidung können folgende Fälle unterschieden werden. Einmal kann der Technologieeffekt so groß sein, dass er den Netzeffekt überwiegt, auch wenn nur wenige Nutzer zum neuen Netz übergehen, also $\tilde{S}$ relativ klein ist. Ist der Netzeffekt im Grenzfall 0, so liegt die Situation der üblichen Güterwelt vor. Wenn aber der Technologieeffekt schwächer ist im Vergleich zum Netzeffekt und nur garantiert ist, dass jeder Nutzer besser gestellt ist, wenn alle übrigen wechseln, d. h. wenn:

$$(6.6) \qquad u_i(N,T_2) > u_i(N,T_1), \qquad i \in N$$

so stellt sich die Frage, ob ein Übergang zum neuen Netz spontan stattfindet.

Unter folgenden Bedingungen ist dies gewährleistet:

▪ keine irreversiblen Kosten;

▪ vollständige Information über die Präferenzen der Individuen, d. h. jedes Individuum weiß, dass der Übergang auch für die anderen vorteilhaft ist, sofern alle wechseln, und dass dieses Wissen allgemein bekannt ist;

▪ kein strategisches Verhalten, d. h. die Reihenfolge des Übergangs ist für das Nutzenkalkül eines Individuums unbedeutend;

▪ nur zwei Technologien.

Dies lässt sich aus folgendem Induktionsargument ersehen (vgl. Farrell, Saloner, 1985, Abschnitt 2):

Wenn von N Individuen alle bis auf den N-ten die neue (bessere) Technologie angenommen haben, so hat auch der N-te einen Anreiz, dies zu tun, weil:

$$(6.7) \qquad u_N[(N-1)+1,T_2] > u_N(N,T_1) > u_N(1,T_1)$$

Daraus ergibt sich, dass der (N - 1)-te Nutzer sicher sein kann, dass ihm der N-te folgt, vorausgesetzt alle seine Vorgänger befinden sich schon im neuen Netz. Deshalb wird auch er zum neuen Netz übertreten usw. Das gleiche Argument gilt für alle anderen Nutzer bis zum ersten Nutzer. Unter den genannten Annahmen sieht sich jeder in der Position des N-ten Nutzers und wird zum neuen Netz übergehen. Das neue Netz wird in diesem Fall also nicht nur von einem Teil der Individuen angenommen, sondern von der Gesamtheit. Unter diesen Bedingungen findet der Übergang zur neuen Technologie spontan, in unkoordinierter Weise statt. Eine Verallgemeinerung dieses Ergebnisses auf mehr als zwei Technologien ist möglich, solange es eine Technologie gibt, die gegenüber allen anderen Technologien global vorgezogen wird.

6.2.2 Das Phänomen der kritischen Masse

Für den Fall, dass die Voraussetzungen für einen spontanen Wechsel von einer bestehenden zu einer neuen, superioren Technologie nicht gegeben sind, stellt sich das

Problem der kritischen Masse, also einer minimalen Zahl von Teilnehmern, die das neue Netz selbst tragend machen.[67] Dieses Problem stellt sich sowohl bei der Einführung einer Technologie als auch beim Übergang von einer bestehenden Technologie zu einer neuen. Das Konzept der kritischen Masse wurde ursprünglich im Rahmen der Analyse des Aufbaus von Telekommunikationsnetzen entwickelt. Als kritische Masse wird die kleinste Teilnehmerzahl eines Netzes bezeichnet, so dass bei einer einheitlichen, minimalen Anschlussgebühr das Netz kostendeckend ist (vgl. z. B. Oren, Smith, 1981, S. 472). Eine formale Analyse dieses Konzepts geht auf Rohlfs (1974, S. 29) zurück. Sobald ein Netz eine Teilnehmerzahl jenseits der kritischen Masse erreicht hat, kann sich eine spontane Netzentwicklung einstellen. Das Konzept wurde in der Folge auch im allgemeineren Kontext der Einführung und des Wechsels von Technologien fruchtbar eingesetzt.

6.2.3 Pfadabhängigkeit

Bei Vorliegen unvollständiger Information über den Nutzen der Netzexternalitäten für die anderen Wirtschaftssubjekte kann niemand sicher sein, dass die anderen ihm folgen. Diese Unsicherheit kann dazu führen, dass alle Individuen warten bis genügend andere mit dem Wechsel beginnen. Es handelt sich um den so genannten Pinguineffekt: Pinguine, die am Eise lauern, versuchen die anderen zuerst ins Wasser zu lassen; obwohl alle Hunger haben, fürchtet jeder, dass ein Raubfisch im Wasser ist (vgl. Farrell, Saloner, 1987, S. 13 f.). Die Folge kann ein Verharren im Status quo sein, obwohl alle den Übergang zur neuen Technologie bevorzugen würden. Wirtschaftshistoriker haben auf die Relevanz solcher Situationen anhand verschiedener Beispiele hingewiesen und dieses Phänomen Pfadabhängigkeit genannt (vgl. z. B. Arthur, 1984, David, 1985).[68]

Ein interessantes Beispiel stellt die extreme Langlebigkeit der Programmiersprachen FORTRAN und COBOL dar. Trotz der Entwicklung neuer Programmiersprachen (z. B. C++ oder Java), die für viele Zwecke einfacher zu verwenden sind, größere Anwendungsvielfalt bieten und im Allgemeinen mit erheblich niedrigeren Programmierungskosten verbunden sind, werden FORTRAN und COBOL in vielen Bereichen weiterhin eingesetzt.

---

[67] Ferner stellt sich das Problem des Auseinanderfallens von privatwirtschaftlich optimaler Netzgröße und gesamtwirtschaftlich optimaler Netzgröße sowie das Problem der Netzzersplitterung (vgl. Abschnitt 6.3.2).

[68] In den Naturwissenschaften ist Pfadabhängigkeit seit langem als Hysteresis bekannt. Es bezeichnet die Abhängigkeit des physikalischen Zustands eines Objekts von vorausgegangenen Zuständen. Wird zum Beispiel ein bis zur Sättigung magnetisches Stück Eisen durch allmähliches Vermindern der Feldstärke entmagnetisiert, so bleibt eine Restmagnetisierung, die sogenannte Remanenz.

Am bekanntesten ist das Beispiel der sogenannten QWERTY-Tastatur bei Schreibmaschinen und PCs. Der Ausdruck QWERTY besagt, dass die Buchstaben auf der obersten Reihe einer solchen Tastatur in der Sequenz 'QWERTY' angeordnet sind. Dieser Standard setzte sich nach David (1985) aus historischen Gründen durch, die effizienzmäßig aus heutiger Sicht nicht mehr gerechtfertigt sind. In den Anfängen des Zeitalters der Schreibmaschine, als die Technologie noch wenig entwickelt war, mussten, so wird gesagt, die Typenarme so angelegt werden, dass sie sich beim raschen Schreiben nicht verkeilten, dass also möglichst häufig auf einen mit der linken Hand betätigten Buchstabentyp ein mit der rechten Hand in Gang gesetzter Typ folgte. Die QWERTY-Reihenfolge der Tastatur soll diesem Ziel am besten entsprochen haben. Mit der Zeit verbesserte sich aber die Schreibmaschinentechnologie, und die QWERTY-Tastatur stellte keine technische Notwendigkeit mehr dar. Als ergonomisch angepasste Tastatur wurde die DSK-Tastatur entwickelt. Mit diesem System lässt sich, wie Experimente gezeigt haben sollen, 20 bis 40 Prozent rascher Schreibmaschine schreiben (David, 1985, S. 332). Doch zur Durchsetzung dieser Erfindung kam es nie, weil zuvor schon QWERTY bestand. Die Anwender fanden es (angeblich) nicht lohnend, DSK zu lernen, weil DSK-Maschinen nicht angeboten wurden, und die Produzenten der Schreibmaschinen erachteten die Produktion von DSK-Maschinen als unprofitabel, weil diese Tastatur von niemandem beherrscht wurde. Anwender und Schreibmaschinenproduzenten blieben in dem alten QWERTY-System verhaftet. Das QWERTY-Beispiel löste eine wichtige Forschungsdiskussion um die Gefahr der Verhaftetheit im Status quo aufgrund des Koordinationsproblems bei Netzexternalitäten aus.[69]

6.3 Interessengegensätze

6.3.1 Produzentenseite

In der Literatur zur Untersuchung der Anreize zur Standardsetzung spielen Oligopolmodelle mit einer fest vorgegebenen Anzahl von Unternehmen eine bedeutende Rolle. Wenn auf Grund positiver Netzexternalitäten die Konsumenten von kompatiblen Produkten unterschiedlicher Hersteller profitieren, stellt sich die Frage, warum nicht die Produzenten an der Kompatibilität ihrer Produkte interessiert sein sollen. Im vollständigen Wettbewerb wäre das Setzen eines Kompatibilitätsstandards ein reines Koordinationsproblem. Die Produzenten könnten durch Inkompatibilität keine strategischen Vorteile erzielen.

---

[69] Inzwischen ist allerdings die Ineffizienz des QWERTY-Standards umstritten, da er zur damaligen Zeit zumindest zu den akzeptierbaren Alternativen gehört habe (vgl. Liebowitz, Margolis, 1990). Selbst wenn das QWERTY-Beispiel keine empirische Relevanz (mehr) besitzt, illustriert es die mit der Einführung neuer Standards inhärente Koordinationsproblematik besonders anschaulich.

Im realitätsnäheren Fall einer kleineren Anzahl aktiver Unternehmen am Markt ändert sich das Bild. Die Entscheidung eines Unternehmens, sein Produkt mit demjenigen anderer kompatibel zu machen, ist nunmehr ein Verhaltensparameter, der ebenso wie das Preissetzungsverhalten, die Produktwahl oder die Werbung strategisch von ihm genutzt werden kann. Bei der Untersuchung der Frage, welche Anreize die Unternehmen für die Produktion kompatibler bzw. inkompatibler Produkte besitzen, führt der traditionelle industrieökonomische Ansatz einer kausalen Verknüpfung von Struktur, Verhalten und Ergebnis nicht zum Ziel. Insbesondere kann keine generelle Aussage abgeleitet werden, unter welchen strukturellen Marktbedingungen ein optimaler Standardisierungsgrad erreicht wird. Vielmehr führt die Untersuchung der Unternehmensanreize für Kompatibilität in den Bereich der spieltheoretisch orientierten Industrieökonomie. In jüngster Zeit sind eine Vielzahl von Modellen entwickelt worden, die strategisches Preis- und Nichtpreisverhalten analysiert haben. In diesem Rahmen sind auch verschiedene Standardisierungsmodelle untersucht worden.[70]

Ein wichtiger Erkenntniswert dieser spieltheoretischen Modelle besteht darin, dass sie Konfliktpotenziale zwischen unterschiedlichen Herstellern unter ganz bestimmten Modellannahmen konsistent ableiten. So wurde für den Fall eines asymmetrischen Duopolgleichgewichts aufgezeigt, dass ein dominantes Unternehmen kein Interesse an der Kompatibilität seiner Technologie hat, wenn dadurch der Wert seines Produktes gegenüber dem des kleinen Anbieters sinkt und sein Gewinn abnimmt (vgl. Katz, Shapiro, 1985). Bei Vorliegen positiver Netzexternalitäten ist dies durchaus plausibel, da die Kunden des dominanten Anbieters bereits von den erheblichen Netzexternalitäten des großen Kundenstammes profitieren, während dies für die Kunden des kleinen Anbieters erst nach Einführung eines Kompatibilitätsstandards möglich ist.

Andere Formen strategischen Verhaltens können mit Hilfe solcher spieltheoretischen Ansätze ebenfalls erklärt werden. Beispielsweise kann unter bestimmten Voraussetzungen der Monopolist einer alten Technologie durch strategisches Preissetzungsverhalten die Einführung einer neuen Technologie im Wettbewerb verhindern, selbst wenn diese für sämtliche Anwender besser ist (vgl. Besen, Saloner, 1989; Farrell, Saloner, 1986a). Auch Ankündigungseffekte einer neuen Technologie können im Wettbewerb zwischen Technologien eine Rolle spielen (vgl. z. B. Dranove, Gandal, 2003).

Während etwa Arthur (1983, 1984) und David (1985) die historischen Zufälligkeiten betonen, die oftmals zur Entstehung von Standards führen, die sich dann aufgrund positiver Netzexternalitäten über längere Zeit halten, führen Katz und Shapiro (1985, 1986) die Persistenz von Standards auf Marktmacht zurück. Sie versuchen, das Zustandekommen von Standards im oligopolistischen Wettbewerb zu erklären. Die Ergebnisse hängen stark von den anfänglichen Marktanteilen und den Erwartungen ab. Es ist kaum möglich, aufgrund dieser Modelle zu allgemeinen Aussagen hinsichtlich

---

[70] Vgl. hierzu Gilbert (ed. 1992) sowie Besen, Farrell (1994).

der strategischen Anreize von Unternehmen im Standardisierungsprozess zu kommen.[71]

6.3.2 Die Konsumentenseite

Im Folgenden wird von einer neueren und einer älteren Technologie ausgegangen, wobei unbekannt ist, welche der beiden die bessere ist, und ob die neue Technologie T_2 der alten T_1 überlegen ist, wenn sie von allen Individuen angenommen wird, d. h. der Netzeffekt voll ausgeschöpft ist. In diesem Fall lohnt sich strategisches Verhalten. Es wird wichtig, welches Individuum zuerst und welches später wechselt, und es kann zu ineffizientem Verharren im Status quo kommen, weil jedes dem anderen den Vortritt lässt.[72] Jene, die wechseln möchten, sind nicht sicher, ob ihnen eine genügend großen Anzahl anderer folgen wird und sich ein Wechsel lohnt. Sie zögern und es entsteht das Problem der kritischen Masse. So ist insbesondere unklar, ob

$$(6.7) \qquad u_i(\widetilde{S}, T_2) > u_i(S, T_1) \qquad \text{mit } \widetilde{S} + S = N$$

gilt. Es stellt sich die Frage, ob es genügend Individuen gibt, für welche diese Ungleichheit gilt. Nur dann wird die kritische Masse erreicht und die neue Technologie angenommen. Andernfalls wird die neue Technologie nicht eingeführt, auch wenn sie superior wäre.

Das Problem der kritischen Masse stellt sich auch, wenn ausgehend von einer Technologie T_1 zwei mögliche neue Technologien T_2 und T_3 zur Verfügung stehen, wobei sowohl für T_2 wie für T_3 gilt, dass sie gegenüber T_1 superior sind, falls alle Nutzer zu ihnen wechseln. Falls für diese zwei neuen Techniken T_2 und T_3 gilt, dass:

$$(6.8) \qquad u_i(S, T_2) > u_i(N, T_3)$$

und

$$(6.9) \qquad u_i(\widetilde{S}, T_3) > u_i(N, T_2) \qquad S + \widetilde{S} = N$$

so folgt, dass die Nutzer in diesem Fall mehr gewinnen, wenn sie sich in mehrere verschiedene Netzinseln aufspalten, als wenn sie die Vorteile aus Netzexternalitäten in einem großen gemeinsamen Netz realisieren (vgl. z. B. Farrell, Saloner, 1986b).

---

[71] Zu diesen und ähnlichen Arbeiten vgl. den Überblick bei Pfeiffer (1989) und bei Katz, Shapiro (1994).

[72] Vgl. Farrell, Saloner (1986a). Hier wird auch der Fall von ineffizienter Beweglichkeit diskutiert, bei dem es zu einem zu raschen Wechsel kommt, weil niemand mit der alten Technologie allein zurückgelassen werden will. In Anbetracht der vielfach vorhandenen Kosten des Wechselns zur neuen Technologie scheint dieser Fall nicht von unmittelbarer Bedeutung.

Aber es ist unsicher, ob die Aufsplitterung in z. B. zwei verschiedene Netze selbst bei Abwesenheit von strategischem Verhalten zustande kommt. Es kann auch der Fall eintreten, dass keine der neuen Technologien die kritische Masse erreicht und dass die Nutzer dann im inferioren Status quo verbleiben.

6.4 Institutionen der Standardsetzung

6.4.1 Staatliche Interventionen

Es stellt sich die Frage, ob und inwieweit aus dem Vorliegen positiver Netzexternalitäten – und dem damit einhergehenden Problem der kritischen Masse – die Notwendigkeit einer staatlichen Intervention abgeleitet werden kann. Dabei gilt es gleichzeitig die Präferenzen der Wirtschaftssubjekte für unterschiedliche Technologien zu berücksichtigen. Schließlich dürfen staatliche Interventionen die Suche nach neuen Technologien nicht behindern.

Zur Erreichung der kritischen Masse ist es denkbar, die Kosten aller neuen Technologien zu subventionieren und dadurch ihre finanzielle Lebensfähigkeit zu fördern. Folglich wären kleinere kritische Massen erforderlich. Im Extremfall könnten sämtliche Netzinseln finanziell lebensfähig werden. Stattdessen können Subventionen gezielt verteilt werden, so dass zumindest einige Technologien die kritische Masse erreichen. Schließlich wäre es möglich, eine Technologiepolitik zu entwickeln, und lediglich wenige ausgewählte Technologien zuzulassen, die dann von einer hinreichend großen Anzahl von Individuen genutzt werden.

Subventionen und aktive Technologiepolitik sind allerdings mit unüberwindlichen Wissensproblemen behaftet. Eine Standardisierungsbehörde wäre völlig überfordert, die volkswirtschaftlichen Kosten und Nutzen der Handlungsalternativen gegeneinander abzuwägen. Die Ursache hierfür liegt darin, dass Netzexternalitäten zu ausgeprägten Nichtlinearitäten führen, so dass sich typischerweise eine Vielzahl nicht vergleichbarer Nash-Gleichgewichte mit unterschiedlicher Anzahl von Netzinseln ergibt.[73] Das Planungsproblem, die optimale Anzahl von Netzinseln mit unterschiedlichen, nicht kompatiblen Technologien zu erreichen ist jedoch in einer dynamischen Welt prinzipiell unlösbar. Da die Anzahl der Technologien unbekannt ist, ist es unmöglich, die optimale Anzahl der Netzinseln ex ante zu kalkulieren. Die evolutorische Ökonomie betont zu Recht, dass Status quo Verhaftetheit – selbst in inferiore Technologien – gerade deshalb auftreten kann, weil niemand zuverlässig weiß, welche Eigenschaften alternative technologische Lösungen in Zukunft aufweisen (vgl. Witt, 1991).

---

[73] Unter sehr speziellen Annahmen (z. B. 2 Konsumententypen, 2 Güter) lassen sich auch spezifische Resultate bezüglich des Trade-offs zwischen Netzexternalitäten und Vielfalt ableiten (vgl. Farrell, Saloner, 1986b).

Ein institutioneller Lösungsansatz, der auf einer globalen Optimierung von Netzexternalitäten, Vielfalt und Suchen basiert, kann daher nicht entwickelt werden.

Falls Standards durch staatliche Gesetzgebungskompetenz zustande kommen, bedeutet dies nicht, dass der Gesetzgeber selbst den Standardisierungsprozess durchführt; dieser wird vielmehr an hierfür zuständige Behörden delegiert. Die Bürokratie maximiert dabei im Rahmen des ihr vorgegebenen Handlungsspielraums ihren eigenen Nutzen (Budget oder Output), was die Gefahr einer Überstandardisierung in sich birgt (vgl. Blankart, Knieps, 1993, S. 46).

Unter dieser Perspektive sind viele tief greifende hochspezialisierte Standards, eingeführt von bürokratischen Institutionen, mit Skepsis zu betrachten. Ein illustratives Beispiel für staatlichen Interventionismus war die Diskussion um die Durchsetzung von EDIFACT (Electronic Data Interchange for Administration, Commerce and Transport) als staatlich verordnetem Standard. Damit strukturierte Informationen (wie Rechnungen, Bestellscheine, Lieferscheine) direkt von Rechneranwendungen des Empfängers weiterverarbeitet werden können, muss jedem Datenfeld eine klare Bedeutung zukommen. Es handelt sich um einen sehr speziellen Standard, dessen staatliche Förderung zwar eine große Nutzerbasis sichert, gleichzeitig aber das Aufkommen von Netzinseln und konkurrierende Standards (also Vielfalt und Innovation) stark behindert.

Weitere Beispiele für staatliche Interventionen bei der Standardsetzung sind die beiden Online-Dienste Minitel und Videotext (vgl. Blankart, Knieps, 1992, S. 83 f.). Beim französischen Minitel wurde versucht, durch umfassende Standardisierung und Subventionierung der Apparate nicht nur das Problem der kritischen Masse zu überwinden, sondern darüber hinaus auch eine flächendeckende Versorgung zu erzielen und damit das Problem der Netzzersplitterung auszuschalten. Den französischen Fernmeldebehörden ist es dadurch gelungen, eine große Anzahl von Telefonkunden für das Minitel zu gewinnen. In Deutschland hingegen hatte sich die Bundespost für das aufwendigere System des Bildschirmtextes entschieden. Die kritische Masse konnte offenbar trotz hoher Subventionen nicht erreicht werden. Interventionismus kann also in einer dynamischen Welt neuen Technologien unter Umständen zum Durchbruch verhelfen. Er kann aber auch trotz hoher Kosten ergebnislos bleiben.

Eine Technologiepolitik, die nur ausgewählte technische Systeme zulässt, könnte überhaupt nur sinnvoll sein, wenn die Überlegenheit der beschrittenen Technologiepolitik feststeht und das Suchen nach alternativen Technologien kein Problem darstellt. In dieser Welt der vollständigen Information ließen sich das Ziel eines raschen Netzaufbaus und die Überwindung der kritischen Masse mit interventionistischen Mitteln einfach erreichen. Der Netzbetreiber führt eine Subskription durch und erstellt das Netz erst, nachdem eine genügend große Anzahl von Teilnehmern zugesagt hat. Da jedoch nicht bekannt ist, was die beste Netztechnologie ist und ständig neue Lösungsmöglichkeiten auftauchen, ist Interventionismus bedenklich, weil er die Gesellschaft unter Umständen auf eine inferiore Technologie festlegt, die möglicherweise nicht einmal die kritische Masse erreicht.

6.4.2 Marktlösungen

Auch bei Vorliegen von Netzexternalitäten spielen (unkoordinierte) Marktlösungen bei der Entwicklung und Durchsetzung von Standards eine bedeutende Rolle. Es handelt sich dabei um de facto Standards ohne Einbeziehung von Standardinstitutionen. Beispiele hierfür sind Unternehmensstandards, die sich am Markt spontan als Industriestandard durchsetzen.

6.4.2.1 Netzevolutorik im monopolistischen Wettbewerb

Aus der Theorie des monopolistischen Wettbewerbs ist wohlbekannt, dass der Trade-off zwischen Größenvorteilen und Produktvielfalt am besten dem Marktprozess überlassen wird und staatliche Eingriffe dabei nicht hilfreich sind.[74] Dies gilt selbst dann, wenn sich die sozial optimale Anzahl von Produktvielfalt nicht einstellt, da staatliche Korrekturmaßnahmen (Besteuerung und Subvention einzelner Produkte) eine Wohlfahrtsverschlechterung hervorrufen. Gleichermaßen gilt, dass das vorliegende Spannungsverhältnis zwischen Netzexternalitäten, Vielfalt und der Suche nach neuen Technologien nicht interventionistisch zu lösen ist. Die historische Entwicklung konkurrierender, inkompatibler Technologien ist aus verschiedenen Bereichen der Wirtschaft bekannt. Beispiele hierfür sind unterschiedliche Videosysteme verschiedener Hersteller, unterschiedliche Betriebssysteme und Textverarbeitungsprogramme bei PCs oder unterschiedliche Stromübertragungstechnologien (Gleichstrom, Wechselstrom). Direkte und indirekte Netzexternalitäten können zur Folge haben, dass sich schließlich nur eine einzige Technologie in einer Industrie durchsetzt und damit gleichzeitig der Industriestandard de facto festgelegt wird (vgl. z. B. Shapiro, Varian, 1999b).

6.4.2.2 Gateways (Konverter)

Die Abwägung zwischen Netzexternalitäten und Netzvielfalt wird erleichtert durch die Entwicklung von Gateways, die die Kompatibilität zwischen unterschiedlichen Netzdienstleistungen ermöglichen. Ein Beispiel von Gateways bei Netzinfrastrukturen bildet der Aufbau von Interkonnektor-Leitungen zwischen Stromnetzen.

Gateway-Technologien haben die Funktion, unterschiedliche Technologien zumindest teilweise kompatibel zu machen. Man findet sie in vielen Industrien, z. B. als Adapter für unterschiedliche Stromanschlüsse und Stromstärken. Es stellt sich die Frage, in-

---

74 Ein Überblick zu dieser Theorie findet sich in Knieps (2005, Kap. 9).

wieweit Marktzutritt mittels Gateway-Technologien das Problem der Inkompatibilität zwischen unterschiedlichen Technologien reduziert bzw. beseitigt. Da Konverter immer auch mit Kosten verbunden sind und das Ausschöpfen sämtlicher Netzexternalitäten oftmals nicht erreicht wird, sind die Vorteile einer vollständigen Kompatibilität ohne Verlust an Vielfalt folglich auch durch Konverter nicht erreichbar (vgl. Farrell, Saloner, 1992, S. 32). Allerdings kann die endogene Entwicklung von Gateways am Markt das Problem inkompatibler Technologien erheblich reduzieren (vgl. Blankart, Knieps, 1993, S. 47). Ein Konverter zwischen zwei unterschiedlichen Technologien bewahrt die Vorteile der Technologievielfalt, ermöglicht aber gleichzeitig zumindest teilweise die Vorteile der Netzexternalitäten. Es lassen sich Einweg- und Zweiweg-Konverter unterscheiden. Zweiweg-Konverter ermöglichen eine (partielle) Kompatibilität in beiden Richtungen, während Einweg-Konverter lediglich für eine Nutzergruppe die Netzexternalitäten beider Technologien ermöglichen (vgl. Farrell, Saloner, 1992, S. 12).

Im Rahmen der evolutorischen Entwicklung konkurrierender Technologien kann die marktmäßige Entwicklung einer Gateway-Technologie dazu führen, dass sich letztlich eine einzige Technologie durchsetzt. Ein interessantes Beispiel stellt der Wettlauf zwischen Gleichstrom- und Wechselstromnetzen dar (vgl. David, Bunn, 1988; Shapiro, Varian, 1999a, S. 210 ff.). Die Entwicklung des Drehumwandlers (rotary-converter) ermöglicht es, Hochspannungswechselstromnetze mit den regionalen Gleichstromverteilernetzen zu kombinieren, um damit von den Netzexternalitäten der Gleichstromtechnologie zu profitieren. Nicht zuletzt dank des Einsatzes des Drehumwandlers als Einwegkonverter setzte sich die Wechselstromübertragung durch.[75]

Falls die Existenz eines Konverters vor der Technologiewahl bereits bekannt ist, kann der Übergang von einer bestehenden zu einer neuen Technologie durch einen zweiseitigen Konverter sowohl erleichtert als auch erschwert werden. Auf der einen Seite reduzieren sich die Anreize des strategischen Wartens (Pinguineffekt); die Wechsler zur neuen Technologie können immer noch (zumindest partiell) von den Netzeffekten der alten Technologie profitieren, so dass eine anfänglich geringe Nutzerbasis der neuen Technologie nicht ins Gewicht fällt. Dies erhöht die Chance einer neuen Technologie, die kritische Masse an Teilnehmern zu überwinden. Auf der anderen Seite besteht auch die Möglichkeit, dass durch das Vorhandensein von Konvertern die Anreize des Verharrens im Status quo erhöht werden, da keine Gefahr besteht, dass die bestehende Technologie aufgrund fehlender Netzexternalitäten wertlos wird (vgl. Choi, 1996).

---

[75] Eine detaillierte Analyse dieses Wettlaufs zwischen den beiden Übertragungssystemen findet sich in David, Bunn (1988); vgl. auch Farrell, Saloner (1992, S. 15).

6.4.3 Komiteelösungen

6.4.3.1 Das reine Koordinationsproblem

Während sich bei Marktlösungen die Wirtschaftssubjekte in unkoordinierter Weise in den Standardsetzungsprozess einbringen, sind Komiteelösungen durch Koordination und Kommunikation innerhalb des Standardisierungsprozesses gekennzeichnet. Standardkomitees sind eher in der Lage, das Koordinationsproblem und folglich auch das Problem der kritischen Masse und der Pfadabhängigkeit zu überwinden. Für den Fall, dass lediglich ein Informationsproblem über das Vorliegen einer für alle Beteiligten superioren Technologie vorliegt, lässt sich der Pinguineffekt durch Koordination mittels Kommunikation überwinden. Komitees ermöglichen dadurch die Einführung eines sozial optimalen Standards.

Selbst wenn Individuen über die Zeit ihre Präferenzen besser kennen lernen, sehen viele Standardisierungsinstitutionen ihre Aktivitäten als typische Koordinierungsaufgabe mit dem Ziel, über Kommunikationsaustausch einen Konsens zwischen den involvierten Parteien herzustellen und so das Verharren im ineffizienten Status quo zu überwinden. Beispiele für wichtige nichtstaatliche Organisationen, die Standards als Empfehlungen herausgeben, sind das Deutsche Institut für Normung (DIN), das American National Standards Institute (ANSI) sowie die International Standards Organisation (ISO) (vgl. Besen, Saloner, 1989).

6.4.3.2 Interessengegensätze

Auch Komitees stehen vor einem schwierigen Entscheidungsprozess, wenn aufgrund von heterogenen Präferenzen für Netzvielfalt Anreizprobleme durch Interessengegensätze bestehen sowie das Setzen von Standards mit erheblichen Kosten verbunden ist (vgl. Blankart, Knieps, 1993, S. 45 f.). Kosten der Entscheidungsfindung können dadurch auftreten, dass unter den Mitgliedern eines Komitees Kompromisse bezüglich der Art und des Umfangs der Standardisierung gefunden werden müssen.

Ein expliziter modellhafter Vergleich zwischen Marktlösung und Komiteelösung für den Spezialfall von zwei Nutzergruppen und zwei unterschiedlichen Technologien findet sich in Farrell und Saloner (1988). Dabei wird davon ausgegangen, dass jede Nutzergruppe eine unterschiedliche Technologie bevorzugt, aber dennoch eine starke Präferenz für Kompatibilität besitzt. Eine Einigung auf die nicht präferierte Technologie wird daher von jeder Nutzergruppe dem Zustand der Nichtkompatibilität vorgezogen.

Bezeichne T_1 und T_2 die alternativen Technologien, S und $\tilde{S}$ die beiden Nutzergruppen, $S + \tilde{S} = N$.

Es gelte:

(6.10) $u_i(S,T_1) < u_i(N,T_2)$ $i \in S$

(6.11) $u_i(\tilde{S},T_2) < u_i(N,T_1)$ $i \in \tilde{S}$

Kompromisslösungen und Einigung auf eine dritte Technologie sind in diesem Modell ausgeschlossen. Trotz dieser starken Anreize, sich auf einen der beiden Standards festzulegen, ist der Standardisierungsprozess langwierig und komplex. Während Markt und Komitee gleichermaßen funktionieren, solange Zeit keine Rolle spielt, führt die Komiteelösung unter Zeitdruck eher zum Erfolg (allerdings kann sich das Ergebnis umkehren, wenn die relevanten Zeitperioden im Marktprozess erheblich kürzer sind als innerhalb eines Komitees).

Eine wichtige Funktion von Komitees besteht darin, während des Standardisierungsprozesses nach Kompromisslösungen zu suchen. Welche Lösung sich in einem Komitee durchsetzt, ist in starkem Maße abhängig von der Zusammensetzung der Mitglieder, der Möglichkeit des Zutritts neuer Mitglieder sowie den Abstimmungsmodalitäten. Ein interessantes Beispiel bildet der Telekommunikationssektor. Zur Zeit des staatlichen Fernmeldemonopols legte eine kleine Anzahl von Geräteproduzenten innerhalb eines geschlossenen Komitees in Form des Fachausschusses des Zentralverbandes der elektrotechnischen Industrie in Zusammenarbeit mit der Bundespost die Kompatibilitätsstandards fest. Marktneulinge hatten keine Chance, in diesen Standardisierungsprozess einzugreifen und die Einführung technischer Neuerungen wurde stark behindert (vgl. Knieps, Müller, von Weizsäcker, 1981, S. 109). Seit der umfassenden Marktöffnung der Telekommunikationsmärkte ist der Standardsetzungsprozess für alle Anbieter (Serviceanbieter, Netzinfrastrukturbetreiber, Gerätehersteller) und für Nutzerorganisationen geöffnet (vgl. Knieps, 1995, S. 288 ff.).

Die Einführung von offenen Komitees bedeutet jedoch keineswegs das Verschwinden von Interessengegensätzen im Standardisierungsprozess. Ausgehend von der Zielsetzung einer formalen Standardsetzung innerhalb einer freiwilligen Standardsetzungsorganisation mittels Wahlen kann der Einfluss der Interessengegensätze aufgrund heterogener Präferenzen bezüglich des angestrebten Standards sowohl für die Zeitdauer des Entscheidungsfindungsprozesses, als auch für seine Ausgestaltung von Bedeutung sein. Auch alternative Organisationsformen (z. B. Open Source Software) außerhalb von Komiteelösungen ohne explizite Abstimmungsverfahren können an Bedeutung gewinnen (vgl. z. B. Simcoe, 2005).

6.5 Standardisierung technischer Regulierungsfunktionen

6.5.1 Charakterisierung technischer Regulierungsfunktionen

Ausgangspunkt der technischen Regulierungsfunktionen (z. B. Postleitzahlsystem, Telefonnummernverwaltung, Kataster) sind Ordnungs-, Koordinations- und Allokationsprobleme, die der Bereitstellung von Netzdienstleistungen und dem Aufbau von Netzinfrastrukturen vorgelagert sind. Technische Regulierungsfunktionen sind unabdingbar für den Aufbau und Betrieb von Netzen und müssen deswegen diskriminierungsfrei bereitgestellt werden.

Technische Regulierungsfunktionen können auf jeder Netzebene von Bedeutung sein. So ist etwa für die Bereitstellung von Transportleistungen erforderlich, dass die eingesetzten Fahrzeuge die technischen Sicherheitsstandards erfüllen und dazu periodisch überwacht werden (TÜV). Die Anbieter von Telekommunikationsleistungen müssen technisch in der Lage sein, eigene Rechnungen zu stellen; erforderlich hierfür ist der Zugang zu den Quellrufnummern und den entsprechenden Teilnehmerdaten (Name, Adresse).

Die für die Bereitstellung von Netzdienstleistungen vorgelagerten technischen Regulierungsfunktionen unterscheiden sich von Netzdienstleistungen dadurch, dass das zu lösende Ordnungs- und Koordinationsproblem den gesamten relevanten Markt und nicht nur einen einzigen Anbieter betrifft. Es geht folglich nicht um die Logistikprobleme eines einzigen Anbieters oder einer Teilmenge von Anbietern, sondern um die Koordination der Gesamtheit der angebotenen Leistungen auf dem gesamten relevanten Markt. Demgegenüber sind beispielsweise Code-Sharing, Interlining und gemeinsame Vielfliegerprogramme in der Luftfahrt keine technischen Regulierungsfunktionen (vgl. Knieps, 1996, S. 107ff.).

Eine technische Regulierungsfunktion stellt sich zudem insbesondere in Bezug auf das Infrastrukturmanagement. Die eindeutige geographische Definition der Kontrollkompetenz einer Zugüberwachung oder einer Flugsicherung sowie die Festlegung des jeweiligen Inhabers dieser Kontrollkompetenz während einer Zeitperiode stellt eine technische Regulierungsfunktion dar. Die konkrete Ausübung dieser Funktionen im Rahmen eines Kapazitäts- und Sicherheitsmanagements sind hingegen der Ebene des Infrastrukturmanagements zuzuordnen und können periodisch neu ausgeschrieben werden.

6.5.2 Standardisierung technischer Regulierungsfunktionen der europäischen Flugverkehrsmanagementsysteme

Die Verkehrssicherheit und die Allokation der Durchflugrechte (Durchflugslots) erfordert, dass Luftverkehrskontrollsysteme in einem geographisch abgegrenzten Gebiet von einer (öffentlichen oder privaten) Institution mit Durchsetzungskompetenzen betrieben werden. Das geographische Gebiet von Luftverkehrskontrollsystemen muss nicht mit den Ländergrenzen übereinstimmen, zumal der Luftverkehr in Europa aufgrund der relativ geringen Ländergrößen traditionell stark grenzüberschreitend geprägt ist. Trotzdem entwickelte in der Vergangenheit jedes Land in Europa sein eigenes Luftverkehrskontrollsystem auf der Basis nationaler Bedürfnisse (vgl. Kneips, 1996, S. 72 ff.). Die Folge sind eine Vielzahl unterschiedlicher Systeme, Spezifikationen und Prozeduren in den verschiedenen europäischen Ländern aufgrund fehlender Kompatibilitätsstandards.

Da die Integration der nationalen Flugverkehrsmanagementsysteme nur sehr langsam voranschritt, wurde im März 2004 vom Europäischen Parlament und vom Rat der Europäischen Union die Interoperabilitäts-Verordnung gemeinsam mit der Luftraum-Verordnung und der Rahmenverordnung verabschiedet.[76] Dabei wurden zum einen die technischen Regulierungsfunktionen aus der Perspektive der europäischen Luftfahrt konkretisiert, zum anderen die Gewährleistung der erforderlichen Kompatibilität zwischen den Komponenten mittels einer EG-Konformitätserklärung oder EG-Gebrauchstauglichkeitserklärung für Komponenten vorgeschrieben. Ziel der Verordnung ist die Verwirklichung der Interoperabilität zwischen den verschiedenen Flugverkehrsmanagementsystemen und ihren Komponenten.[77] Es werden verschiedene Systeme für Flugsicherungsdienste unterschieden: Luftraummanagement, Verkehrsflugregelung, Systeme für Flugdatenverarbeitung etc. (vgl. Interoperabilitäts-Verordnung, Anhang 1). Dabei soll insbesondere ein nahtloser Betrieb des europäischen Flugverkehrsmanagementnetzes durch gemeinsame Nutzung von Informationen, einheitlicher Integration von Informationen etc. gewährleistet werden. Gleichzei-

---

[76] Verordnung (EG) Nr. 552/2004 des Europäischen Parlaments und des Rates vom 10. März 2004 über die Interoperabilität des europäischen Flugverkehrsmanagementnetzes (Interoperabilitäts-Verordnung), ABl. L 96/26 vom 31.3.2004. Verordnung (EG) Nr. 551/2004 des Europäischen Parlaments und des Rates vom 10. März 2004 über die Ordnung und Nutzung des Luftraums im einheitlichen europäischen Luftraum (Luftraum-Verordnung), ABl. L 96/20 vom 31.3.2004. Verordnung (EG) Nr. 549/2004 des Europäischen Parlaments und des Rates vom 10. März 2004 zur Festlegung des Rahmens für die Schaffung eines einheitlichen europäischen Luftraums („Rahmenverordnung"), ABl. L 96/1.

[77] Gemäß der Rahmenverordnung wird Interoperabilität wie folgt definiert: ‚'Interoperabilität' bezeichnet eine Gesamtheit von funktionalen, technischen und betrieblichen Eigenschaften, die für Systeme und Komponenten des europäischen Flugverkehrsmanagementnetzes und für die Verfahren für dessen Betrieb vorgeschrieben sind, um dessen sicheren, nahtlosen und effizienten Betrieb zu ermöglichen." (Ziffer 28, ABl. L 96/5).

tig müssen diese Systeme den vereinbarten hohen Sicherheitsniveaus entsprechen (vgl. Artikel 1 sowie Anhang 2 der Interoperabilitäts-Verordnung).

Die für die Interoperabilität erforderliche Standardisierung wird nicht an die EU-Bürokratie delegiert, vielmehr sollen die gemeinschaftlichen Spezifikationen für das europäische Flugverkehrsmanagementnetz von den europäischen Normengremien in Verbindung mit der Europäischen Organisation für Zivilluftfahrt-Ausrüstung und EuroControl nach den allgemeinen Normungsverfahren der Gemeinschaft festgelegt werden (vgl. Ziffer 10-12 sowie Artikel 4 der Interoperabilitäts-Verordnung).

Übungsaufgaben

6-1: Netzexternalitäten

Erläutern Sie das Konzept der Netzexternalitäten. Unterscheiden Sie dabei zwischen direkten und indirekten Netzexternalitäten.

6-2: Netzexternalitäten und Netzvielfalt

Welche Rolle spielen Netzexternalitäten bei der Charakterisierung von Standards als Klubgüter?

6-3: Kritische Masse

Erläutern Sie das Problem der kritischen Masse und diskutieren Sie die staatlichen Interventionen inhärente Gefahr, auf die falsche Technologie zu setzen.

6-4: Komiteelösungen

Welche Rolle spielen Komiteelösungen bei Vorliegen heterogener Präferenzen für Netzvielfalt?

6-5: Technische Regulierungsfunktionen

Erläutern Sie den Prozess der Standardisierung technischer Regulierungsfunktionen anhand des Fallbeispiels des europäischen Flugverkehrsmanagements.

Literatur

Arthur, W.B. (1983), Competing technologies and lock-in by historical small events: the dynamics of allocation under increasing returns, International Institute for Applied Systems Analysis Paper WP-83-92, Laxenburg, Austria (Center for Economic Policy Research, Paper 43, Stanford)

Arthur, W.B. (1984), Competing Technologies and Economic Prediction, Options, International Institute for Applied Systems Analysis, Laxenburg, Austria, No. 2, 10-13

Artle, R., Averous, C. (1973), The Telephone System as a Public Good: Static and Dynamic Aspects, Bell Journal of Economics, 4/1, 89-100

Berg, S.V. (1989), The Production of Compatibility: Technical Standards as Collective Goods, Kyklos, 42, 361-383

Besen, S.M., Farrell, J. (1994), Choosing How to Compete: Strategies and Tactics in Standardization, The Journal of Economic Perspectives, 8/2, 117-131

Besen, S.M., Saloner, G. (1989), The Economics of Telecommunications Standards, in: R. Crandall, K. Flamm, (Hrsg.), Changing the Rules: Technological Change, International Competition and Regulation in Communications, The Brookings Institution Press, Washington, 177-220

Blankart, Ch.B., Knieps, G. (1992), Netzökonomik, Jahrbuch für Neue Politische Ökonomie, 11, 73-87

Blankart, Ch.B., Knieps, G. (1993), State and standards, Public Choice, 77, 39-52

Blankart, Ch.B., Knieps, G. (1994), Kommunikationsgüter ökonomisch betrachtet, Homo Oeconomicus, XI/3, 449-463

Choi, J.P. (1996), Do converters facilitate the transition to a new incompatible technology? A dynamic analysis of converters, International Journal of Industrial Organization, 14/6, 825-835

Chou, C., Shy, O. (1990), Network Effects without Network Externalities, International Journal of Industrial Organization, 8, 259-270

Conrad, K. (2006), Price Competition and Product Differentiation when Goods have Network Effects, German Economic Review, 7/3, 339-361

David, P. A. (1985), Clio and the Economics of QWERTY, American Economic Review, 75/ 2, Papers and Proceedings, 332-337

David, P.A., Bunn, J.A. (1988), The Economics of Gateway Technologies and Network Evolution: Lessons from Electricity Supply History, Information Economics and Policy, 3, 165-202

Dranove, D., Gandal, N. (2003), The DVD-vs.-DIVX Standard War: Empirical Evidence of Network Effects and Preannouncement Effects, Journal of Economics & Management Strategy, 12/3, 363-386

Economides, N. (1989), Desirability of Compatibility in the Absence of Network Externalities, American Economic Review, 79/5, 1165-1181

Economides, N., Skrzypacz, A. (2003), Standard Coalitions Formation and Market Structure in Network Industries, Working Paper no. EC-03-08, Stern School of Business, N.Y.U.

Farrell, J., Saloner, G. (1985), Standardization, compatibility, and innovation, Rand Journal of Economics, 16/1, 70-83

Farrell, J., Saloner, G. (1986a), Installed Base and Compatibility: Innovation, Product Preannouncements and Predation, American Economic Review, 76/5, 940-955

Farrell, J., Saloner, G. (1986b), Standardization and Variety, Economic Letters, 20, 71-74

Farrell, J., Saloner, G. (1987), Competition, Compatibility and Standards: The Economics of Horses, Penguins and Lemmings, in: H. Landis Gabel (Ed.), Product Standardization and Competitive Strategy, Elsevier Science Publishers, (North-Holland), 1-21

Farrell, J., Saloner, G. (1988), Coordination through committees and markets, Rand Journal of Economics, 19/2, 235-252

Farrell, J., Saloner, G. (1992), Converters, Compatibility, and the Control of Interfaces, The Journal of Industrial Economics, XL/1, 9-35

Gilbert, R. J. (Hrsg.) (1992), Symposium on Compatibility, The Journal of Industrial Economics, XL/1, 1-123

Holler, M.J., Knieps, G., Niskanen, E. (1997), Standardization in Transportation Markets: A European Perspective, EURAS Yearbook of Standardization, 1, 371-390

Katz, M.L., Shapiro, C. (1985), Network Externalities, Competition and Compatibility, American Economic Review, 75/3, 424-440

Katz, M.L., Shapiro, C. (1986), Technology Adaption in the Presence of Network Externalities, Journal of Political Economy, 94/4, 822-841

Katz, M.L., Shapiro, C. (1994), Systems competition and network effects, Journal of Economic Perspectives, 8/2, 93-115

Kindleberger, Ch.P. (1983), Standards as Public, Collective and Private Goods, Kyklos, 36/3, 377-396

Knieps, G. (1995), Standardization: The Evolution of Institutions versus Government Intervention, in: L. Gerken (ed.), Competition Among Institutions, Macmillan Press, London, 283-296

Knieps, G. (1996), Wettbewerb in Netzen – Reformpotentiale in den Sektoren Eisenbahn und Luftverkehr, J.C.B. Mohr (Paul Siebeck), Tübingen

Knieps, G. (2003), Competition in Telecommunications and Internet Services: A Dynamic Perspective, in: C.E. Barfield, G. Heiduk, P.J.J. Welfens (eds.), Internet, Economic Growth and Globalization – Perspectives on the New Economy in Europe, Japan and the US, Springer Verlag, Berlin et al., 217-227

Knieps, G. (2005), Wettbewerbsökonomie – Regulierungstheorie, Industrieökonomie, Wettbewerbspolitik, Springer-Lehrbuch, 2. Aufl., Berlin et al.

Knieps, G., Müller, J., von Weizsäcker, C.C. (1981), Die Rolle des Wettbewerbs im Fernmeldebereich, Nomos Verlag, Baden-Baden

Liebowitz, S.J., Margolis, S.E. (1990), The Fable of the Keys, Journal of Law and Economics, 33/1, 1-25

Matutes, C., Regibeau, P. (1988), Mix and match: product compatibility without network externalities, Rand Journal of Economics, 19/2, 221-234

Oren, S.S., Smith, St.A. (1981), Critical Mass and Tariff structure in Electronic Communications Markets, Bell Journal of Economics, 12/2, 467-487

Pfeiffer, G.H. (1989), Kompatibilität und Markt, Nomos Verlag, Baden-Baden

Rohlfs, J. (1974), A theory of interdependent demand for a communications service, Bell Journal of Economics and Management science, 5/1, 16-37

Shapiro, C., Varian, H.R. (1999a), Information Rules, A Strategic Guide to the Network Economy, Harvard Business School Press, Boston MA

Shapiro, C., Varian, H.R. (1999b), The Art of Standard War, California Management Review, 41/2, 8-32

Shy, O. (2001), The Economics of Network Industries, Cambridge University Press, Cambridge

Simcoe, T. (2005), Standard Setting Committees, unpublished paper (December), J.L. Rotman School of Management, University of Toronto

Varian, H.R., Farrell, J., Shapiro, C. (2004), The Economics of Information Technology, Cambridge University Press, Cambridge

Witt, U. (1991), Reflections on the Present State of Evolutionary Economic Theory, in: G.M. Hodgson, E. Screpanti (eds.), Rethinking Economics, Edward Elgar, Aldershot, 83-102

7 Universaldienste

7.1 Umfassende Netzöffnung und Universaldienstziele

Ein Universaldienst beinhaltet die Verpflichtung eines Netzbetreibers, bestimmte Leistungen im gesamten von der Verpflichtung abgedeckten Gebiet bereitzustellen. Dies bedeutet insbesondere die allgemeine Zugänglichkeit zu diesem Dienst zu politisch erwünschten Preisen und die Sicherstellung einer Minimalqualität. In der traditionellen Regulierung kamen Universaldienstauflagen in Kombination mit gesetzlichen Marktzutrittsschranken sowie Marktmachtregulierung zur Anwendung (vgl. Kahn, 1970, 1971).

Während die Einführung bzw. Aufrechterhaltung gesetzlicher Marktzutrittsschranken ineffiziente Kostenduplizierung vermeiden und die Bereitstellung einer flächendeckenden Versorgung zu einem sozial erwünschten Tarif garantieren sollte, hatten die Instrumente der Marktmachtregulierung zum Ziel, die Ausbeutung der Konsumenten durch überhöhte Preise zumindest einzuschränken.

Die umfassende Marktöffnung der Netzsektoren macht die Anwendung einer disaggregierten Regulierungspolitik unumgänglich; diese umfasst:

- vollständiger Abbau sämtlicher gesetzlicher Marktzutrittsschranken,
- disaggregierte Marktmachtregulierung,
- Universaldienstfonds, insoweit defizitäre Universaldienstleistungen politisch erwünscht sind.

Die Regulierung netzspezifischer Marktmacht muss unabhängig von der wettbewerblichen Bereitstellung von defizitären Universaldienstleistungen ausgestaltet werden. Insbesondere darf die Marktmachtregulierung nicht durch Universaldienstauflagen verwässert werden.

7.1.1 Dienstleistungen von allgemeinem wirtschaftlichem Interesse

Der Begriff Dienstleistungen von allgemeinem wirtschaftlichem Interesse wird in Artikel 16 und Artikel 86, Absatz 2 des EG-Vertrages verwendet. Auch wenn er weder dort noch im abgeleiteten Recht näher bestimmt ist, herrscht in der Gemeinschaftspraxis weitgehende Übereinstimmung darüber, dass er sich auf wirtschaftliche Tätigkeiten bezieht, die mit Gemeinwohlverpflichtungen verbunden sind. Hervorgehoben werden netzgebundene Leistungen des Verkehrswesens, des Postdienstes, im Energiesektor und in der Telekommunikation. In Frage kommen aber auch sonstige Tätigkeiten, die im Interesse der Allgemeinheit erbracht werden (vgl. Kommission der Europäischen Gemeinschaften, 2004, Anhang 1, S. 27). Der Begriff Dienstleistungen von allgemeinen wirtschaftlichen Interessen umfasst insbesondere das Konzept der Universaldienste. Dieses bezieht sich:

> „auf ein Bündel von Anforderungen an die Dienstleistungen von allgemeinem Interesse, durch die sichergestellt wird, dass bestimmte Dienste in einer bestimmten Qualität allen Verbrauchern und Nutzern im gesamten Hoheitsgebiet eines Mitgliedstaates unabhängig von ihrem geografischen Standort und unter Berücksichtigung der landesspezifischen Gegebenheiten zu einem erschwinglichen Preis zur Verfügung gestellt werden.[Fußnote]" [78] (Kommission der Europäischen Gemeinschaften, 2003, S. 18f.)

Auch nach der Öffnung der Netzsektoren stellen Universaldienste eine wichtige politische Zielsetzung dar. So hat beispielsweise der Bund aufgrund des Gesetzes zur Änderung des Grundgesetzes vom 30. August 1994 im wettbewerblichen Telekommunikationssektor die Aufgabe, durch sein regulatorisches Handeln flächendeckend angemessene und ausreichende Dienstleistungen zu gewährleisten. Die Aufrechterhaltung von Universaldienstleistungen bleibt zudem eines der wesentlichen politischen Ziele der EU.

7.1.2 Festlegung des Umfangs defizitärer Universaldienstleistungen

Die Forderung nach Universaldiensten wirft zunächst einmal mehr Fragen auf, als sie klare politische Direktiven aufzeigt. Diese sind insbesondere: Welche Dienste sollen universell mit dem Ziel der Daseinsvorsorge angeboten werden? Zu welcher Qualität sollen die Universaldienste angeboten werden? Soll ein Qualitätsabfall am Rande eines

---

[78] Die Fußnote im Zitat lautet: „Vgl. Artikel 3 Absatz 1 der Richtlinie 2002/22/EG des Europäischen Parlaments und des Rates vom 7. März 2002 über den Universaldienst und Nutzerrechte bei elektronischen Kommunikationsnetzen und –diensten (Universaldienstrichtlinie), ABl. L 108 vom 24. 4. 2002, S. 51."

Versorgungsgebietes akzeptiert werden oder nicht? Zu welchen Preisen sollen Universaldienste angeboten werden?

Die Beantwortung dieser Fragen erfordert politische Entscheidungen. Es gibt Gewinner und Verlierer und in diesem Sinne keine pareto-superioren Lösungen in Bezug auf Dienste, Verfügbarkeit und Preise. Dabei kann die im politischen Prozess sich realisierende gesellschaftliche Auffassung, welche Leistungen als subventionswürdig angesehen werden, im Zeitablauf erheblich variieren. So wurde lange Zeit im Bereich der Telekommunikation die Versorgung mit einem Anschluss an das schmalbandige Telefonnetz oder mit Telefonzellen als Universaldienst angesehen. Im Zeitalter allgegenwärtiger Mobiltelefone hat die Versorgung mit Telefonzellen an Bedeutung verloren. Stattdessen wird verstärkt über eine flächendeckende Versorgung mit Internetanschlüssen diskutiert. Im öffentlichen Personennahverkehr (ÖPNV) steht noch die Fahrplan- und Tarifpflicht sowie die Betriebspflicht im Zentrum, die wegen zunehmender Finanznot der öffentlichen Kassen vermehrt in Frage gestellt werden.

Es stellt sich die Frage, ob technologischer Wandel – z. B. in der Telekommunikation durch die Entwicklung breitbandiger konkurrierender Netzalternativen – oder veränderte Konsumgewohnheiten künftig eine Ausdehnung des Universaldienstumfangs aufgrund gestiegener Universaldienstqualitäten erwarten lassen, oder ob aufgrund sinkender Kosten bei der Bereitstellung der traditionellen Universaldienstleistungen letztlich ein Phasing-out der Universaldienstleistungen zumindest längerfristig für die Zukunft zu erwarten ist. Denkbar wäre dabei auch eine zunehmende Heterogenisierung der Universaldienststandards (Umfang, Minimalqualität, Preise etc.) in unterschiedlichen Ländern und Regionen (vgl. z. B. Jayakar, Sawhney, 2004). Bei der Bestimmung des Umfangs defizitärer Universaldienstleistungen im politischen Prozess stellt sich auch die Frage der vertikalen Arbeitsteilung, etwa zwischen Bund, Ländern, Gemeindeverbänden und Gemeinden, (vgl. Blankart, 2003, S. 13 ff.). Bedeutsam ist zudem die Einbeziehung der EU-Ebene.

7.2 Die Instabilität interner Subventionierung im Wettbewerb

In geschlossenen Netzsektoren war die Erfüllung von Universaldienstzielen typischerweise mit dem Vorliegen interner Subventionierung verknüpft, die allerdings bei freiem Marktzutritt instabil wird.[79]

Bezeichne R_i den Erlös aus der i-ten Leistung des Gesamtprojektes. Ein Erlösvektor $R = (R_1,...,R_n)$ erfüllt die Kostendeckungsbeschränkung, falls:

---

[79] Vgl. hierzu ausführlich Faulhaber (1975); Knieps (1987, S. 272 ff.); Knieps (2005, Abschnitt 2.2.3).

(7.1) $\sum_{i=1}^{n} R_i = C(N), \quad R_i \geq 0 \qquad i = 1, ..., n$

Ein Erlösvektor $R = (R_1, ..., R_n)$ erfüllt den Zusatzkostentest, falls:

(7.2) $\sum_{i \in S} R_i \geq \overline{C}(S) \qquad\qquad \forall S \subset N$

Dabei bezeichnet $\overline{C}(S) := C(N) - C(N - S)$ die Zusatzkosten des Leistungsbündels S, falls alle übrigen Leistungen $N\text{-}S$ ohnehin bereitgestellt werden (vgl. Abschnitt 2.2.2). Die Erlöse jedes Leistungsbündels S müssen also zumindest seine Zusatzkosten decken, wenn es als subventionsfrei bezeichnet werden soll. Die Zusatzkosten beinhalten sowohl die den einzelnen Leistungen in der Koalition S direkt zurechenbaren variablen Kosten als auch die zusätzlichen fixen Kosten, die erforderlich sind, um die zusätzlichen Leistungen in der Koalition S bereitzustellen.

Ein Erlösvektor $R = (R_1, ..., R_n)$, der die Kostendeckungsbeschränkung (7.1) sowie den Zusatzkostentest (7.2) erfüllt, ist frei von interner Subventionierung.

Falls die Kostendeckungsbeschränkung (7.1) sowie der Zusatzkostentest (7.2) erfüllt sind, folgt die Stabilitätsbedingung:

(7.3) $\sum_{i \in S} R_i \leq C(S) \qquad \forall S \subset N$

Interne Subventionierung ist bei freiem Marktzutritt langfristig instabil. Denn ist der Zusatzkostentest verletzt, so folgt aus der Kostendeckungsbeschränkung:

(7.4) $\sum_{i \in S} R_i < \overline{C}(S)$

Es handelt sich um eine implizite Besteuerung der Güter $N\text{-}S$, da diese nicht nur die unternehmensspezifischen Gemeinkosten und ihre produktgruppenspezifischen Verbundkosten aufbringen, sondern auch an den Zusatzkosten der Gütergruppe S beteiligt sind (vgl. Tabelle 2-5).

Stabilitätsprobleme wirft der in einem Universaldienst häufig geforderte Einheitspreis auf. Interne Subventionen, etwa zwischen profitablen und defizitären geographischen Gebieten im Interesse der Tarifeinheit im Raum, sind bei freiem Marktzutritt nicht mehr aufrechtzuerhalten. Freier Marktzutritt in den lukrativen Teilbereichen (Rosinenpicken) würde die Überschüsse beseitigen, deren Verwendung für eine interne Subventionierung der unlukrativen Teilbereiche erforderlich ist.

Dies wird in Abbildung 7-1 veranschaulicht (vgl. Blankart, Knieps, 1994, S. 241). Netzdienstleistungen, beispielsweise Postzustellung, werden in der Regel unter ausgesprochenen Größen- und Verbundvorteilen produziert. Die langfristigen durchschnittlichen Zusatzkosten $A\overline{C}$ der Bereitstellung sind umso geringer, je näher die Haushalte beieinander liegen.[80] Umgekehrt nehmen diese Kosten mit abnehmender Dichte zu. In der Peripherie eines Raumes ist mit höheren langfristigen durchschnittlichen Zusatzkosten $A\overline{C}$ zu rechnen als im Zentrum. Die Bereitstellungspreise werden daher vom Zentrum Z aus gegen die Peripherie hin zunehmen.

Abbildung 7-1:   *Märkte mit abnehmender Dichte*

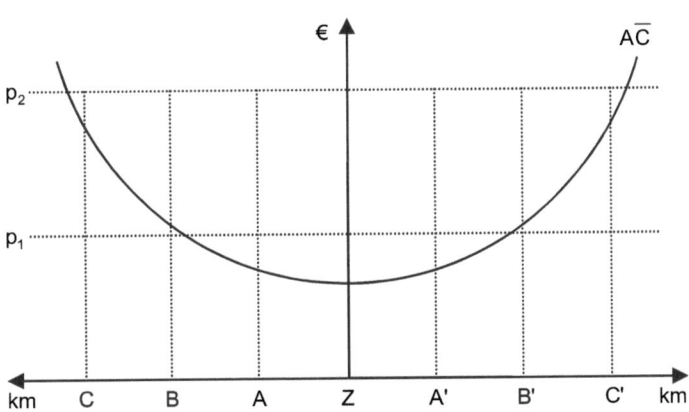

Ein im Gesamtsystem kostendeckender, politisch erwünschter Einheitspreis p_1 wäre daher nicht stabil. Er würde im gewinnbringenden Zentrum von Rosinenpickern unterlaufen. Ebenso wenig wäre ein höherer Preis p_2, der Kostendeckung auch in der Peripherie brächte, stabil. Ein bei Z kostendeckender Preis könnte demgegenüber zwar nicht unterlaufen werden, aber er ließe sich nicht aufrechterhalten, weil er in den Randregionen nicht kostendeckend wäre. Nur bei unterschiedlichen Preisen im Raum, d. h. bei höheren Preisen in der Peripherie als im Zentrum, wäre ein stabiles flächendeckendes Angebot möglich. Einheitspreise wie p_1 oder p_2 beinhalten jedoch eine interne Subventionierung. Die Nutzergruppen zwischen Z und A, bzw. zwischen Z und A' könnten sich verselbständigen und die Dienstleistung für sich selbst preisgünstiger bereitstellen. Daher sind diese Preise bei freiem Marktzutritt nicht aufrechtzuerhalten.

Ebenso wenig wie diese interne Subventionierung zwischen dicht und dünn besiedelten Gebieten ist eine produktübergreifende interne Subventionierung aufrechtzuerhalten, bei welcher die Gewinne aus profitablen Diensten dazu verwendet werden, um

---

80   Es handelt sich dabei um Größen- und Verbundvorteile, abhängig von der räumlichen Dichte der zu bedienenden Haushalte.

andere Dienste (sei es flächendeckend oder auch nur in den Randregionen) zu subventionieren; beispielsweise unterstützte der Telefondienst lange Zeit den Auskunftsdienst und der Briefdienst unterstützte den Paketdienst. Auch diese Formen der internen Subventionierung sind im Wettbewerb nicht stabil.

7.3   Die Konzeption des Universaldienstfonds

In geöffneten Netzsektoren können Universaldienstziele nicht mehr mittels interner Subventionierung finanziert werden und zu ihrer Bereitstellung kommt nicht mehr nur ein einziger Netzbetreiber in Frage. Es stellt sich daher die Aufgabe, politisch erwünschte Universaldienstziele ohne Bevorzugung oder Benachteiligung einzelner Marktteilnehmer zu realisieren. Einen transparenten Lösungsansatz bildet ein Universaldienstfonds, der im Folgenden charakterisiert werden soll.

Die Grundidee bei der Fondslösung besteht darin, symmetrische Wettbewerbsbedingungen für alle aktiven und potenziellen Anbieter sowohl auf den profitablen als auch auf den defizitären Teilmärkten zu schaffen. Dabei gilt es zu unterscheiden zwischen der Einnahmenseite und der Ausgabenseite des Fonds.

Die traditionelle interne Subventionierung stellt eine implizite Besteuerung der profitablen Dienste dar. Die Fondslösung legt bei der Einnahmenseite ebenfalls eine sektorinterne Finanzierung zu Grunde, indem alle Anbieter profitabler Leistungen in diesem Sektor an der Finanzierung des Universaldienstfonds gleichermaßen beteiligt werden. Dabei zahlen alle Anbieter von profitablen Leistungen eine umsatzabhängige Universaldienststeuer in den Universaldienstfonds ein, damit keine Benachteiligung bzw. Bevorzugung aufgrund der Unternehmensgröße entsteht. Durch diese Einnahmen wird der Subventionsbedarf für die Bereitstellung der defizitären Universaldienstleistungen gedeckt.[81]

Die Ausgabenseite des Universaldienstfonds wird wie folgt organisiert. Defizitäre Universaldienstleistungen werden zum geringsten Subventionsbetrag bereitgestellt, der aus dem Universaldienstfonds finanziert wird (vgl. z. B. Blankart, Knieps, 1989, S. 593 f.). Falls eine Universaldienstleistung überhaupt nicht defizitär ist oder der Subventionsbedarf aufgrund technologischen Fortschritts entfällt, muss auch eine Subventionierung aus dem Fonds entfallen. Der kostengünstigste Anbieter von defizitären Universaldienstleistungen in einem bestimmten Sektor lässt sich im Rahmen eines Ausschreibungswettbewerbs ermitteln (vgl. Abschnitt 5.3). Auktionsmechanismen wurden etwa für Universaldienstleistungen in der Telekommunikation entwickelt, um die Anbieter und die Höhe der erforderlichen Subvention zu bestimmen (vgl. z. B. Sorana, 2000; Weller, 1999). Auch für den Postbereich wurden die Potenziale von Auk-

---

[81]   Alternativ ist auch eine Finanzierung aus dem allgemeinen Staatshaushalt denkbar.

tionen zur Sicherstellung der postalischen Universaldienstleistungen untersucht (vgl. z. B. Elsenbast, 1999; Borrmann, 2004).

Die Stärke der Fondslösung liegt darin, dass die Zahl der zu subventionierenden Teilnetze endogen, d. h. aus dem Verfahren heraus, bestimmt wird (und nicht von einer Regulierungsbehörde vorgegeben werden muss). Exogen vorgegeben sind allein die politischen Einheitspreise (bzw. Preisobergrenzen) und die Minimalqualität, zu denen die Universaldienstleistungen erbracht werden müssen. Eine übermäßige Fragmentierung des Angebots von Universaldienstleistungen auf unterschiedliche Anbieter ist dennoch nicht zu erwarten, da Verbundvorteile der gleichzeitigen Bedienung angrenzender Gebiete im Wettbewerb ausgeschöpft werden.

Im Wettbewerb ohne politische Universaldienstziele würden automatisch die Preise entsprechend den unterschiedlichen Kosten im Raum variieren. Allerdings müssen sozial tragbare Preise ebenfalls nicht notwendigerweise Einheitspreise sein. Vorstellbar wären Preisobergrenzen für die Bereitstellung von Universaldienstleistungen. Einheitspreise hatten in der Vergangenheit den Zweck, in den lukrativen Teilbereichen Überschussgewinne zu ermöglichen, um diese dann mittels interner Subventionierung für die defizitären Preise einzusetzen. Hierzu waren gesetzliche Marktzutrittsschranken erforderlich. Seit der umfassenden Marktöffnung müssen Erträge zur Defizitfinanzierung marktzutrittskonform erwirtschaftet werden. Einheitspreise werden dabei instabil, da sie von Wettbewerbern selektiv unterboten werden können. Eine positive Auswirkung von Wettbewerb besteht darin, dass Anreize für Kostensenkungen entstehen, was auch im Universaldienstbereich einen sinkenden Subventionsbedarf erwarten lässt. Die Einführung von Preisobergrenzen ist folglich in der Summe mit einem geringeren Subventionsbedarf verbunden.

7.4 Das Fallbeispiel Telekommunikation

Traditionell spielen Universaldienstleistungen in den Telekommunikationsmärkten eine wichtige Rolle. Die Bereitstellung des Zugangs zu schmalbandigen lokalen Telefonnetzen zu einem einheitlichen Tarif war in der Vergangenheit nur mit interner Subventionierung aufrecht zu erhalten und stellte die zentrale Universaldienstleistung dar. Beispiele für Universaldienste sind ferner der Zugang zu Auskunftsdiensten, die Bereitstellung öffentlicher Sprechstellen, der kostenlose und ungehinderte Zugang zu Notrufdiensten oder die Bereitstellung von Verzeichnissen der Teilnehmer an öffentlichen Sprachtelefondiensten.

Aufgrund des enormen technischen Fortschritts der Kommunikationsnetze befinden sich die Telekommunikationsmärkte in einem massiven Umbruch. Beispiele hierfür sind interaktive breitbandige Kommunikationsnetze, Internet basierte Telefonie, Mobilfunknetze etc. Es stellt sich die Frage, ob und wieweit das traditionelle Konzept der

Universaldienstleistung noch zeitgemäß ist und welche Reformen in Zukunft denkbar sind.

Das politische Ziel, ein Mindestangebot an Telekommunikationsleistungen zu politisch erwünschten Preisen sicherzustellen, ist auch nach der umfassenden Marktöffnung im Telekommunikationssektor weltweit unbestritten. Kontrovers diskutiert wird allerdings der Umfang. Da der Telekommunikationssektor im Gegensatz zu verschiedenen andere Netzsektoren sehr dynamisch ist, stellt sich naturgemäß auch die Frage, ob und inwieweit innovative Telekommunikationsdienste ebenfalls zum Universaldienst gerechnet werden.

In der EU-Universaldienstrichtlinie vom 7. März 2002 wird der Universaldienstumfang eng formuliert.[82] Die Anforderung eines Anschlusses an das öffentliche Telefonnetz an einem festen Standort zu einem erschwinglichen Preis ist auf den Schmalbandnetzanschluss begrenzt und erstreckt sich nicht auf ISDN. In den meisten europäischen Ländern sind die Telekommunikationsnetze so ausgebaut, dass der Schmalbandnetzanschluss auch den schmalbandigen Internetzugang ermöglicht. Allerdings wird eine bestimmte Übertragungsrate auf Gemeinschaftsebene nicht festgelegt, damit auch die Möglichkeiten der Drahtlostechnologie für die Bereitstellung von Universaldienstleistungen genutzt werden können. In bestimmten Fällen, in denen der Anschluss an das öffentliche Telefonnetz für einen zufrieden stellenden Internetzugang eindeutig nicht ausreicht, sollen die Mitgliedstaaten in der Lage sein, eine Aufrüstung des Anschlusses vorzuschreiben, so dass Übertragungsraten unterstützt werden, die für den Internetzugang ausreichen. Die erforderlichen Aufrüstungskosten könnten den Kosten der Universaldienstverpflichtung zugerechnet werden. Als Bestandteil der Universaldienstverpflichtungen werden ebenfalls Teilnehmerverzeichnisse, Auskunftsdienste sowie eine ausreichende Zahl öffentlicher Münz- und Kartentelefone angesehen. Hinzu kommen besondere Maßnahmen für behinderte Nutzer und Nutzer mit besonderen sozialen Bedürfnissen.

Diese restriktive Festlegung des Universaldienstumfangs ist nicht unumstritten. Dies zeigt beispielsweise die umfangreiche Kontroverse um die Praxis der amerikanischen Federal Communications Commission (FCC) bei der Festlegung der Universaldienstprogramme.[83] Die FCC beschränkte sich bei der Interpretation der einschlägigen Section 254 des Communications Act von 1996 nicht auf den Netzzugang in kostenintensiven ländlichen Gebieten und auf Haushalte mit niedrigen Einkommen, sondern schloss in die Universaldienstprogramme auch die Versorgung von Schulen und Bibliotheken sowie gewisse Gesundheitsdienste ein. Alle Schulen und Bibliotheken erhalten eine umfangreiche Subventionierung von Internetzugang und Telekommunikati-

---

[82] Richtlinie 2002/22/EG des Europäischen Parlaments und des Rates vom 7. März 2002 über den Universaldienst und Nutzerrechte bei elektronischen Kommunikationsnetzen und – diensten (Universaldienstrichtlinie), Abl. L.108, S. 51 ff.

[83] CC Docket No. 96-45, In the Matter of Federal-State Joint Board on Universal Service, May 8, 1997; April 10, 1998; Proposed Third Quarter 2001, Universal Service Contribution Factor (CC Docket No. 96-45, June 8, 2001).

onsdiensten. Die Anbieter von Gesundheitsdiensten in ländlichen Gebieten erhalten u. a. eine Subventionierung breitbandiger Telekommunikationsdienste. Diese Ausdehnung des Universaldienstumfangs wurde in der Folge kritisiert, u. a. mit der Begründung, dass nicht die FCC als Regulierungsbehörde, sondern der amerikanische Gesetzgeber die Kompetenz besitze, eine solche Ausdehnung des Universaldienstumfangs zu beschließen.[84]

Eine periodische Überprüfung des Universaldienstumfangs gemäß der EU-Universaldienstrichtlinie seitens der Kommission bezieht sich sowohl auf die Frage, ob herkömmliche Universaldienste (z.B. öffentliche Münz- und Kartentelefone, Verzeichnis- und Auskunftsdienste) nach wie vor in den Universaldienst einbezogen werden sollen , als auch auf die Frage, ob der Universaldienstumfang zur Einbeziehung von Mobilfunk- und Breitbandkommunikationsdiensten erweitert werden soll. Derzeit wird an der herkömmlichen Spezifikation des Universaldienstumfangs festgehalten, da der Wettbewerb im Bereich des Mobilfunks einen breiten und erschwinglichen Zugang zur Mobilkommunikation ermöglicht und der Breitband-Internetzugang das Kriterium der Nutzung durch die „Mehrheit der Verbraucher" nicht erfüllt (Kommission der Europäischen Gemeinschaften, 2006, S. 2 f.). Nicht nur in den EU-Mitgliedstaaten, sondern auch weltweit wird derzeit noch weitgehend die traditionell enge Definition des Universaldienstumfangs angewendet, insbesondere auf den Zugang zum schmalbandigen Sprachtelefondienst zu erschwinglichen Preisen. Allerdings führt die zunehmende Bedeutung der Internettelefonie (Voice over IP Telefonie) inzwischen verstärkt zu der Frage nach dem langfristig zukunftsrelevanten Universaldienstumfang (vgl. z. B. Xavier, 2006, Jayakar, Sawhney, 2004).

Die Dynamik der Entwicklung des Telekommunikationssektors wirkt sich nicht nur auf die Festlegung des möglichen Umfangs der Universaldienstleistungen aus, sondern auch auf die Abgrenzung der Leistungen, die mit einer Universaldienstleistungssteuer belegt werden sollen. Es ist zu erwarten, dass das Spektrum der profitablen Netze und Dienste sich im Wettbewerb fortwährend verändert. Für die Erhebung einer umsatzabhängigen Universaldienststeuer reicht es jedoch aus, eine negative Abgrenzung der zahlungspflichtigen Kreise vorzunehmen. Hierzu ist allerdings eine Orientierung an hohen Marktanteilen ungeeignet; vielmehr sollten alle Anbieter von Telekommunikationsleistungen zu Zahlungen herangezogen werden können. Praktische Abgrenzungsprobleme in steuerpflichtige und nicht steuerpflichtige Wertschöpfungen sind allerdings unvermeidbar, insbesondere in Hinblick auf Datentransport und Datenverarbeitung. Im amerikanischen Telekommunikationssektor zeigt dies sehr eindrücklich die umfangreiche Debatte in CC Docket 96-45 darüber, ob Umsätze aus Internetdiensten auch zur Finanzierung von Universaldienstprogrammen herangezogen werden können. In einer Entscheidung aus dem Jahre 2006 hat die FCC beschlos-

---

[84] CC Docket No. 96-45, April 10, 1998, Congressional Intent Regarding Federal Universal Service Programs, Statement of Sen. Byron Dorgan, S. 134-155.

sen, künftig auch Mobilfunkkommunikation und Internettelefonie der Universaldienststeuer zu unterwerfen.[85]

Übungsaufgaben

7-1:   **Interne Subventionierung**

Erläutern Sie, warum interne Subventionierung mit freiem Marktzutritt nicht vereinbar ist.

7-2:   **Universaldienstfonds**

Erläutern Sie die Grundelemente eines Universaldienstfonds.

7-3:   **Fallbeispiel Telekommunikation**

Welche Besonderheiten besitzt der Telekommunikationssektor, die bei der Ausgestaltung des Universaldienstumfangs zu beachten sind?

---

[85]   WC Docket No. 06-122, In the Matter of Universal Service Contribution Methodology, June 27, 2006, S. 3.

Literatur

Blankart, Ch.B. (2003), Universaldienst und Liberalisierung: Die föderale Dimension - Konsequenzen für das neue TKG - , Telekommunikations- & Medienrecht, TKMR-Tagungsband, 13-17

Blankart, Ch.B. Knieps, G. (1989), What Can We Learn From Comparative Institutional Analysis? The Case of Telecommunications, Kyklos, 42, 579-598

Blankart, Ch.B., Knieps, G. (1994), Das Konzept der Universaldienste im Bereich der Telekommunikation, Jahrbuch für Neue Politische Ökonomie, 13, 238-253

Borrmann, J. (2004), Franchise Bidding for Postal Services in Rural Regions, The B.E. Journal of Economic Analysis & Policy, 4/1, Article 10

Elsenbast, W. (1999), Universaldienst unter Wettbewerb, Ökonomische Analyse neuer regulierungspolitischer Ansätze zur Sicherstellung der postalischen Infrastrukturversorgung, Freiburger Studien zur Netzökonomie, 5, Nomos-Verlag, Baden-Baden

Faulhaber, G.R. (1975), Cross Subsidization: Pricing in Public Enterprises, American Economic Review, 65, 966-977

Jayakar, K.P., Sawhney, H. (2004), Universal service: beyond established practice to possibility space, Telecommunications Policy, 28, 339-357

Kahn, A.E. (1970), The Economics of Regulations: Principles and Institutions, Vol. 1, Economic Principles, John Wiley & Sons, New York

Kahn, A.E. (1971), The Economics of Regulation: Principles and Institutions, Vol. 2, Institutional Issues, John Wiley & Sons, New York

Knieps, G. (1987), Zur Problematik der internen Subventionierung in öffentlichen Unternehmen, Finanzarchiv, N.F., 45, 268-283

Knieps, G. (2005), Wettbewerbsökonomie – Regulierungstheorie, Industrieökonomie, Wettbewerbspolitik, Springer-Lehrbuch, 2. Aufl., Berlin u. a.

Kommission der Europäischen Gemeinschaften (2003), Grünbuch zu Dienstleistungen von allgemeinem Interesse, Brüssel, 21. 5. 2003, KOM (2003) 270 endgültig

Kommission der Europäischen Gemeinschaften (2004), Weißbuch zu Dienstleistungen von allgemeinem Interesse, Brüssel 12. 5. 2004, KOM (2004) 374 endgültig

Kommission der Europäischen Gemeinschaften (2006), Bericht über die Ergebnisse der Überprüfung des Umfangs des Universaldienstes gemäß Artikel 15 Absatz 2 der Richtlinie 2002/22/EG, Brüssel, den 7. 4. 2006, KOM(2006) 163 endgültig

Sorana, V. (2000), Auctions for Universal Service Subsidies, Journal of Regulatory Economics, 18/1, 33-58

Weller, D. (1999), Auctions for universal service obligations, Telecommunications Policy, 23, 645-674

Xavier, P. (2006), What Rules for Universal Service in an IP-enabled NGN Environment, Invited paper presented to an ITU Workshop on "What Rules for an IP-enabled NGN?" 23-24 March 2006, Geneva

8 Marktmachtregulierung

8.1 Lokalisierung netzspezifischer Marktmacht

8.1.1 Wettbewerb versus Marktmacht

Seit dem umfassenden Abbau der gesetzlichen Marktzutrittsschranken in (fast) allen Netzsektoren hat sich in der Netzökonomie ein Paradigmawechsel vollzogen. Während vor der Marktöffnung die Frage kontrovers diskutiert wurde, ob und inwieweit der Wettbewerb in Netzen überhaupt funktionsfähig sei, ist inzwischen die Aufgabenteilung zwischen sektorspezifischer Regulierung und allgemeinem Wettbewerbsrecht Gegenstand zentraler Kontroversen in der Netzökonomie.

Die Anwendung von Regulierungseingriffen stellt aus ordnungs-/ wettbewerbspolitischer Sicht einen massiven Eingriff in den Marktprozess dar und bedarf daher immer einer besonders fundierten Rechtfertigung. Unbestritten ist, dass die Missbrauchsaufsicht des allgemeinen Wettbewerbsrechts auch in den geöffneten Netzsektoren anzuwenden ist. Demgegenüber sind sektorspezifische Regulierungseingriffe mit wettbewerbspolitischer Zielsetzung nur bei Vorliegen netzspezifischer Marktmacht gerechtfertigt.[86] Insoweit unbestimmte Rechtsbegriffe aus dem allgemeinen Wettbewerbsrecht – wie beispielsweise Marktbeherrschung – bei der Charakterisierung eines sektorspezifischen Eingriffsbedarfs herangezogen werden, müssen sie mit einer netzökonomisch fundierten Lokalisierung von Marktmacht untermauert werden.

Ein geeignetes ökonomisches Referenzmodell für die Aufdeckung des Handlungsbedarfs zur Disziplinierung von Marktmacht in Netzsektoren muss in der Lage sein, wesentliche Eigenschaften von Netzen (Größen- und Verbundvorteile, Netzexternalitäten, Netzvielfalt) zu erfassen, ohne diese automatisch mit Marktmacht gleichzusetzen. Grundsätzlich gilt es zu unterscheiden zwischen Wettbewerb zwischen Netzen (intermodaler Wettbewerb, Plattformwettbewerb) sowie Wettbewerb in Netzen auf den unterschiedlichen Netzebenen (vgl. Abschnitt 1.2).

---

[86] Technische Regulierungsfunktionen (Netzsicherheit, Vergabe von Frequenzen, Nummernverwaltung etc.) sowie die Verfolgung von Universaldienstzielen mittels marktzutrittskompatiblen Instrumenten (z. B. Universaldienstfonds) stellen ebenfalls langfristige sektorspezifische Regulierungsaufgaben dar. Zu Universaldiensten vgl. Kapitel 7; zu technischen Regulierungsfunktionen im Kontext von Kompatibilitätsstandards vgl. Kapitel 6.

Folgendes Zitat charakterisiert das in der Antitrust-Literatur etablierte Konzept der Marktmacht:

> "The term "market power" refers to the ability of a firm (or a group of firms, acting jointly) to raise price above the competitive level without losing so many sales so rapidly that the price increase is unprofitable and must be rescinded" (Landes, Posner, 1981, S. 937).

Stabile Marktmacht ist dadurch gekennzeichnet, dass die langfristigen Charakteristika des betrachteten Marktes (insbesondere die Produktionsbedingungen und die Nachfragebedingungen) stabile Überschussgewinne erlauben, ohne dass diese durch Wettbewerber (z. B. durch Arbitrageaktivitäten) wegkonkurrenziert werden. Hiervon zu unterscheiden sind Überschussgewinne von kurzer Dauer, die aufgrund kurzfristig herrschender Charakteristika des betrachteten Marktes auftreten können, in der Folge aber sehr rasch durch andere Anbieter wegkonkurrenziert werden.

8.1.2 Marktmacht durch Größenvorteile?

Die „unsichtbare Hand" der vollkommenen Konkurrenz, die in der allgemeinen Gleichgewichtstheorie im Extrem formuliert ist, blendet das Vorliegen von Größenvorteilen aus. Atomistischer Wettbewerb mit einer großen Anzahl von Anbietern, die den Preis als gegeben annehmen und auch ansonsten keinerlei Strategieparameter besitzen, stellt in Netzsektoren daher kein relevantes Wettbewerbskonzept dar. Vielmehr müssen die wettbewerbstheoretischen Konzepte in der Netzökonomie Größen- und Verbundvorteile in der Modellanalyse zulassen, da diese für die Netzsektoren zentral sind.

Das Vorgehen, Marktmacht in Antitrust-Verfahren „nachzuweisen", bestand in der Vergangenheit oftmals darin, erstens den relevanten Markt zu definieren, in dem der Marktanteil des beschuldigten Unternehmens bestimmt werden soll, zweitens, diesen Marktanteil zu berechnen und drittens, zu entscheiden, ob dieser Marktanteil hinreichend groß ist, um eine zuverlässige Schlussfolgerung hinsichtlich des Vorliegens von Marktmacht zu ziehen. Diese Methode ist für die Herleitung stabiler Marktmacht und darauf aufbauender Regulierungspolitik in Netzindustrien ungeeignet. Marktanteile stellen kein zuverlässiges Kriterium für Marktmacht und damit einhergehende hohe (nicht wettbewerbsmäßige) Preise dar. Hohe Marktanteile können geradezu das Resultat niedriger Preise sein. Es gilt insbesondere auch die Rolle des potenziellen Wettbewerbs mit einzubeziehen.[87] Auch aus der Sichtweise der modernen Industrieökonomie lässt sich ein kausaler Zusammenhang zwischen dem Vorliegen von Größenvorteilen und Marktmacht nicht herleiten (vgl. z. B. Schmalensee, 1989, S. 951 ff.).

---

[87] Zu den Voraussetzungen für die Funktionsfähigkeit des potenziellen Wettbewerbs als Substitut für aktiven Wettbewerb, vgl. Demsetz (1968, S. 58).

8.1.3 Netzspezifische Marktmacht

Eisenbahn-, Luftverkehrs-, Telekommunikations- und Energienetze haben inzwischen aufgrund der umfassenden Marktöffnung ihren Status als wettbewerbliche Ausnahmebereiche verloren. Die Aufgabenteilung zwischen sektorspezifischer Regulierung und allgemeinem Wettbewerbsrecht muss daher neu definiert werden, damit die Wettbewerbspotenziale auch in den geöffneten Netzsektoren möglichst umfassend ausgeschöpft werden können. An die Stelle einer globalen Marktmachtregulierung in gesetzlich geschützten Netzmonopolen muss eine disaggregierte Marktmachtregulierung treten.

Stabile netzspezifische Marktmacht lässt sich nur bei einer Kombination von natürlichem Monopol und irreversiblen Kosten nachweisen, d. h. bei Vorliegen eines monopolistischen Bottlenecks (vgl. Knieps, 1997a, S. 362 ff.; 1997b, S. 327 ff.). Die Bedingungen für eine monopolistische Bottleneck-Einrichtung sind erfüllt, falls:

- Eine Einrichtung unabdingbar ist, um Kunden zu erreichen, wenn es also keine zweite oder dritte solche Einrichtung gibt, d.h. kein aktives Substitut verfügbar ist. Dies ist dann der Fall, wenn eine natürliche Monopolsituation vorliegt, so dass ein Anbieter diese Einrichtung kostengünstiger bereitstellen kann, als mehrere Anbieter.

- Gleichzeitig die Einrichtung mit angemessenen Mitteln nicht dupliziert werden kann, um den aktiven Anbieter zu disziplinieren, d. h. kein potenzielles Substitut verfügbar ist. Dies ist dann der Fall, wenn die Kosten der Einrichtung irreversibel sind.

Der Inhaber eines solchen monopolistischen Bottlenecks besitzt stabile Marktmacht, selbst dann, wenn sämtliche Marktteilnehmer perfekt informiert sind, sämtliche Nachfrager Wechselbereitschaft besitzen und kleine Änderungen der Preise eine Wanderung der Nachfrage zur Folge haben. Netzspezifische Marktmacht des etablierten Unternehmens ist somit lediglich in denjenigen Teilbereichen zu erwarten, die nicht nur durch Bündelungsvorteile, sondern gleichzeitig auch durch irreversible Kosten gekennzeichnet sind. Irreversible Kosten sind für das etablierte Unternehmen nicht mehr entscheidungsrelevant, wohl dagegen für die potenziellen Wettbewerber, da diese vor der Entscheidung stehen, ob sie diese unwiederbringlichen Kosten in einem Markt einsetzen oder nicht. Das eingesessene Unternehmen hat somit niedrigere entscheidungsrelevante Kosten als die potenziellen Wettbewerber. Hieraus ergibt sich ein Spielraum für strategisches Verhalten, so dass ineffiziente Produktion oder Überschussgewinne nicht mehr zwangsläufig Marktzutritt zur Folge haben.

Bei Abwesenheit von irreversiblen Kosten führt ein natürliches Monopol jedoch aufgrund der Disziplinierungswirkung des potenziellen Wettbewerbs nicht zu stabiler Marktmacht. Dies gilt unabhängig von der Höhe des Marktanteils der involvierten Netzbetreiber, da ineffiziente Anbieter von nicht marktgerechten Leistungen aufgrund des Wettbewerbsdrucks durch Marktneulinge ersetzt werden. Ein Regulierungsbedarf zur Disziplinierung von Marktmacht der aktiven Netzbetreiber liegt in diesem Fall nicht vor. Die Bottleneck-Theorie zielt nicht darauf ab, die mehr oder weniger bedeutenden Informationsprobleme von realen Märkten zu leugnen. Allerdings lässt sich aus Informationsproblemen keine ex ante stabile Marktmacht ableiten, da Märkte erfinderisch in der (endogenen) Entwicklung von Institutionen zur Überwindung von Informationsproblemen sind.

Auch Wechselkosten begründen keine monopolistische Bottleneck-Situation. Sie treten in vielen Bereichen der Wirtschaft auf, z. B. bei einer nicht übertragbaren Monats-/Jahreskarte für Konzerte im Falle des Umzugs an einen anderen Ort, beim Wechsel eines Arbeitnehmers nach dessen Einarbeitung etc. Wechselkosten begründen keinen regulierungsökonomischen Handlungsbedarf und können der Problemlösungsfähigkeit des Marktes überlassen werden (vgl. z. B. von Weizsäcker, 1984; Tirole, 1989, Kapitel 8).

Aber auch das Vorliegen von Netzexternalitäten begründet keinen sektorspezifischen Regulierungsbedarf. Das wesentliche Charakteristikum von Netzexternalitäten besteht darin, dass der Nutzen eines Individuums, an einem Netz angeschlossen zu sein, nicht nur von dessen technischen Spezifikationen - dem Standard - abhängt, sondern auch von der Anzahl der insgesamt angeschlossenen Teilnehmer (vgl. Abschnitt 6.1.1). Bei Vorliegen positiver Netzexternalitäten gilt, dass der Nutzen eines Individuums ansteigt, je mehr andere Individuen an das Netz angeschlossen sind, d.h. den gleichen Standard benutzen. Bei Abwesenheit netzspezifischer Marktmacht sind Verhandlungslösungen zwischen unterschiedlichen Netzbetreibern effizient, da beide Seiten von den Zusammenschaltungsvereinbarungen profitieren. So ist beispielsweise ein Konflikt zwischen dem Ausschöpfen von Netzexternalitäten einer gemeinsamen Nutzerbasis und einer Präferenz für unterschiedliche Standards in Telekommunikationsnetzen nicht zu erwarten. Im Gegensatz dazu stellt der Zugang zu Bottlenecks eine Regulierungsaufgabe dar, da netzspezifische Marktmacht strategisches Verhalten ermöglicht, das auch das Ausschöpfen von positiven Externalitäten des Netzzugangs beeinträchtigt (vgl. z. B. Blankart, Knieps, 1995).

Das Ziel der Theorie monopolistischer Bottlenecks besteht folglich darin, den spezifischen Restregulierungsbedarf der ex ante stabil ableitbaren netzspezifischen Marktmacht aufzudecken. In Netzbereichen mit Größen- und Verbundvorteilen aber ohne irreversible Kosten, ist demgegenüber – wie in allen übrigen Märkten auch – eine Missbrauchsaufsicht im Sinne des allgemeinen Wettbewerbsrechts hinreichend. Wie auf allen anderen wettbewerblich organisierten Märkten liegt aber die Beweislast, ob Marktmacht vorliegt und zudem missbräuchlich ausgenutzt wird (vgl. etwa § 19 GWB) bei den Wettbewerbsbehörden. Im Gegensatz zu einer generellen ex ante Regulierung sollten solche Eingriffe in den Wettbewerbsprozess immer nur fallweise und ex post vorgenommen werden. Die Wettbewerbsbehörden müssen dabei zwischen zwei möglichen Fehlerquellen abwägen. Ein Fehler 1. Ordnung ("false positive") tritt auf, wenn die Wettbewerbsbehörde in den Wettbewerbsprozess eingreift, obwohl der Wettbewerb funktionsfähig ist und überhaupt kein wettbewerbspolitischer Handlungsbedarf vorliegt. Ein Fehler 2. Ordnung ("false negative") tritt auf, wenn die Wettbewerbsbehörde nicht aktiv wird, obwohl ein wettbewerbspolitischer Handlungsbedarf vorliegt (vgl. Knieps, 2005, S. 77).

Als Fazit ergibt sich, dass lediglich bei gleichzeitiger Abwesenheit von aktivem und potenziellem Wettbewerb netzspezifische Marktmacht auftritt. Wettbewerb in Netzen bedeutet also aktiver Wettbewerb zwischen unterschiedlichen Netzinfrastrukturanbietern sowie aktiver und potenzieller Wettbewerb von Anbietern von Netzdienstleistungen.

Die Ergebnisse der Theorie monopolistischer Bottlenecks lassen sich mittels der nachfolgenden Tabelle 8-1 zusammenfassen:

Tabelle 8-1:   *Wettbewerb versus netzspezifische Marktmacht*

Netzbereiche	Mit irreversiblen Kosten	Ohne irreversible Kosten
Natürliches Monopol	Monopolistischer Bottleneck	Potenzieller Wettbewerb
Kein natürliches Monopol	Aktiver Wettbewerb	Aktiver Wettbewerb

8.2   Disaggregierte Identifikation von Wettbewerbspotenzialen in Netzen

Die Potenziale des aktiven und potenziellen Wettbewerbs müssen in Netzen disaggregiert lokalisiert werden. Dabei erweist es sich als hilfreich, die Endkundenmärkte für Netzdienstleistungen von den Vorleistungsmärkten für Infrastrukturkapazitäten zu unterscheiden (vgl. Abschnitt 1.2).

8.2.1   Wettbewerb auf der Ebene der Netzdienstleistungen

8.2.1.1   Verkehrsleistungen

Aktiver und potenzieller Wettbewerb ist auf den Transportmärkten funktionsfähig. Selbst ein netzförmiges Angebot von Verkehrsleistungen und damit einhergehende Größen- und Verbundvorteile implizieren bei freiem Marktzutritt der Transportgesellschaften keine Monopolmacht, da hohe Gewinne eines Unternehmens sofort andere Wettbewerber auf den Plan rufen. Es besteht kein Drohpotenzial, Konkurrenten am Marktzutritt zu hindern, da auf der Ebene der Transportleistungen sowohl das eingesessene Unternehmen als auch die potenziellen Wettbewerber entscheidungsrelevante Kosten in vergleichbarer Höhe haben. So spielen beispielsweise bei der Bereitstellung von Eisenbahnverkehr auf einem Schienennetz Kostenirreversibilitäten keine signifikante Rolle. Der Einsatz von Eisenbahnzügen ist nicht an bestimmte Strecken gebunden; sie sind genauso wie Flugzeuge oder Lastkraftwagen geographisch mobil.

Voraussetzung für die Wirksamkeit des Wettbewerbs ist allerdings, dass jeder (aktive und potenzielle) Anbieter von Transportleistungen gleiche Zugangsbedingungen zu den Verkehrsinfrastrukturen erhält. Solange die eingesessenen Unternehmen bevorzugten Zugang zu knappen Infrastrukturkapazitäten besitzen, haben sie ungerechtfertigte Wettbewerbsvorteile, die zu einer Vermachtung der ansonsten wettbewerbsfähigen Transportmärkte führen können.

Während die Theorie der angreifbaren Märkte ausschließlich die Rolle des potenziellen Wettbewerbs mit identischen Kostenfunktionen sowohl für den aktiven Anbieter als auch für die potenziellen Wettbewerber analysiert (vgl. Baumol, 1982; Panzar, Willig, 1977), ist der wirksame Wettbewerb auf den Märkten für Transportleistungen durch potenziellen Wettbewerb keineswegs erschöpfend charakterisiert. Ein Marktzutritt erfolgt oftmals ohne Absicht, das etablierte Unternehmen zu duplizieren. Von Bedeutung ist aktiver Wettbewerb mittels Technologiedifferenzierung, Produktdifferenzierungen und Innovationen (Produkt- und Prozessinnovationen). Hieraus folgt unmittelbar, dass der hypothetische Referenzpunkt eines einzigen idealen Transportnetzes eines disziplinierenden Marktneulings auf den Märkten für Transportleistungen in die Irre führt.

Auch im Eisenbahnverkehr lässt aktiver Wettbewerb auf dicht befahrenen Strecken ein effizientes Tarifangebot erwarten. Hierzu zählen vermehrte Anreize zur Kosteneffizienz und der Druck zu nachfragegerechten Transportleistungen. Im Personenverkehr legt der Wettbewerbsdruck offen, ob die Länge der eingesetzten Züge sowie der zeitliche Abstand zwischen den bereitgestellten Zügen der Verkehrsnachfrage entsprechen. In der Vergangenheit administrativ vorgegebene Angebotskonzepte (z. B. der Taktfahrplan) werden dann in Frage gestellt, wenn die Kunden am Markt diesen nicht durch entsprechende Verkehrsnachfrage honorieren. Regelmäßige Fahrten von (fast) leeren „Geisterzügen" sind im Wettbewerb nicht mehr aufrechtzuerhalten. Andererseits entstehen Anreize für die Bereitstellung eines flexiblen zusätzlichen Verkehrsangebots in Spitzenzeiten. Marktzutritt durch neue Transportgesellschaften bewirkt eine erhebliche Ausdehnung des angebotenen Leistungsspektrums sowie vermehrte Wahlmöglichkeiten zwischen Preis- und Transportqualität. Hierzu zählen das Aufspüren und Ausnutzen von Marktlücken, wie beispielsweise der Aufbau eines europaweiten Expressdienstes für Güter und Personen durch die Entwicklung einer hochleistungsfähigen, computergesteuerten Logistik. Aber auch auf kürzeren Strecken sind Leistungsverbesserungen etwa durch einen dichteren Fahrplan mit optimierten Anschlüssen möglich. Neben dem Druck des potenziellen Wettbewerbs besitzt folglich auch der aktive Wettbewerb zwischen verschiedenen Transportgesellschaften ein nicht zu unterschätzendes Potenzial (vgl. Knieps, 2006b).

8.2.1.2 Telekommunikationsdienstleistungen

Die Märkte für Telekommunikationsdienstleistungen auf den Fernnetzen sind nach wie vor häufig durch Größen- und Verbundvorteile gekennzeichnet. Dennoch sind solche Telekommunikationsdienstleistungsnetze durch funktionsfähigen Wettbewerb gekennzeichnet. Ineffiziente Anbieter werden bei freiem Marktzutritt durch kostengünstigere ersetzt. Selbst wenn der Marktanteil des eingesessenen Unternehmens hoch ist, müsste dieses bei ineffizienter Produktion oder nicht marktgerechten Leistungen rasch erhebliche Marktanteilsverluste hinnehmen. Denn die Kunden sind nicht an einen spezifischen Anbieter gebunden und können ohne Verzögerung auf Preissenkungen am Markt reagieren (vgl. Knieps, 1997b).

Auf wettbewerblichen Telekommunikationsmärkten müssen der Dienstleistungswettbewerb und der Infrastrukturwettbewerb die gleichen Chancen erhalten und dürfen nicht durch regulatorische Maßnahmen verzerrt werden. Kurzfristig motivierte Regulierungsauflagen, die den Infrastrukturwettbewerb einseitig behindern, haben den großen Nachteil, dass sie langfristig die falschen Anreize setzen. Einerseits schaffen sie zu geringe Anreize für Marktneulinge, selbst lohnende Infrastrukturinvestitionen zu tätigen; andererseits führen regulatorische Auflagen, Leistungen unter Kosten anzubieten, immer zu einer Diskriminierung der etablierten Netzbetreiber. Denn niemand würde freiwillig zu solchen Bedingungen Netzkomponenten bereitstellen. Auf Servicemärkten, die auf der Basis von Telekommunikations-Infrastrukturen bereitgestellt werden, herrscht gegenwärtig ein intensiver Innovationswettbewerb. So werden die traditionellen Mehrwertdienste zunehmend durch Internet-Dienste abgelöst (vgl. Knieps, 2003).

8.2.2 Wettbewerb auf der Ebene des Infrastrukturmanagements

Im Eisenbahnverkehr und im Flugverkehr ist die fortwährende Kontrolle und Koordination der Verkehrsbewegungen unerlässlich. Hierzu sind Zugüberwachungssysteme bzw. Flugüberwachungssysteme erforderlich, die nicht nur die Aufgabe haben, die Verkehrssicherheit zu gewährleisten, sondern gleichzeitig für eine Zuteilung der vorhandenen Wegeinfrastrukturkapazitäten zuständig sind. Aber auch im Straßenverkehr werden Verkehrsleitsysteme in Zukunft eine zunehmend wichtigere Rolle einnehmen.

Es gilt zu beachten, dass die Bereitstellung von Transportleistungen den gleichzeitigen Zugang zu einer Wegeinfrastruktur und einem Verkehrsleitsystem erfordert, unabhängig davon, ob diese Funktionen vertikal integriert in der Hand eines Unternehmens liegen oder in unterschiedlichen Unternehmen. Obwohl Flughafenbetreiber, Fluggesellschaften und Flugsicherungsbehörden nur gemeinsam einen reibungslosen Flugverkehr garantieren können, waren sie auch in der Vergangenheit sowohl organisatorisch als auch institutionell getrennt.

Anders verhielt es sich dagegen im Eisenbahnverkehr, wo sämtliche Funktionen vertikal in der Hand der nationalen Bahngesellschaften integriert wurden, wobei lediglich minimale Kooperation zwischen den nationalen Gesellschaften der Regelfall war. Aber auch hier ist inzwischen eine Entwicklung in Richtung eines disaggregierten Regulierungsansatzes zu beobachten. Wettbewerb auf den Eisenbahnnetzen ist nur möglich, wenn Eisenbahnverkehrsunternehmen den ungehinderten Zugang zu den Schienentrassen erhalten und dabei gleichzeitig die Serviceleistungen der Zugüberwachungssysteme in Anspruch nehmen können (vgl. z. B. Berndt, Kunz, 2003, S. 186 ff.). Die Zugüberwachungssysteme stellen das entscheidende Bindeglied zwischen Fahrweg und Betrieb dar. Sowohl der Ablauf des Eisenbahnverkehrs als auch die Durchführung von Reparaturmaßnahmen an den Schienenwegen müssen durch Zugüberwachungssysteme koordiniert werden. Dieser Koordinationsaufwand ist wie beim Flugverkehr prinzipiell unabhängig von der Frage, ob eine oder mehrere Zugverkehrsgesellschaften auf einem Streckennetz tätig sind. Er hängt vielmehr von der Anzahl Züge und deren Geschwindigkeit ab.

Es ist offensichtlich, dass aktiver Wettbewerb zwischen unterschiedlichen Anbietern von Verkehrsüberwachungssystemen nicht funktionieren kann. Ein einzelnes Flugzeug oder ein einzelner Zug darf nur von jeweils einer Institution gleichzeitig überwacht werden, sollen Chaos und Unfälle vermieden werden. Die Überwachungskompetenz muss dabei für die jeweilige Zeitperiode in einer einzigen Hand verbleiben. Somit stellt sich die Frage nach einer „natürlichen" Grenze eines regionalen Überwachungsgebietes einerseits und der Koordination zwischen unterschiedlichen Überwachungsgebieten andererseits.

Verkehrskontrollsysteme stellen allerdings keine monopolistischen Bottlenecks dar. Sie lassen sich als natürliche Monopole charakterisieren, deren geographische Grenzen eindeutig bestimmt sein müssen (Kontrollhoheit). Hieraus lässt sich aber noch keine netzspezifische Marktmacht ableiten, denn die beim Aufbau von Verkehrskontrollsystemen erforderliche Computersoftware und das erforderliche Wissen sind nicht an einen geographischen Ort gebunden. Während der Druck des Wettbewerbs bei Verkehrsleistungen auch durch selektiven, (zeitlich) sequentiellen Marktzutritt gewährleistet wird (welcher nicht notwendigerweise zu einem vollständigen Ersatz der eingesessenen Transportgesellschaft führt), sollte im Bereich der Verkehrskontrollsysteme ein Versteigerungswettbewerb angewandt werden. Das Versteigerungsobjekt besteht dabei in dem ex ante vorgegebenen geographischen Gebiet der Verkehrskontrolle für eine wohldefinierte Zeitperiode. Den Zuschlag erhält derjenige Bieter, der die Verkehrskontrolle zu den niedrigsten Tarifen kostendeckend bereitstellen kann.

Die Neuorientierung in Richtung einer Infrastrukturpolitik der Europäischen Union mit dem Ziel des Aufbaus und der Entwicklung von transeuropäischen Netzen führt unmittelbar zur Notwendigkeit der Förderung der Interoperabilität der einzelstaatlichen Netze. Ein erheblicher Koordinationsbedarf ergibt sich insbesondere im Bereich der Verkehrsleit- und Überwachungssysteme.

Das frühere Eisenbahnmonopol führte zu einer überwiegend nationalen Orientierung des Kapazitätsmanagements von Schienenwegen und einer an nationalen Gesichtspunkten orientierten Fahrplangestaltung. Grenzüberschreitende Koordination und Kooperation innerhalb des internationalen Eisenbahnverbandes wurde dabei auf ein Minimum beschränkt. Dies betraf sowohl Standardisierungsbemühungen als auch Koordination und Kooperation beim Trassenmanagement. Optimierungsbestrebungen blieben auf die nationalen Systeme beschränkt. Inzwischen sind zunehmende Integrationstendenzen zu erkennen, beispielsweise die Entwicklung und der Einsatz des neuen europäischen einheitlichen Leit- und Sicherungssystems.

Analog zu den Flugüberwachungssystemen besitzen Zugüberwachungssysteme jedoch ein erhebliches grenzüberschreitendes Potenzial. Wettbewerb auf den europäischen Zugverkehrsmärkten und eine damit einhergehende Zunahme der Nachfrage nach europäischem Zugverkehr erfordern eine konsequente Internalisierung der grenzüberschreitenden Restriktionen. So sollten beispielsweise die technischen Grenzen der Einrichtungen (z. B. Telekommunikation, Funk) nicht länger an den politischen Ländergrenzen ausgerichtet sein. Die grenzüberschreitenden Systemvorteile müssen konsequent ausgeschöpft werden, damit sich der Wettbewerb auf den europäischen Märkten für Eisenbahnverkehr voll entfalten kann.

Die Entwicklung eines integrierten europäischen Zugüberwachungssystems würde durch den Aufbau unabhängiger Zugüberwachungsagenturen wie im Bereich der Flugsicherung wesentlich erleichtert. Solange eine solche Entwicklung in Richtung eines integrierten europäischen Systems nicht stattfindet, sollten zumindest die Möglichkeiten einer intensiven Koordinierung und Harmonisierung der Zugüberwachungssysteme, z. B. durch intensivere Standardisierungsbemühungen und Trassenfahrplankoordination, umfassend genutzt werden (vgl. Abschnitt 6.5).

Eine zunehmende Angleichung der Systeme kann im Rahmen eines Institutionenwettbewerbs zwischen nationalen Zugüberwachungssystemen eingeleitet werden. Falls die Ausschreibungen (wie bei anderen Leistungen inzwischen die Regel) europaweit erfolgen, ist zu erwarten, dass sich im Bereich der Zugüberwachung in einem Land besonders erfolgreiche Zugüberwachungsagenturen auch in anderen Ländern im Versteigerungswettbewerb durchsetzen werden. Dies hat zur Folge, dass die in einem Land durch innovative Software erzielten Innovationsvorsprünge im Bereich der Zugüberwachung sich sukzessive auf andere Länder ausdehnen. Der Institutionenwettbewerb wird darüber hinaus sowohl zur Ausschöpfung von Kostensenkungspotenzialen führen als auch zu einem verbesserten Serviceangebot auf den Transportmärkten. Das Informationsmonopol nationaler Zugüberwachungsagenturen wird aufgeweicht. Die Transportgesellschaften erhalten die Möglichkeit, Druck auf die für sie zuständige Zugüberwachungsagentur auszuüben.

8.2.3 Wettbewerb auf der Ebene der Netzinfrastrukturen

Netzdienstleistungen können nicht ohne den gleichzeitigen Zugang zu den komplementären Netzinfrastrukturen bereitgestellt werden. So erfordert eine Transportleistung nicht nur ein Fahrzeug (z. B. einen Zug oder ein Flugzeug), sondern gleichzeitig auch den Zugang zu einer Wegeinfrastruktur (z. B. einer Trasse, Landeslot). Auch auf der Ebene der Netzinfrastrukturen sind Wettbewerbspotenziale nicht ausgeschlossen. Es gilt zu unterscheiden zwischen denjenigen Netzbereichen mit Netzkonkurrenz und denjenigen Netzbereichen mit monopolistischem Bottleneck-Charakter.

8.2.3.1 Telekommunikationsfestnetze

Seit der umfassenden Öffnung der Telekommunikationsnetze sind massive Investitionen in alternative Infrastrukturen im Fernnetzbereich getätigt worden. Im Bereich der Fernnetze ist sowohl aktiver als auch potenzieller Wettbewerb durch alternative Verbindungsnetzanbieter gewährleistet. Beispielhaft hierfür ist der Wettbewerb in nicht kabelgebundenen Netzen – z. B. Satelliten, Mikrowellensysteme, Mobilfunk – sowie die Netzkonkurrenz alternativer kabelgebundener Netzbetreiber. Inzwischen betreiben in Deutschland verschiedene Wettbewerber eigene Fernnetze. Eine Vielzahl von Zusammenschaltungspunkten wird durch alternative Netzgesellschaften bereitgestellt. Derzeit gibt es in Europa verschiedene Unternehmen, die eigene Glasfaser-Backbone-Infrastrukturen aufbauen. Diese hohen Investitionen in alternative Infrastrukturen haben zu einem intensiven Wettbewerb auf den nationalen und transnationalen Märkten für Übertragungskapazitäten geführt. Die Vorleistungsmärkte im Fernbereich sind daher durch vielfältigen aktiven und potenziellen Wettbewerb gekennzeichnet.

Aufgrund des aktiven und potenziellen Wettbewerbs beim Aufbau von alternativen Fernnetzinfrastrukturen besitzen die etablierten Netzbetreiber keine netzspezifische Marktmacht. Potenzielle Wettbewerber erfüllen die Funktion der Marktmachtdisziplinierung. Es kann folglich davon ausgegangen werden, dass private Zusammenschaltungsverhandlungen zwischen den verschiedenen Netzeigentümern zu ökonomisch effizienten Lösungen führen und für sämtliche Marktteilnehmer anreizkompatibel sind. Strategisches Verhalten auf der Basis netzspezifischer Marktmacht kann ausgeschlossen werden, da jeder Verhandlungspartner leicht durch einen alternativen (potenziellen) Netzbetreiber substituiert werden kann.

Anders verhält es sich dagegen im Bereich kabelgebundener, lokaler Netze. Zu Beginn der Marktöffnung erfüllten sie die Eigenschaften von monopolistischen Bottlenecks. Der Aufbau dieser Netze ist mit hohen irreversiblen Kosten verbunden und eine Duplizierung solcher Ortsnetze war aus ökonomischer Sicht nicht sinnvoll. Inzwischen ist jedoch ein Schrumpfen dieser monopolistischen Bottlenecks zu beobachten. Seit dem Abbau der gesetzlichen Marktzutrittsschranken ist der Marktzutritt paralleler lokaler Netzanbieter in Ballungszentren zu beobachten. Inzwischen gelangen zunehmend alternative Netzzugangstechnologien („Wireless Local Loop", Glasfaser etc.) zum Einsatz. So bieten beispielsweise Kabelnetzbetreiber vermehrt interaktive Kommunikationsverbindungen an (triple play), die neben den Kabelfernsehprogrammen sowohl hochbitratigen Internetverkehr als auch IP-basierte Telefonie umfassen. Zudem kommen auch breitbandige Mobilfunkverbindungen (UMTS) vermehrt zum Einsatz. Ein graduelles Phasing-out der Teilnehmeranschlussnetze als monopolistische Bottlenecks ist daher bereits heute zu beobachten.

Zu Beginn der umfassenden Marktöffnung in der Telekommunikation im Jahre 1998 war bereits deutlich, dass sich die Wettbewerbsverhältnisse nicht für alle Teilnehmeranschlussnetze gleichzeitig verändern. Die zeigt die Notwendigkeit, periodisch die Phasing-out Potenziale monopolistischer Bottlenecks zu überprüfen (vgl. Knieps, 1997b, S. 331 ff.). Deshalb stellt sich die Frage nach denjenigen Unterklassen von Anschlussnetzen, in denen die monopolistische Bottleneck-Situation noch vorliegt, und denjenigen Unterklassen von Anschlussnetzen, in denen bereits – beispielsweise aufgrund von Wireless Local Loop und alternativen Kabelnetzbetreibern – funktionsfähiger aktiver und/oder potenzieller Wettbewerb herrscht.

8.2.3.2 Mobilfunknetze

Mobilfunknetze stellen grundsätzlich keine monopolistischen Bottlenecks dar (vgl. Knieps, 2000). Die Endkunden können zwischen dem unternehmenseigenen Diensteangebot der verschiedenen Netzbetreiber und dem Diensteangebot der Service Provider wählen. Auch nachdem sich der Kunde für einen bestimmten Mobilfunknetzbetreiber entschieden hat, verwandelt sich dessen Position nicht in einen monopolistischen Bottleneck-Anbieter. Denn die Kosten eines Anbieterwechsels auf den Mobilfunkmärkten sinken immer stärker (Beispiel: Prepaid Card). Auch unabhängig von dieser Entwicklung gilt, dass Wechselkosten prinzipiell keine monopolistische Bottleneck-Situation begründen (vgl. Abschnitt 8.1.3).

Es verbleibt die Frage, ob aus der Perspektive der Netzzusammenschaltung Mobilfunknetze als monopolistische Bottlenecks angesehen werden müssen. Betrachtet man die verschiedenen Zusammenschaltungsvarianten, bei denen zumindest ein Mobilfunknetz beteiligt ist (Mobilfunknetz-Mobilfunknetz, Mobilfunknetz-Festnetz, Festnetz-Mobilfunknetz), stellt sich die Frage, ob Terminierung in ein Mobilfunknetz einen monopolistischen Bottleneck darstellt, da ja ein bestimmter Mobilfunkteilnehmer anderweitig nicht erreicht werden kann. Von entscheidender Bedeutung ist hierbei allerdings, dass alternative Mobilfunknetzbetreiber existieren, die als (partielles oder vollständiges) Substitut mit angemessenen Mitteln ausgewählt werden können. Auch wenn der Anrufende für ein Gespräch bezahlen muss, so haben auch die angerufenen Teilnehmer dennoch ein Interesse daran, dass der anrufende Teilnehmer keine überhöhten Terminierungsgebühren bezahlen muss. Sei es, dass der Angerufene letztlich das Gespräch selber zahlt, wenn ein Familienmitglied anruft, oder dass er befürchten muss, wegen der hohen Terminierungsgebühren weniger, oder gar nicht mehr angerufen zu werden. Insbesondere Teilnehmer mit hoher Nachfrage nach eingehenden Gesprächen haben folglich Anreize, zu einem alternativen Mobilfunknetzbetreiber mit niedrigeren Terminierungsgebühren zu wechseln.

Eingehende und ausgehende Gespräche stehen überdies in einem engen Substitutionsverhältnis – und damit im Wettbewerb – zueinander. Deshalb müssen sie als ein zusammengehöriger Markt betrachtet werden; hohe Preise für eingehende Gespräche führen zu "Lockanrufen" aus dem Festnetz und hohe Preise für ausgehende Gespräche zu "Lockanrufen" aus dem Mobilfunknetz. Damit diszipliniert der Marktmechanismus die Anbieter und schränkt ihren Preissetzungsspielraum ein.

8.2.4 Monopolistische Bottlenecks auf der Ebene der Netzinfrastrukturen

Netzspezifische Marktmacht tritt in denjenigen Netzbereichen auf, die den Charakter von monopolistischen Bottlenecks besitzen. Dies trifft ausschließlich im Bereich von Netzinfrastrukturen zu (vgl. Knieps, 2006a, S. 59 ff.). Beispielsweise sind Flughafeninfrastrukturen im Gegensatz zu Flugzeugen mit irreversiblen Kosten verbunden, denn Investitionen in Terminals sowie Start- und Landebahnen können, einmal getätigt, nicht wie ein Flugzeug an einen anderen Ort transferiert werden. Zudem stellen Flughäfen in der Regel natürliche Monopole dar. Flughäfen sind somit monopolistische Bottlenecks.

Im Bereich der Schieneninfrastrukturen liegt (anders als bei den Transportleistungen und der Zugüberwachung) eine monopolistische Bottleneck-Situation vor, da der Schienenwegbetreiber sowohl im Fernnetz als auch im Lokalnetz ein natürliches Monopol innehat und beim Bau von Schienenwegen irreversible Kosten anfallen. Im Gegensatz dazu fällt im Telekommunikationsbereich ein Restregulierungsbedarf allenfalls im lokalen Netzbereich an. In der Telekommunikation sind monopolistische Bottleneck-Einrichtungen ausschließlich im lokalen Netzbereich vorzufinden, während in den Fernnetzen sowohl aktiver als auch potenzieller Wettbewerb herrscht (vgl. Knieps, 2006c).

Im Elektrizitätssektor besteht ein sektorspezifischer Regulierungsbedarf im Bereich der Transportnetze und der Verteilnetze, da diese Leitungsnetze durch Bündelungsvorteile und Kostenirreversibilitäten gekennzeichnet sind. Demgegenüber weisen Erzeugung und Versorgung nicht die Charakteristika monopolistischer Bottlenecks auf (vgl. Brunekreeft, Keller, 2003, S. 135 ff.).

Die Anwendung der monopolistischen Bottleneck-Theorie auf die genannten Netzsektoren lässt sich durch Tabelle 8-2 veranschaulichen.

8.3 Disaggregierte Marktmachtregulierung

8.3.1 Monopolistische Bottlenecks und das Konzept der wesentlichen Einrichtungen

Bei der Anwendung der Wettbewerbsregeln zur Disziplinierung netzspezifischer Marktmacht spielt das Konzept der wesentlichen Einrichtungen (essential facilities) eine zentrale Rolle. Als wesentlich wird dabei eine Einrichtung oder Infrastruktur bezeichnet, die zugleich:

- unabdingbar ist, um Kunden zu erreichen und/oder Wettbewerbern die Durchführung ihrer Geschäftstätigkeit zu ermöglichen,

- am Markt nicht anderweitig vorhanden ist,

- objektiv mit wirtschaftlich zumutbaren Mitteln nicht neu geschaffen werden kann.

Dieses Konzept legt den Zusammenhang zu der aus dem amerikanischen Antitrust-Recht stammenden Essential-Facilities-Doktrin nahe, die inzwischen auch im europäischen Wettbewerbsrecht verstärkt Anwendung findet. Diese besagt, dass eine Einrichtung nur dann als wesentlich anzusehen ist, wenn zwei Bedingungen erfüllt sind, nämlich: Der Marktzutritt zum komplementären Markt ist ohne Zugang zu dieser Einrichtung nicht effektiv möglich; einem Anbieter auf einem komplementären Markt ist es mit angemessenem Aufwand nicht möglich,[88] diese Einrichtung zu duplizieren; auch Substitute fehlen (vgl. Areeda, Hovenkamp, 1988).

Im Rahmen des disaggregierten Regulierungsansatzes wird die Essential-Facilities-Doktrin nicht mehr – wie im Antitrust-Recht üblich – fallweise, sondern auf eine Klasse von Fällen angewendet. Alle Bereiche innerhalb eines Netzsektors, die den Charakter einer monopolistischen Bottleneck-Einrichtung besitzen, fallen unter die sektorspezifische Marktmachtregulierung. Die Ausgestaltung der diskriminierungsfreien Zugangsbedingungen zu den wesentlichen Einrichtungen muss im Rahmen des disaggregierten Regulierungsansatzes präzisiert werden. Die Art und das Ausmaß der monopolistischen Bottleneck-Bereiche variiert beträchtlich zwischen den einzelnen Netzsektoren. Im Einzelnen ist nachzuweisen, in welchen Netzbereichen die Kriterien eines monopolistischen Bottlenecks tatsächlich erfüllt sind. Dabei gilt es auch die Gefahr einer fehlerhaften Identifikation von monopolistischen Bottlenecks zu vermeiden. Die Anwendung der Essential-Facilities-Doktrin ist in einem dynamischen Kontext zu sehen. Falls etwa aufgrund technischen Fortschritts die Voraussetzungen für einen monopolistischen Bottleneck entfallen, muss auch die entsprechende sektorspezifische Regulierung beendet werden (vgl. Knieps, 1997b).

---

88 So ist es beispielsweise nicht möglich, einen Fährdienst ohne Zugang zu Häfen anzubieten.

Tabelle 8-2:   *Monopolistische Bottlenecks in ausgewählten Netzsektoren*

	Natürliches Monopol	Irreversible Kosten
a) Luftfahrt		
Angebot von Luftverkehr	ja / nein	nein
Aufbau und Betrieb von Luftverkehrskontrollsystemen	ja	nein
Aufbau und Betrieb von Flughäfen	ja	ja
b) Eisenbahn		
Angebot von Eisenbahnverkehr	ja / nein	nein
Aufbau und Betrieb von Zugüberwachungssystemen	ja	nein
Aufbau und Betrieb von Schieneninfrastrukturen	ja	ja
c) Elektrizität		
Erzeugung (Produktion)	nein	ja
Fernnetze (Transportnetze)	ja	ja
Regionale / lokale Netze (Verteilnetze)	ja	ja
Versorgung	nein	nein
d) Telekommunikation		
Endgeräte	nein	nein
Telekommunikationsdienste (einschließlich Sprachtelefondienst)	nein	nein
Satelliten- / Mobilfunknetze	nein	nein
Fernnetze (kabelgebunden)	nein	ja
Lokale Netze (kabelgebunden)	ja / nein	ja

8.3.2   Fallbeispiel: Zeitungszustelldienste

Ein interessantes Fallbeispiel zur Gefahr einer Fehlidentifikation eines monopolistischen Bottlenecks ist der so genannte „Bronner"-Fall. Es ging dabei um die Frage, ob ein Hauszustellsystem für Zeitungen eine wesentliche Einrichtung darstellt und wurde ausführlich im Bronner-Urteil des Europäischen Gerichtshofs erörtert.[89] Das Unternehmen Mediaprint hatte für den Vertrieb seiner beiden Tageszeitungen (Zeitungen mit großer Auflagenhöhe) in Österreich ein landesweites Hauszustellungssystem aufgebaut, das eine direkte Auslieferung der Zeitungen an die Abonnenten in den

---

89   EuGH, Rs. C-7/97, Urt. v. 26. 11. 1998; siehe auch: Schlußanträge des Generalanwalts Jacobs v. 28. 5. 1998 (veröffentlicht unter http://curia.europa.eu/en/content/juris/c2.htm)

frühen Morgenstunden ermöglicht. Das Unternehmen Bronner erstrebte die Aufnahme seiner Tageszeitung (Zeitung mit geringer Auflagenhöhe) in das Hauszustellungsverteilersystem der Mediaprint. Dieses Begehren wurde vom Europäischen Gerichtshof abgelehnt, insbesondere mit der Begründung (Ziffer 44):

> „... sind keine technischen, rechtlichen oder auch nur wirtschaftlichen Hindernisse ersichtlich, die geeignet wären, jedem anderen Verleger von Tageszeitungen – allein oder in Zusammenarbeit mit anderen Verlegern – die Errichtung eines eigenen landesweiten Hauszustellungssystems und dessen Nutzung für den Vertrieb der eigenen Tageszeitungen unmöglich zu machen oder zumindest unzumutbar zu erschweren."

Diese Begründung verneint im Kern das Vorliegen einer monopolistischen Bottleneck-Einrichtung beim Aufbau von landesweiten Hauszustellsystemen für Tageszeitungen. Es existieren vielfältige Möglichkeiten, abhängig von der Auflagenhöhe, der geographischen Verteilung der Abonnenten etc., Hauszustellsysteme aufzubauen, selbst wenn man die Angebote alternativer Vertriebswege (Kioskverkauf, Postzustellung etc.) außer Betracht lässt. Das Vorliegen von Größenvorteilen der Zustellung bedingt durch große Auflagenhöhen wurde als Argument für das Vorliegen einer wesentlichen Einrichtung zu Recht nicht anerkannt (Ziffer 45):

> „Daß die Schaffung eines solchen Systems keine realistische potentielle Alternative darstelle und daher der Zugang zum bestehenden System unverzichtbar sei, ist nicht schon mit der Behauptung dargetan, daß die Schaffung eines solchen Systems wegen der geringen Auflagenhöhe der zu vertreibenden Zeitung oder Zeitungen unrentabel sei."

In der Gerichtsentscheidung wird auch der hypothetische Fall aufgegriffen, in dem der Zugang zum bestehenden System als unvermeidbar angesehen werden könnte. Dazu wäre es zumindest erforderlich, nachzuweisen, dass es unrentabel wäre, für den Vertrieb von Tageszeitungen mit einer vergleichbaren Auflagenhöhe ein zweites Hauszustellungssystem zu schaffen. Aber auch dieser hypothetische Fall vermag aus netzökonomischer Sicht als Argument für das Vorliegen einer wesentlichen Einrichtung nicht zu überzeugen: Die Größenvorteile für den Aufbau eines integrierten Hauszustellungssystems (bezogen auf den gesamten Markt der abonnierten Zeitungen) wären in einem solchen Fall derart bedeutsam, dass ein Vertrieb über separate Hauszustellsysteme instabil würde. Da aber kein Zeitungshersteller die Möglichkeit besitzt, die für den Aufbau von Hauszustellsystemen knappen Inputs (Personal, Fahrzeuge, Computer-Logistik, Gebäude) zu monopolisieren, würde sich unter solchen Bedingungen aufgrund des potenziellen Wettbewerbs ein einziges effizientes Hauszustellsystem am Markt durchsetzen. Ein Beharren auf einem separaten Hauszustellsystem wäre für keines der beiden Zeitungsunternehmen anreizkompatibel, da dies zu einer ineffizienten Kostenduplizierung führen würde.

Als Fazit ergibt sich, dass, selbst wenn der Aufbau eines spezialisierten Zustellsystems die Voraussetzungen eines natürlichen Monopols erfüllen würde, hieraus noch nicht die Eigenschaft einer monopolistischen Bottleneck-Einrichtung folgt. Der fehlende aktive Wettbewerb wird durch die Disziplinierungswirkung des potenziellen Wettbewerbs ersetzt.

8.3.3 Beschränkung der Regulierung auf monopolistische Bottlenecks

Grundsätzlich gilt es zwischen dem Vorliegen netzspezifischer Marktmacht aufgrund von monopolistischen Bottlenecks und der Frage nach einer möglichen Übertragung dieser Marktmacht auf komplementäre Bereiche zu unterscheiden. Selbst wenn eine Übertragung von Marktmacht von einem monopolistischen Bottleneck in andere Teilmärkte anreizkompatibel wäre, folgt hieraus keineswegs, dass der monopolistische Bottleneck und die übrigen Teilmärkte zum gleichen Markt gehören. Aus dem disaggregierten Regulierungsansatz folgt, dass zwischen denjenigen Netzbereichen mit netzspezifischer Marktmacht und denjenigen Netzbereichen, die durch aktiven und potenziellen Wettbewerb gekennzeichnet sind, zu unterscheiden ist.

Insoweit in Netzsektoren monopolistische Bottleneck-Bereiche bestehen, erfordern diese eine gezielte Regulierung zur Disziplinierung der netzspezifischen Marktmacht. Dabei muss insbesondere der symmetrische Zugang zu den monopolistischen Bottleneck-Bereichen für sämtliche aktiven und potenziellen Anbieter von Netzleistungen gewährleistet werden, damit der Wettbewerb auf allen komplementären Märkten umfassend zum Zuge kommen kann.

Der Effekt einer totalen Verweigerung des Zugangs zu monopolistischen Bottleneck-Einrichtungen könnte auch erreicht werden, indem der Zugang lediglich zu untragbar hohen Tarifen bereitgestellt wird. Dies macht deutlich, dass eine Regulierung der Zugangsbedingungen zu den monopolistischen Bottlenecks erforderlich ist. Grundlegender Ansatzpunkt einer solchen Regulierungspolitik sollte allerdings sein, die Regulierungsmaßnahmen strikt auf diejenigen Netzbereiche zu beschränken, bei denen Marktmachtpotenziale tatsächlich vorliegen. Eine Regulierung der Zugangstarife zu monopolistischen Bottlenecks darf folglich nicht gleichzeitig zu einer Regulierung der Tarife in Netzbereichen ohne Marktmachtpotenziale führen.

Auch wenn die monopolistischen Bottleneck-Bereiche aufgrund der Netzeigenschaft komplementär zu den übrigen Netzbereichen sind, bedeutet dies keineswegs, dass hieraus die Notwendigkeit einer End-zu-End-Regulierung und damit ein pauschaler Einsatz der Regulierungsinstrumente abgeleitet werden können. Der Versuch, mittels einer „geeigneten" End-zu-End-Regulierung den Wettbewerbsprozess zu imitieren, kann eine umfassende Deregulierung jenseits der monopolistischen Bottlenecks nicht ersetzen. Nur durch eine gezielte Bottleneck-Regulierung ist es möglich, die Rückführungspotenziale sektorspezifischer Regulierung rasch zu erkennen und institutionell umzusetzen.

8.3.4 Wettbewerbsschädliche Preisstruktur-Regulierung

Das Ziel, Monopolrenten zu vermeiden, hat in der Vergangenheit eine Vielzahl detaillierter regulatorischer Eingriffe hervorgerufen. Insbesondere kostenbasierte Regulierungsinstrumente haben eine lange Tradition (vgl. Knieps, 2005, S. 83 ff.).

8.3.4.1 Verzerrung des Wettbewerbs durch kostenbasierte Regulierungsvorschriften

Das Problem der Kostendeckung hat in der Regulierungsökonomie zu unterschiedlichen Ansätzen kostenbasierter Regulierung geführt, die jedoch alle mehr oder weniger als wettbewerbsbehindernd eingestuft werden müssen. Eine regulatorische Auflage, Netzzugangsgebühren entsprechend den langfristigen Zusatzkosten zu erheben, würde beispielsweise eine Diskriminierung des Netzeigentümers zur Folge haben. Denn niemand würde Anreize besitzen, zu solchen Bedingungen Netzzugangskapazitäten bereitzustellen. Es kann davon ausgegangen werden, dass die Anlagen nie gebaut worden wären, falls solche Regulierungsauflagen bereits ex ante in Erwägung gezogen worden wären. Es verbleibt folglich die Aufgabe, auch die Differenz zwischen Gesamtkosten und Zusatzkosten (d. h. die nicht zurechenbaren Kosten) zu decken, wobei die unternehmerischen Alternativen der Eigenproduktion durch Wettbewerber – und der sich hieraus ergebende Wettbewerbsdruck – eine effektive Preisobergrenze implizieren.

Ein zentraler Fehler kostenbasierter Regulierungsansätze besteht in der administrativen Vorgabe der zulässigen Aufteilungsschlüssel der nicht direkt zurechenbaren Kosten (bzw. Overhead-Kosten) durch die Regulierungsbehörden. Diese würde gegen das Prinzip der entscheidungsrelevanten Kostenallokation verstoßen (vgl. Abschnitt 2.2). So sieht die sogenannte Competition-on-equal-Terms-Regel vor, die nicht direkt zurechenbaren Kosten (Overhead-Kosten) proportional den Zusatzkosten unterschiedlicher Leistungen zuzuordnen, so dass der relative Aufschlag überall identisch ist (vgl. z. B. Tye, 1993, S. 46 f.). Auch wenn mit dieser Aufteilungsregel eine symmetrische Behandlung sämtlicher Marktteilnehmer verfolgt wird, ist sie dennoch wettbewerbsbehindernd. Insbesondere können durch eine symmetrische Aufteilung der Overhead-Kosten Anreize für ineffizienten Bypass von Netzbereichen gesetzt werden. Falls etwa die Stand-alone-Kosten eines spezialisierten Marktneulings niedriger sind als die Zusatzkosten der Leistungserstellung plus den symmetrisch zugeteilten Overhead-Kosten, müsste sich im Rahmen einer Verhandlungslösung ein niedrigerer Aufschlag ergeben, der dennoch einen positiven Deckungsbeitrag liefert. Im Gegensatz dazu führt die Competition-on-equal-Terms-Regel zu einer Eigenversorgung des Marktneulings und damit einhergehend zu ineffizienter Kostenduplizierung.

Eine zweite Regulierungsregel ist die sogenannte „Efficient Component Pricing Rule" (ECPR) (vgl. Baumol, 1983; Baumol, Sidak, 1994). Sie besagt, dass Netzzugangsgebühren nicht nur die Zusatzkosten des Zugangs, sondern auch die so genannten „Opportunitätskosten des Marktzutritts" durch entgangene Erlöse des etablierten Unternehmens in den komplementären Netzbereichen decken sollten. Auch wenn vor der Marktöffnung lediglich eine strikte Gesamtkostendeckung (ohne Monopolgewinne) erzielt wurde, kann diese Regel Anreize für ineffiziente Eigenversorgung (ineffizienten Bypass) setzen. Je niedriger die Stand-alone-Kosten spezialisierten Marktzutritts sind, umso eher ist ein Verzicht auf Netzzugang als Folge dieser Regulierungsvorschrift zu erwarten.

Als Fazit ergibt sich:

- Die starre Orientierung der Preisbildung an den langfristigen Zusatzkosten würde die unternehmerische Flexibilität bei der Preisbildung über Gebühr einschränken. Dies lässt sich anhand des Grundprinzips der Spitzenlasttarifierung leicht veranschaulichen (vgl. Abschnitt 4.1). Da die Nachfrage nach Netzleistungen im Zeitablauf erheblich schwankt, sind auch im Wettbewerb auslastungsabhängige Preise zu erwarten. Während die Spitzenlastpreise unter bestimmten Voraussetzungen die langfristigen Zusatzkosten übersteigen, gilt umgekehrt, dass die Schwachlasttarife unter den langfristigen Zusatzkosten liegen. Unter bestimmten Annahmen gilt sogar, dass in der Schwachlastperiode nur die kurzfristigen Grenzkosten gezahlt werden müssten, während alle übrigen Kosten (Kapazitätskosten etc.) über die Spitzenlastpreise eingebracht würden.[90] Das Konzept der langfristigen Zusatzkosten bei der Inanspruchnahme auslastungsabhängiger Leistungen ist daher kein geeigneter Preissetzungsmaßstab. Die Unternehmen müssen vielmehr die Flexibilität besitzen, die langfristigen Zusatzkosten sowohl zu unterschreiten als auch zu überschreiten.

- Ein Unternehmen, das für jedes seiner Produkte lediglich die Zusatzkosten erwirtschaftet, kann seine produktgruppenspezifischen Verbundkosten und die Gemeinkosten nicht decken und muss zwangsläufig aus dem Markt austreten. Den Referenzpunkt für wettbewerbsmäßige Preise bei Vorliegen von Größen- und Verbundvorteilen müssen folglich die Stand-alone-Kosten bilden. Die Unternehmen sind im Wettbewerb selbst daran interessiert, die Signale der Grenzkosten und der langfristigen Zusatzkosten für ihre Produktionsentscheidungen fruchtbar zu machen und Aufschläge zwecks Kostendeckung abhängig von den Marktverhältnissen (Nachfrageelastizitäten) vorzunehmen. Eine staatliche Regulierung mit dem Ziel einer administrativen Kostenaufteilung wäre wettbewerbsschädlich. Als Fazit lässt sich festhalten, dass in einem wettbewerblichen Umfeld die (kurzfristigen) Grenzkosten die Preisuntergrenze darstellen, während die Stand-alone-Kosten die Preisobergrenze festlegen.

---

[90] Es handelt sich dabei um den Fall einer festen Lastspitze (vgl. z. B. Knieps, 2005, S. 226 ff.)

8.3.4.2 Regulierung auf der Basis analytischer Kostenmodelle?

Analytische Kostenmodelle zu Regulierungszwecken wurden zunächst zur Beantwortung der Frage nach der Höhe des erforderlichen Subventionsbedarfs sozial erwünschter Universaldienstleistungen in Ortsnetzen entwickelt, dann aber auch zur Beantwortung der Frage, ob Verbundvorteile in Ortsnetzen nachgewiesen werden können, und schließlich vermehrt zur Beantwortung der Frage nach den entscheidungsrelevanten (Zusatz-)Kosten der Bereitstellung von Netzzugangs-/Zusammenschaltungsleistungen (vgl. z. B. Gabel, Kennet, 1994).

Die Ergebnisse analytischer Modelle hängen entscheidend von den zugrunde liegenden Modellannahmen ab. Dabei wird die konkrete Ausgestaltung kontrovers diskutiert. Es bestehen insbesondere unterschiedliche Auffassungen über die korrekte Netzmodellierung und die eingesetzten Technologien sowie über die Modellierung der Nachfragesituation. Sowohl die Standorte der Netzknoten als auch die Hierarchie des Netzes, die Verkehrsführungsregeln etc. sind innerhalb dieser Modelle prinzipiell endogen wählbar.

Kontroversen bestehen nicht nur hinsichtlich der Art und Weise der Ermittlung und Dokumentation der entscheidungsrelevanten langfristigen Zusatzkosten, sondern auch hinsichtlich der Frage, wer diese ermitteln kann und soll. Die Separierungshypothese besagt, dass die Kosten der effizienten Leistungsbereitstellung der unabhängige Maßstab sind, an denen sich die tatsächlichen Kosten des etablierten Anbieters messen lassen (vgl. Schuster, Stürmer, 1997, S. 343). Diese Separierungshypothese ist jedoch mit der Ermittlung entscheidungsrelevanter Kosten nicht vereinbar. Die tatsächliche Entscheidungssituation von Marktneulingen und von etablierten Anbietern muss die Pfadabhängigkeit (Ausbau versus Neubau) des bereits bestehenden Netzes berücksichtigen (vgl. Abschnitt 2.3.2).

Der Referenzmaßstab für die Beurteilung der Kosten der effizienten Leistungsbereitstellung auf der Basis der Kosten eines hypothetischen Netzes eines hypothetischen Marktneulings setzt sowohl für etablierte Netzbetreiber als auch für Marktneulinge die falschen Anreize. Potenzielle Marktneulinge besitzen so keine Anreize mit einer effizienteren Technologie tatsächlich in den Markt einzutreten, wenn sie zu den gleichen Konditionen die Netzkapazitäten der etablierten Anbieterin beziehen können; dies um so mehr, als sie befürchten müssen, dass in der nachfolgenden Periode ihre neue Technologie bereits durch noch effizientere hypothetische Technologien entwertet würden, da die etablierte Anbieterin dann wiederum zu diesen noch niedrigeren Konditionen liefern müsste. Die etablierten Netzbetreiber wiederum besitzen keinerlei Anreize, weiter in die Netze zu investieren, da sie unter diesen Umständen nicht erwarten können, die Kapitalkosten zurückzugewinnen (vgl. Sidak, Spulber, 1998, S. 117).

Die Netzbetreiber werden sich nicht auf den Einsatz einer bestimmten Netzarchitektur und bestimmter Technologien festlegen lassen. Netzvielfalt und Technologievielfalt stellen schließlich die Motoren einer dynamischen Netzentwicklung dar. Nur die aktiven Anbieter können im Rahmen unternehmerischer Entscheidungen den graduellen Prozess der Weiterentwicklung ihrer Netze steuern.

Zur Ermittlung entscheidungsrelevanter Kosten neuer Netzteile können unternehmensinterne analytische Kostenmodelle dem Netzbetreiber wertvolle Entscheidungshilfen bieten (vgl. Abschnitt 2.3.4). Analytische Kostenmodelle als regulatorische Schattenrechnungen können dagegen die unternehmerischen Entscheidungssituationen realer Netzbetreiber nicht abbilden. Sie sind daher als Entscheidungsgrundlage der Regulierungsbehörde für kostenorientierte Tarife nicht geeignet. Der Referenzpunkt des Als-Ob-Wettbewerbs muss sich immer auf die realen unternehmerischen Entscheidungssituationen beziehen. Externe Kostenmodelle sind dazu nicht in der Lage, da sie an der Realität vorbeizielen und daher den falschen Referenzpunkt bilden.

8.3.5 Preisniveau-Regulierung der Zugangstarife

8.3.5.1 Grundprinzipien der Price-Cap-Regulierung

Seit der umfassenden Netzöffnung stellt die Price-Cap-Regulierung das zentrale Regulierungsinstrument dar. Die Konzeption der Price-Cap-Regulierung ist relativ einfach. Grundlegend ist die Überzeugung, dass es ein perfektes Regulierungsinstrument nicht geben kann und dass Regulierung niemals zu einer perfekten Korrektur des Marktversagens führen kann. Der Einfachheit und der praktischen Implementierbarkeit wird große Bedeutung zugemessen. Die Regulierung soll sich dabei auf die monopolistischen Leistungen beschränken. Regulierung kann auch ohne Informationen bezüglich Kosten- und Nachfragebedingungen bereits eine Verbesserung für die Konsumenten bewirken, indem sie dafür sorgt, dass sich deren Situation nicht verschlechtert. Insbesondere sollen die Preise der monopolistischen Dienste möglichst nicht stärker ansteigen als die Inflationsrate. Die Kunden sollen im Prinzip in der Lage sein, auch zu den heutigen Preisen die gleichen Mengen der unterschiedlichen Leistungen des betrachteten Dienstleistungskorbes einzukaufen wie in der Vorperiode, ohne dass ihnen dadurch Mehrausgaben entstehen. Als Korrekturfaktor wird *RPI-X* eingesetzt, wobei *RPI* die Veränderung des Konsumentenpreisindex und *X* ein zwischen Regulierer und Unternehmen auszuhandelnder Prozentsatz darstellt, der in der Folge als Prozentsatz der erwarteten Produktivitätsveränderung innerhalb des regulierten Bereichs interpretiert wurde (vgl. Littlechild, 1983, S. 34-36; Beesley, Littlechild, 1989, S. 456 ff.).

Bezeichne $p_{i,t}$ den Preis des i-ten Produkts in Periode t und $q_{i,t-1}$ die Menge des i-ten Gutes, das in der Periode t-1 verkauft wird, so lautet die Price-Cap-Beschränkung:

$$(8.1) \quad \sum_{i=1}^{n} p_{i,t} \cdot q_{i,t-1} \leq \sum_{i=1}^{n} p_{i,t-1} \cdot q_{i,t-1} \cdot (1 + RPI - X)$$

Zu dieser Darstellung, die auch „tariff basket" genannt wird, gibt es in der Regulierungspraxis verschiedenen Varianten, von denen die Variante des „average revenue cap" besonders populär wurde.[91] Dabei werden die Umsätze im regulierten Bereich durch eine homogene Bezugsgröße (z. B. Megawatt-Stunden bei Stromnetzen, Anzahl Passagiere bei Flughäfen) geteilt. Preisänderungen sind zugelassen, solange der erwartete durchschnittliche Erlös pro Output-Einheit im nächsten Jahr den maximal zulässigen Durchschnittserlös $\bar{p}$, korrigiert um den Faktor *RPI-X*, nicht überschreitet. Es muss folglich gelten:

$$(8.2) \qquad \frac{\sum\limits_{i=1}^{n} p_{i,t} \cdot q_{i,t}}{\sum\limits_{i=1}^{n} q_{i,t}} \leq \bar{p} \cdot (1 + RPI - X)$$

Im Gegensatz zum Tariff-Basket-Ansatz, der auf beobachtbaren Output-Mengen der Vorperiode basiert, ist nun eine Vorhersage der Output-Mengen in der Periode *t* seitens des regulierten Unternehmens erforderlich. Dadurch wird die Möglichkeit strategischen Verhaltens seitens des regulierten Unternehmens erhöht.

Bei der Price-Cap-Regulierung handelt es sich um eine Preisniveauregulierung, die ausschließlich auf monopolistische Bottleneck-Bereiche angewendet werden sollte. Sie ist aus der Perspektive des disaggregierten Regulierungsansatzes ein geeignetes Regulierungsinstrument. Da die Preise der Vorperiode als (zumindest der Regulierungsbehörde) bekannt angenommen werden können und *RPI* sowie *X* exogene Größen darstellen, sind detaillierte Informationen über die Kosten- und Nachfragebedingungen des regulierten Unternehmens nicht erforderlich. Da die Price-Cap-Regulierung Effizienzzuwächse in Form von Kosteneinsparungen bei dem regulierten Unternehmen belässt, entfallen die regulierungsbedingten Anreizverzerrungen der Inputregulierung (Knieps, 2005, S. 86 ff.).

Die Price-Cap-Regulierung stellt ein innovatives Regulierungsinstrument dar, das zur Disziplinierung der verbleibenden netzspezifischen Marktmacht in monopolistischen Bottleneck-Bereichen Anwendung finden kann. Dennoch bedeutet dies nicht, dass Price-Cap-Regulierung ein perfektes Regulierungsinstrument darstellt. Deshalb sollte ein Phasing-out der sektorspezifischen Regulierung möglichst rasch und umfassend umgesetzt werden, sobald das zu disziplinierende Marktmachtproblem verschwunden ist und der Wettbewerb funktionsfähig ist.

Die Price-Cap-Regulierung kann ihre Anreizwirkungen zur Effizienzsteigerung nur deshalb entfalten, weil sie dem regulierten Unternehmen die Früchte ihrer Effizienzbemühungen zumindest teilweise überlässt, so dass Überschussgewinne in monopolistischen Bottleneck-Bereichen auch mittels Price-Cap-Regulierung nicht völlig verschwinden. Dies hat sie mit der allgemeinen Theorie der anreizbasierte Regulierung gemeinsam (vgl. z. B. Vogelsang, 2002).

---

91 Vertiefende und kritische Ausführungen hierzu finden sich in Bradley, Price (1988); Beesley, Littlechild (1989, S. 463); Brunekreeft (2000, S. 25 f.); sowie Kunz (2003, S. 55 ff.).

Folgende Grundprinzipien für die Preisniveau-Regulierung gilt es zu beachten:

■ Eine Regulierung sollte sich strikt auf die nachgewiesene Marktmacht in monopolistischen Bottlenecks beschränken. Im Weiteren ist der Fortbestand dieser Bereiche beständig zu überprüfen und die Regulierung unmittelbar aufzuheben, wenn – etwas aufgrund technischen Fortschritts – ein solcher Bottleneck wegfällt.

■ Als Referenzpunkt im Sinne eines Als-ob-Wettbewerbs, in dem der Vorwurf eines Marktmachtmissbrauchs des Essential-Facilities-Eigentümers nicht gerechtfertigt ist, sollte die Deckung der Gesamtkosten der monopolistischen Bottlenecks dienen.

■ Die Regulierungsbehörden sollten hierzu die Unternehmen nicht auf ganz bestimmte Preisregeln, wie z. B. Ramsey-Zugangstarife oder auf zweistufige Netzzugangstarife verpflichten. Dies würde die unternehmerische Suche nach innovativen Tarifsystemen behindern. Denn es ist nicht auszuschließen, dass in der Zukunft noch bessere Regeln entdeckt werden (vgl. Abschnitt 4.1.2).

■ Price-Cap-Regulierung der monopolistischen Bottleneck-Bereiche sowie getrennte Rechnungslegung zu den übrigen Bereichen (Accounting Separation) sind ausreichend, um die verbleibende Marktmacht zu disziplinieren und einen diskriminierungsfreien Zugang zu den monopolistischen Bottleneck-Einrichtungen zu gewähren. Durch die Beschränkung der Regulierungsvorschrift auf das Niveau der Outputpreise soll der Informationsbedarf der Regulierungsbehörde möglichst gering gehalten werden. Dadurch wird nicht nur der Regulierungsaufwand reduziert; gleichzeitig werden unternehmerische Anreize bei der Suche nach Kosteneinsparungen sowie innovativen Preisstrukturen gesetzt. Entscheidender Vorteil der Price-Cap-Regulierung im Vergleich zur Einzelpreisgenehmigung besteht darin, dass die unternehmerische Suche nach innovativen Preisstrukturen nicht behindert wird.

8.3.5.2 Price-Cap-Regulierung und regulatorisches Benchmarking

Die zentrale Größe der Price-Cap-Regulierung ist der von der Regulierungsbehörde festzulegende X-Faktor, durch den bestimmt wird, um wie viel sich das Niveau der inflationsbereinigten Output-Preise erhöhen darf oder verringern muss. Die Grundidee der Price-Cap-Regulierung besteht darin, den X-Faktor als erwartete Schätzung der Wachstumsrate der totalen Faktorproduktivität des regulierten Netzbereichs festzulegen, der für die regulierten Unternehmen exogen vorgegeben wird (vgl. z. B. Kunz, 2003, S. 60 ff.).

In Großbritannien wurden für die einzelnen regulierten Sektoren unterschiedliche X-Faktoren ermittelt. Der höchste Wert von X wurde aufgrund des starken technologischen Fortschritts für den Telekommunikationssektor festgelegt. Der niedrigste X-Wert ergab sich für die Wasserindustrie, in der erhebliche Preisniveau-Zuwächse zugelassen wurden. Im Laufe der Zeit wurden sowohl für Flughäfen als auch für Gasnetze die *X*-Faktoren erheblich angehoben (vgl. Rees, Vickers, 1995, S. 376).

In jüngster Zeit werden insbesondere im Elektrizitätssektor vermehrt unternehmensspezifische *X*-Faktoren zugrunde gelegt. Dabei wird die Zielgröße der produktiven Effizienz für jedes einzelne Unternehmen im Rahmen von Benchmarking-Verfahren ermittelt. Die Messbarkeit der produktiven Effizienz einzelner Unternehmen im Vergleich zu anderen Unternehmen wurde bereits in der grundlegenden Arbeit von Farrell (1957) theoretisch untersucht. Dabei wird zwischen der technischen Effizienz (mit gegebenem Input den maximalen Output produzieren) und Preiseffizienz (der kostenminimierenden Anpassung an Preisveränderungen der Inputs) unterschieden. In der Folge wurden eine Vielzahl unterschiedlicher ökonometrischer Verfahren und Ansätze linearer Optimierung entwickelt.[92]

Grundsätzlich gilt es zu unterscheiden zwischen der Anwendung von unternehmensspezifischen *X*-Faktoren zu unternehmensinternen Zwecken und dem Einsatz von unternehmensspezifischen *X*-Faktoren zur Price-Cap-Regulierung.[93] Unternehmensspezifische *X*-Faktoren laufen der Grundkonzeption der Price-Cap-Regulierung zuwider, da hierdurch die Anreizregulierung durch eine ex ante unternehmensspezifische Kostenkontrolle partiell oder vollständig ersetzt wird. Überdies sind auf der Basis von Benchmarking-Verfahren ermittelte unternehmensspezifische *X*-Faktoren zu Regulierungszwecken problematisch (vgl. z. B. Shuttleworth, 2005; Ajodhia, Petrov, Scarsi, 2003; Turvey, 2006):

▪ Die Ergebnisse der Benchmarking-Verfahren hängen entscheidend von der Wahl des Modellansatzes, der Modellspezifikation und der Qualität der Daten ab. Die Umsetzung eines glaubwürdigen Regulierungsinstruments erfordert demgegenüber robuste Schätzergebnisse von (In)-Effizienzen, die relativ unabhängig sind von der Wahl der Modellspezifikation.

▪ Eine weitere wesentliche Schwierigkeit beim Benchmarking besteht darin, unbeobachtbare Faktoren der Heterogenität zwischen unterschiedlichen Netzen und damit einhergehende Kostendifferenzen von tatsächlichen Ineffizienzen zu separieren. So sind beispielsweise die Kosten eines Elektrizitätsverteilnetzes von einer großen Zahl von exogenen Faktoren abhängig (z. B. Topographie, Verteilung der Nachfrage im Raum etc.), die zwischen unterschiedlichen Verteilnetzen erheblich variieren können. Die Betreiber von Elektrizitätsverteilnetzen arbeiten folglich unter unterschiedlichen Bedingungen, so dass Kostenunterschiede zu erwarten sind, ohne dass diese mit Kostenineffizienzen gleichgesetzt werden dürfen.

---

92 Für einen Überblick über die Literatur zu Benchmarking-Verfahren vgl. z. B. Riechmann, Rodgarkia-Dara (2006); Murillo-Zamorano (2004).

93 In jüngster Zeit gewinnt die Ermittlung der „Enterprise Total Factor Productivity" als neuer Ansatz zur Unternehmenssteuerung an Bedeutung; vgl. z. B. Lev, Daum (2003, S. 9).

■ Schließlich besteht ein erhebliches Spektrum bei der Periodisierung entscheidungs-relevanter Kapitalkosten, abhängig von den unternehmensspezifischen Erwartungen bezüglich der zukünftigen Entwicklung der Input- und Output-Preise, der technologischen Entwicklung etc. Dies kann insbesondere zu unterschiedlichen ökonomischen Abschreibungen in der betrachteten Periode führen (vgl. Abschnitt 2.1.2). Diese Differenzen als Ineffizienzen zu betrachten, wäre unzutreffend; gleichermaßen irreführend wäre die Vorgabe eines einheitlichen Abschreibungsverfahrens.

Übungsaufgaben

8-1:   **Netzspezifische Marktmacht**

Unter welchen Voraussetzungen liegt keine monopolistische Bottleneck-Einrichtung vor?

8-2:   **Wettbewerbspotenziale auf Transportmärkten**

Erläutern Sie die Voraussetzungen für den Wettbewerb auf den Märkten für Transportleistungen.

8-3:   **Preisniveau-Regulierung der Zugangstarife**

Erläutern Sie die Grundprinzipien der Price Cap-Regulierung.

Literatur

Ajodhia, V., Petrov, K., Scarsi, G.C. (2003), Benchmarking and its Applications, Zeitschrift für Energiewirtschaft 27/4, 261-274

Areeda, P., Hovenkamp, H. (1988), "Essential facility" doctrine? Applications, in: P. Areeda, H. Hovenkamp, Antitrust Law, 202.3 (Suppl. 1988), 675-701

Baumol, W.J. (1982), Contestable Markets: An Uprising in the Theory of Industry Structure, American Economic Review, 72, 1-15

Baumol, W.J. (1983), Some subtle issues in railroad regulation, International Journal of Transport Economics, 10/1-2, 341-355

Baumol, W.J., Sidak, G. (1994), Toward Competition in Local Telephony, AEI Studies and MIT Press, Cambridge MA et al.

Beesley, M.E., Littlechild, S.C. (1989), The regulation of privatized monopolies in the United Kingdom, Rand Journal of Economics, 20, 454-472

Berndt, A., Kunz, M. (2003), Immer öfter ab und an? Aktuelle Entwicklungen im Bahnsektor, in: G. Knieps, G. Brunekreeft (Hrsg.), Zwischen Regulierung und Wettbewerb: Netzsektoren in Deutschland, Physica-Verlag, 2. Auflage, Heidelberg, 165-218

Blankart, Ch.B., Knieps, G. (1995), Market-Oriented Open Network Provision, Information Economics and Policy, 7, 283-296

Bradley, I., Price, C. (1988), The Economic Regulation of Private Industries by Price Constraints, Journal of Industrial Economics, XXXVII /1, 99-106

Brunekreeft, G. (2000), Kosten, Körbe, Konkurrenz: Price Caps in der Theorie, Schriftenreihe der Deutschen Verkehrswissenschaftlichen Gesellschaft, Reihe B: Price Cap-Regulierung in Netzindustrien – Chancen und Risiken eines neuen Regulierungsinstruments, B 232, 18-41

Brunekreeft, G., Keller, K. (2003), Elektrizität: Verhandelter versus regulierter Netzzugang, in: G. Knieps, G. Brunekreeft (Hrsg.), Zwischen Regulierung und Wettbewerb – Netzsektoren in Deutschland, Physica-Verlag, 2. Aufl., Heidelberg, 131-156

Demsetz, H. (1968), Why Regulate Utilities?, Journal of Law and Economics, 11, 55-65

Farrell, M.J. (1957), The Measurement of Productivity Efficiency, Journal of the Royal Statistical Society, Series A (General), 120/III, 253-281

Gabel, D., Kennet, D.M. (1994), Economies of Scope in the Local Telephone Exchange Market, Journal of Regulatory Economics, 6, 381-398

Knieps, G. (1997a), The Concept of Open Network Provision in Large Technical Systems, EURAS Yearbook of Standardization, 1, 357-369

Knieps, G. (1997b), Phasing out Sector-Specific Regulation in Competitive Telecommunications, Kyklos, 50 (3), 325-339

Knieps, G. (2000), Wettbewerb auf Mobilfunkmärkten, MultiMedia und Recht (MMR), Beilage 2, 1-15

Knieps, G. (2003), Competition in Telecommunications and Internet Services: A Dynamic Perspective, in: C.E. Barfield, G. Heiduk, P.J.J. Welfens, (eds.), Internet, Economic Growth and Globalization – Perspectives on the New Economy in Europe, Japan and the US, Springer Verlag, Berlin et al., 217-227

Knieps, G. (2005), Wettbewerbsökonomie – Regulierungstheorie, Industrieökonomie, Wettbewerbspolitik, Springer-Lehrbuch, 2. Aufl., Berlin u.a.

Knieps, G. (2006a), Sector-specific market power regulation versus general competition law: Criteria for judging competitive versus regulated markets, in: F.P. Sioshansi, W. Pfaffenberger, (eds.), Electricity Market Reform: An International Perspective, Elsevier, Amsterdam et al., 49-74

Knieps, G. (2006b), Privatisation of Network Industries in Germany: A Disaggregated Approach, in: M. Köthenbürger, H.-W. Sinn, J. Whalley (eds.), Privatization Experiences in the European Union, MIT Press, Cambridge (MA), London, 199-224

Knieps, G. (2006c), The Different Role of Mandatory Access in German Regulation of Railroads and Telecommunications, Journal of Competition Law & Economics, 2/1, 149-158

Kunz, M. (2003), Regulierungsregime in Theorie und Praxis, in: G. Knieps, G. Brunekreeft (Hrsg.), Zwischen Regulierung und Wettbewerb – Netzsektoren in Deutschland, Physica-Verlag, 2. Aufl., Heidelberg, 47-81

Landes, W.M., Posner, R.A. (1981), Market Power in Antitrust Cases, Harvard Law Review, 94, 937-997

Lev, B., Daum, J.H. (2003), Intangible Assets: Neue Ansätze für Unternehmenssteuerung und Berichtwesen, in: P. Horváth, R. Gleich (Hrsg.), Neugestaltung der Unternehmensplanung, Schäffer/Poeschel-Verlag, Stuttgart, 33-49

Littlechild, S.C. (1983), Regulation of British Telecommunications' Profitability, Department of Industry, London

Murillo-Zamorano, L.R. (2004), Economic Efficiency and Frontier Techniques, Journal of Economic Surveys, 18/1, 33-77

Panzar, J.C., Willig, R.D. (1977), Free Entry and the Sustainability of Natural Monopoly, Bell Journal of Economics, 8, 1-22

Rees, R., Vickers, J. (1995), RPI–X Price-Cap Regulation, in: M. Bishop, J. Kay, C. Mayer (eds.), The Regulatory Challenge, Oxford University Press, Oxford, 358-385

Riechmann, C., Rodgarkia-Dara, A. (2006), Regulatorisches Benchmarking – Konzeption und praktische Interpretation, Zeitschrift für Energiewirtschaft 30/3, 205-219

Schmalensee, R. (1989), Inter-Industry Studies of Structure and Performance, in: R. Schmalensee, R. Willig (eds.), Handbook of Industrial Organization, North-Holland, Amsterdam et al., 951-1009

Schuster, F., Stürmer, S. (1997), Arten und Verfahren der Entgeltgenehmigung, in: Beck'scher TKG-Kommentar, München, 332-372

Shuttleworth, G. (2005), Benchmarking of electricity networks: Practical problems with its use for regulation, Utilities Policy 13, 310-317

Sidak, J.G., Spulber, D.F. (1998), Deregulation and Managed Competition in Network Industries, Yale Journal on Regulation, 15/1, 117-147

Tirole, J. (1989), The Theory of Industrial Organization, 2nd printing, MIT Press, Cambridge et al.

Turvey, R. (2006), On network efficiency comparisons: Electricity distribution, Utilities Policy, 14, 103-113

Tye, W.B. (1993), Pricing Market Access for Regulated Firms, Logistics and Transportation Review, 29/1, 39-67

Vogelsang, I. (2002), Incentive Regulation and Competition in Public Utility Markets: A 20-Year Perspective, Journal of Regulatory Economics, 22/1, 5-27

Weizsäcker, C.C. von (1984), The Costs of Substitution, Econometrica, 52/5, 1085-1116

9 Positive Theorie der Regulierung

9.1 Normative versus positive Theorie der Regulierung

Die normative Theorie der Regulierung legt Kriterien fest, nach denen beurteilt werden kann, welche Netzbereiche reguliert werden sollten (Regulierungsbasis) und mit welchen Instrumenten dies am besten geschehen könnte (Regulierungsinstrumente). Es geht also um die Frage, wie reguliert werden sollte. Die positive Theorie der Regulierung untersucht die Entstehung, Veränderung und Abschaffung sowie die institutionelle Umsetzung sektorspezifischer Regulierung. Es geht also um die Frage, wie tatsächlich reguliert wird. Dabei müssen die Einflussnahme einzelner Branchen und Unternehmen, Verbraucherinteressen und die bürokratischen Eigeninteressen der Regulierungsbehörde mit berücksichtigt werden.[94] Die unterschiedlichen Interessengruppen stehen bei ihrer Suche nach politischem Einfluss in Konkurrenz zueinander. Der Einfluss von Interessengruppen hängt wesentlich von den institutionellen Rahmenbedingungen ab.

Ausgangspunkt der normativen Theorie der Regulierung ist die Vorstellung von Marktversagen bzw. Marktunvollkommenheiten, die es durch Regulierungseingriffe zu korrigieren gilt. Die Public-Interest-Theorie geht vom Extremfall aus, dass Regulierung kostenlos ist, ferner der Regulierer ohne Eigeninteressen handelt und insbesondere in der Lage ist, dieses Marktversagen vollständig zu korrigieren, so dass dem regulierten Unternehmen keine Monopolrenten verbleiben. Diese Public-Interest-Theorie der Regulierung fand weite Verbreitung und beeinflusste lange Zeit maßgeblich die Gesetzgebung im Bereich der sektorspezifischen Regulierung.

Die Public-Interest-Theorie der Regulierung ist lange Zeit davon ausgegangen, dass die Ausformulierung der Gesetze und ihre Ausführung ausschließlich den öffentlichen Interessen dienen und ohne Eigeninteressen der Behörden umgesetzt werden. In der Regulierungspraxis zu beobachtende unbefriedigende Regulierungsergebnisse führten zunächst zu einer Neuformulierung der Public-Interest-Theorie. Dabei wurde unterstellt, dass Regulierungsbehörden zwar zur Wahrung der öffentlichen Interessen ge-

---

94 Einen Überblick über positive Theorien der Regulierung findet der Leser in Joskow, Noll (1981); Owen, Braeutigam (1978); Spulber (1989); Vogelsang (1988); Müller, Vogelsang (1979).

schaffen wurden, aber aufgrund von Missmanagement diese Ziele nicht immer erreichen. Diese Neuformulierung vernachlässigt allerdings den Einfluss der Interessengruppen auf staatliche Behörden, da auch effizient arbeitende Behörden andere Ziele verfolgen können. Dies führte schließlich zu einer grundlegenden Kritik an der Public-Interest-Theorie und zu der Entwicklung der so genannten positiven Theorie der Regulierung. Diese stellt die Rolle der Interessengruppen innerhalb des Regulierungsprozesses in den Mittelpunkt. Die Einflussnahme kann dabei auf unterschiedlichen Stufen des politischen Prozesses stattfinden, sowohl auf Gesetzgebungsverfahren als auch auf Regulierungsbehörden bei der Umsetzung von Regulierungsgesetzen (vgl. Posner, 1974, S. 376 ff.; Stigler, 1971).

9.2 Positive Theorie des Verhaltens von Regulierungsbehörden

9.2.1 Die Grundpfeiler des Regulierungsprozesses

Regulierungsgesetze bestehen typischerweise aus 2 Komponenten, dem gesetzlichen Regulierungsrahmen und dem gesetzlichen Regulierungsmandat. Regulierungsbehörden besitzen innerhalb des gesetzlichen Regulierungsrahmens einen diskretionären Handlungsspielraum bei der Regulierungsumsetzung und bei der Wahl und Anwendung der Regulierungsinstrumente. Daher stellt sich das Problem des gesetzlichen Regulierungsmandats zur Begrenzung des Handlungsspielraums der Regulierungsbehörde. Im vorliegenden Kontext geöffneter Netzsektoren wird von einem gesetzlichen Regulierungsrahmen ausgegangen, der dem regulierten Sektor die Marktöffnung garantiert, marktzutrittskompatible Bereitstellung von Universaldienstleistungen gewährleistet sowie Regelungen zur Marktmachtdisziplinierung vorsieht. Abhängig von der konkreten gesetzlichen Zielvorgabe müssen dann entsprechende Regulierungsmandate abgeleitet werden, die das Verhältnis zwischen Gesetzgeber und Regulierungsbehörde bindend ordnen. Im Rahmen des gesetzlich vorgegebenen Regulierungsmandats wird die Regulierung durch Anwendung der Regulierungsinstrumente umgesetzt (vgl. Abb. 9-1).

9.2.2 Der gesetzliche Regulierungsrahmen

Der gesetzliche Regulierungsrahmen wird in Form von Gesetzen und Verordnungen im politischen Prozess festgelegt. Die sektorspezifische Regulierung wird durch vom Gesetzgeber eingesetzte Behörden durchgeführt. Bereits Posner (1974, S. 339 f.) verwies auf die Notwendigkeit einer Arbeitsteilung zwischen den gesetzgebenden Instanzen und den ausführenden Regulierungsbehörden.

Abbildung 9-1:   *Das Regulierungsdreieck*

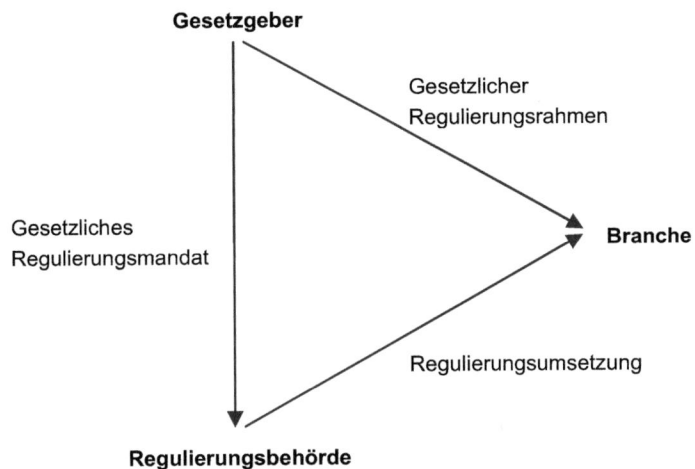

Gesetzgebungsverfahren können sich sowohl auf die Einführung, auf die Weiterentwicklung als auch auf Abschaffung von speziellen Regulierungsvorschriften bezüglich des Regulierungsumfanges und der Art der eingesetzten Regulierungsinstrumente beziehen. In der Vergangenheit handelte es sich in den Netzsektoren um die Einführung gesetzlicher Marktzutrittschranken, den Übergang zur partiellen Marktöffnung und schließlich die völlige Marktöffnung. Gesetzgebungsverfahren und Verordnungen in den geöffneten Netzsektoren beziehen sich auf technische Regulierung, Universaldienstregulierung und Marktmachtregulierung. In diesem Zusammenhang kommt den Regulierungsbehörden als ausführenden Organen besondere Bedeutung zu.

Durch die Übertragung von Regulierungskompetenzen von einer gesetzgebenden Instanz auf eine Regulierungsbehörde werden gleichzeitig die zukünftigen Handlungsspielräume einer Regulierungsbehörde festgelegt (Spulber, Besanko, 1992, S. 127 ff.). Es handelt sich dabei um ein Regulierungsmandat zwischen Gesetzgeber (Prinzipal) und Regulierungsbehörde (Agent). Die Regulierungsbehörde kann dabei einen mehr oder weniger großen Handlungsspielraum erhalten.

Für den Fall, dass der gesetzliche Rahmen keine Regulierungsbehörde vorsieht, werden die Regulierungsaufgaben entweder gar nicht oder aber durch andere Institutionen (Wettbewerbsbehörden, Gerichte) wahrgenommen. Dieser Ansatz, auf sektorspezifische Behörden völlig zu verzichten, wird auch als Light-handed-Regulierung bezeichnet. Längere Zeit wurde dieser Ansatz in Neuseeland verfolgt. Auch in Deutschland unterlagen der Energie- und der Eisenbahnsektor bis 2005 keiner sektorspezifischen Regulierung.

Das Gegenteil von Light-handed-Regulierung ist die Heavy-handed-Regulierung. Dabei wird der Regulierungsbehörde sowohl hinsichtlich der Bestimmung der Regulierungsbasis als auch bei der Wahl der Regulierungsinstrumente vom Gesetzgeber ein erheblicher Handlungsspielraum gelassen. Die europäische Telekommunikationsregulierung gibt hierzu ein illustratives Beispiel (vgl. z. B. Knieps, 2005). Es zeigt sich, dass dieser große Handlungsspielraum der Regulierungsbehörden dazu führte, dass auch wettbewerbliche Netzbereiche – wie Telekommunikationsfernnetze – einer Regulierung unterworfen wurden. Auch die Wahl der Regulierungsinstrumente, wie beispielsweise detaillierte kostenbasierte Preiskontrollen in Kombination mit Price-Cap-Regulierung, führte im Telekommunikationssektor zu Überregulierungen.

Weder Light- noch Heavy-handed-Regulierung sind aus Sicht der normativen Regulierungstheorie zu befürworten (vgl. Kapitel 8). Erforderlich ist es daher, dass der Gesetzgeber im Rahmen eines Mandats den Kompetenzbereich der Regulierungsbehörden so ausgestaltet, dass systematische Über- oder Unterregulierungen vermieden werden. Einerseits wird dadurch der Regulierungsspielraum der Regulierungsbehörde begrenzt und überflüssige Regulierungseingriffe werden somit vermieden, andererseits werden erforderliche Regulierungseingriffe gesetzlich vorgeschrieben. Für sämtliche Regulierungsfunktionen (technische Regulierung, Universaldienstregulierung, Marktmachtregulierung) ist ein Regulierungsmandat seitens des Gesetzgebers an die Regulierungsbehörden erforderlich. Die folgenden Ausführungen konzentrieren sich auf das Marktmachtregulierungsproblem.

9.2.3 Der diskretionäre Handlungsspielraum von Regulierungsbehörden

Regulierungsbehörden haben die Kompetenz, im Rahmen des gesetzlichen Auftrags Entscheidungen zu treffen. Es wird davon ausgegangen, dass Regulierungsbehörden jenseits des gesetzlichen Auftrags nicht aktiv werden können. Der gesetzliche Auftrag stellt daher eine Beschränkung des Verhaltens für die Regulierungsbehörden dar. Innerhalb dieses Aktionsraumes besitzen die Regulierungsbehörden diskretionäre Handlungsspielräume, die abhängig von der Ausgestaltung des gesetzlichen Regulierungsrahmens erheblich variieren. Ein gewisser Handlungsspielraum der Regulierungsbehörde ist prima facie vom Gesetzgeber erwünscht, weil nur so auf die spezifischen Umsetzungserfordernisse sektorspezifischer Regulierung eingegangen werden kann. Insbesondere erfordert die Umsetzung der Regulierung spezialisierte Branchenkenntnisse. Der Extremfall, dass die Regulierungsgesetze der Regulierungsbehörde keinerlei diskretionären Handlungsspielraum überlassen, kann folglich ausgeschlossen werden. Ein zweiter Extremfall, dass die Regulierungsbehörden sich völlig unabhängig vom gesetzlichen Regulierungsrahmen verhalten können, ist ebenso wenig wahrscheinlich.

Es kann davon ausgegangen werden, dass der gesetzliche Regulierungsrahmen den diskretionären Spielraum für das Verhalten von Regulierungsbehörden beschränkt, aber nicht völlig aufhebt (vgl. Spulber, Besanko, 1992; Weingast, Moran, 1983; Knieps, 1985, S. 80 ff.). In der Regel sind gesetzliche Vorschriften so verfasst, dass die Regulierungsbehörden die Möglichkeit besitzen unter einer mehr oder weniger großen Anzahl alternativer Regulierungsmaßnahmen auszuwählen, die mit dem Gesetz kompatibel sind. Innerhalb des gesetzlichen Regulierungsrahmens sind die Regulierungsbehörden folglich in der Lage den Regulierungsprozess zu steuern. Diesem Ansatz liegt die Vorstellung zugrunde, dass die Transaktionskosten der Reaktion auf regulierungsrelevante Veränderungen innerhalb einer Branche wesentlich geringer sind, falls diese Änderungen durch Entscheidungen spezialisierter Behörden anstatt durch gesetzliche Änderungen innerhalb parlamentarischer Institutionen organisiert werden. Nach Posner (1974) führt bereits die Größe des Parlaments dazu, regelmäßig wiederkehrende und spezielles Expertenwissen erfordernde Funktionen an spezialisierte Institutionen zu delegieren. Die Möglichkeit von Gesetzesänderungen durch das Parlament ist natürlich auch in Netzsektoren gegeben. Aufgrund der höheren Änderungskosten sind sie jedoch weniger häufig als Entscheidungen seitens der Regulierungsbehörden.

9.2.4 Der Einfluss von Interessengruppen

9.2.4.1 Ad hoc Hypothesen

In der Literatur sind verschiedene ad hoc Hypothesen über die Durchsetzungsfähigkeit einer spezifischen Interessengruppe gegenüber einer Regulierungsbehörde bekannt.

■ Die Capture-Hypothese

Eine bestimmte Ausprägung der Erklärung von Regulierungseingriffen zur Erzeugung und Umverteilung von Renten ist die so genannte Capture-Theorie. Hiernach werden Regulierungsbehörden zunächst im öffentlichen Interesse (etwa zum Schutz der Konsumenten) vom Gesetzgeber eingerichtet, in der Folge werden sie jedoch zum Werkzeug der Industrie, welche sie regulieren sollten (vgl. z. B. Bernstein 1955; Owen, Braeutigam, 1978, S. 11).

Diese relativ einfache Theorie geht also von der Hypothese aus, dass mit der Zeit Regulierungsbehörden von der regulierten Industrie dominiert werden, so dass von den ursprünglichen gesetzlichen Regulierungszielen nicht mehr viel übrig bleibt, da etwa bei der Gewinnregulierung die zugelassene Rentabilität immer mehr in Richtung des Monopolgewinns wandert. Schließlich wird als Zielfunktion der Regulierungsbehörde nur noch der Gewinn der Produzenten maximiert. Diese Hypothese ist jedoch aus verschiedenen Gründen unbefriedigend (vgl. Posner, 1974, S. 341 ff.). Insbesondere stellt sie keine Theorie einer systematischen Einflussnahme von unterschiedlichen Interessengruppen, einschließlich der Konsumentengruppen, dar.

■ Die Verbraucherschutzhypothese

Eine konträre ad hoc Hypothese zur Capture-Theorie ist die Verbraucherschutzhypothese, die besagt, dass die Regulierungsbehörde im Auftrag des Gesetzgebers ausschließlich die Konsumentenrente maximiert und den Gewinn der Unternehmen in ihrem Entscheidungsverhalten vernachlässigt. Auch diese Hypothese ist für eine ex ante Prognose des Verhaltens von Regulierungsbehörden nicht geeignet, da sie auf das Zusammenspiel der gegenläufigen Interessen unterschiedlicher Interessengruppen nicht eingeht.

9.2.4.2 Wettbewerb zwischen Interessengruppen

Der Einfluss von Interessengruppen im Regulierungsprozess wurde von Stigler (1971), Peltzman (1976) und Becker (1983) im Rahmen der positiven Theorie der Regulierung analysiert. Ausgegangen wird von der Vorstellung, dass die Regulierung zu einer Umverteilung von Renten führt, so dass Regulierungsmaßnahmen immer zu Gewinnern und Verlierern führen. Das Potenzial der Rentenumverteilung zwischen den unterschiedlichen Interessengruppen bestimmt die Angebotsseite des Regulierungsprozesses.

Die Nachfrage nach Regulierung wird durch den Einfluss der Interessengruppen auf die Regulierungsbehörden gebildet. Die Teilnehmer des Regulierungsprozesses haben Interesse daran, die Entscheidungen des Regulierers jeweils zu ihren Gunsten zu beeinflussen. Der Wettbewerb um Renten ist häufig mit dem Einsatz von Ressourcen für Lobbyaktivitäten etc. verbunden, um dadurch den Grad des Einflusses zu erhöhen.

Bereits anhand eines einfachen Modellansatzes lässt sich das Zusammenspiel von Angebot und Nachfrage nach Regulierung veranschaulichen (vgl. Peltzman, 1976, S. 217 ff.; Spulber, 1989, S. 94 ff., insb. Abb. 2.3.1). Dabei wird von 2 Interessengruppen, den Konsumenten und den Produzenten ausgegangen. Bezeichne $\Omega(p)$ die Konsumentenrente und $\pi(p)$ den Gewinn der Branche. Ausgegangen wird von dem Spezialfall, dass Regulierung ausschließlich der Umverteilung dient, wobei der Regulierer innerhalb des gesetzlichen Regulierungsrahmens die Kompetenz besitzt mittels Marktzutrittsschranken und Preisregulierung einen Preis $p^c \leq p^a \leq p^m$ durchzusetzen.[95] Es ergibt sich ein Renten-Umverteilungspotenzial. Es lässt sich auch als regulatorische Produktionsmöglichkeitsmenge interpretieren, deren effizienter Rand durch die Transformationsfunktion T mit $T(\pi(p),\Omega(p)) = 0$ charakterisiert ist (vgl. Abb. 9-2).[96] Der

---

[95] Der zentrale Beitrag des Stigler/Peltzman-Modells besteht darin, die Rolle von Interessengruppen im Regulierungsprozess explizit aufzuzeigen. Der institutionelle Prozess selbst wird dabei jedoch nicht näher betrachtet, insbesondere wird nicht zwischen Gesetzgebungsinstanzen und Regulierungsbehörden unterschieden (vgl. Weingast, Moran, 1983, S. 768).

[96] Zum Konzept der Transformationsfunktion vgl. z. B. Varian (1999, S. 554 f.).

regulierte Gewinn $\pi(p^a)$ liegt zwischen 0 und dem Monopolgewinn $\pi(p^m)$. Die regulierte Konsumentenrente $\Omega(p^a)$ liegt zwischen $\Omega(p^m)$ und $\Omega(p^c)$.

Abbildung 9-2: *Das Stigler/Peltzman-Modell*

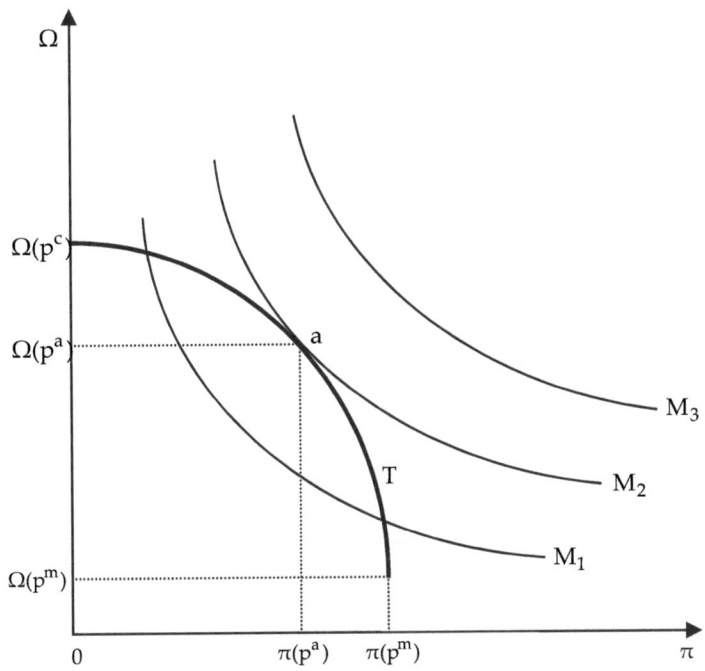

Aus dem totalen Differenzial von $T(\pi(p),\Omega(p))$

$$(9.1) \quad \frac{\partial T}{\partial \pi(p)} \cdot d\pi(p) + \frac{\partial T}{\partial \Omega(p)} \cdot d\Omega(p) = 0$$

ergibt sich die Grenzrate der regulatorischen Rententransformation:

$$(9.2) \quad MRT = \frac{d\Omega(p)}{d\pi(p)} = -\frac{\dfrac{\partial T}{\partial \pi(p)}}{\dfrac{\partial T}{\partial \Omega(p)}}$$

Es wird ferner von einer Einflussfunktion M der Interessengruppen auf die Regulierer ausgegangen. Die Einflussnahme erfolgt abhängig von der Intensität der Interessen.[97]

Die Zielfunktion des Regulierers M lässt sich wie folgt charakterisieren:

(9.3) $M = M(\pi(p), \Omega(p))$

Es gilt: $\dfrac{\partial M}{\partial \pi(p)} > 0$ und $\dfrac{\partial M}{\partial \Omega(p)} > 0$

Die Unterstützung durch die Konsumentengruppe nimmt zu, wenn die Regulierung den Anstieg der Konsumentenrente ermöglicht. Die Unterstützung durch die Produzentengruppe nimmt zu, wenn die Regulierung den Anstieg der Gewinne ermöglicht. Gleichzeitig wird davon ausgegangen, dass die Grenzerträge der Rentenumverteilung an eine bestimmte Gruppe abnehmen.

Das heißt: $\dfrac{\partial^2 M}{\partial \pi(p) \partial \pi(p)} < 0$ und $\dfrac{\partial^2 M}{\partial \Omega(p) \partial \Omega(p)} < 0$

Hieraus folgt, dass die Iso-Einflussfunktionen konvex sind. Die Grenzrate der Substitution einer Regulierung zu Gunsten der einen und zu Lasten der anderen Interessengruppe ergibt sich als:

(9.4) $MRS = -\dfrac{\dfrac{\partial M}{\partial \pi(p)}}{\dfrac{\partial M}{\partial \Omega(p)}}$

Das Optimierungsproblem des Regulierers ergibt sich durch Maximierung der Einflussfunktion M der Konsumenten- und Produzentengruppe unter der Nebenbedingung des verfügbaren Renten-Umverteilungspotenzials (regulatorische Produktionsmöglichkeitsmenge):

(9.5) $\max\limits_{p} M(\pi(p), \Omega(p))$, so dass: $T(\pi(p), \Omega(p)) = 0$

Die Lagrange-Funktion lautet:

(9.6) $L = M(\pi(p), \Omega(p)) + \lambda(T(\pi(p), \Omega(p)) - 0)$

Folglich gilt:

(9.7) $\dfrac{\partial L}{\partial \pi(p)} = \dfrac{\partial M}{\partial \pi(p)} + \lambda \dfrac{\partial T}{\partial \pi(p)} = 0$

und:

---

[97] Es handelt sich um eine Einflussnahme gemäß „dollar votes". Ob eine vorgeschlagene Veränderung durchgeführt wird, hängt dabei im Wesentlichen von der Intensität der Einflussnahme und nicht von der Anzahl der Teilnehmer ab.

(9.8) $\quad \dfrac{\partial L}{\partial \Omega(p)} = \dfrac{\partial M}{\partial \Omega(p)} + \lambda \dfrac{\partial T}{\partial \Omega(p)} = 0$

Das Ergebnis lautet:

(9.9) $\quad MRS = -\dfrac{\dfrac{\partial M}{\partial \pi(p)}}{\dfrac{\partial M}{\partial \Omega(p)}} = -\dfrac{\dfrac{\partial T}{\partial \pi(p)}}{\dfrac{\partial T}{\partial \Omega(p)}} = MRT$

Die Grenzrate der regulatorischen Substitution zwischen Konsumenten- und Produzenten stimmt mit der Grenzrate der Transformation des Renten-Umverteilungspotenzials überein.

Die Aussagekraft der positiven Theorie hängt entscheidend davon ab, welche Informationen über die Einflussfunktion M vorliegen und welche Auswirkungen Änderungen des Renten-Umverteilungspotenzials, etwa durch technischen Fortschritt, besitzen (vgl. Peltzman, 1976, S. 233). Aussagen allgemeiner Natur über die Rolle von Interessengruppen sind spärlich. Ganz allgemein verursacht die Nachfrage nach staatlichen Regulierungs- bzw. Deregulierungseingriffen Kosten der Interessenkoordination. Es ist also für eine Gruppe nicht hinreichend, ihre Interessen zu kennen, um erfolgreich zu sein. Sie muss sich zudem organisieren, um diese Interessen im Wettstreit mit anderen Interessengruppen durchzusetzen. Eine zentrale Erkenntnis der theoretischen Analysen besteht darin, dass der tatsächliche Einfluss einer Interessengruppe im Regulierungsprozess nicht vom absoluten Ressourceneinsatz bestimmt wird, sondern dass er sich im Zusammenspiel mit der Einflussnahme aller anderen Interessengruppen simultan ergibt.

Über die Rolle der Gruppengröße im Regulierungsprozess lassen sich nur bedingt allgemein gültige Aussagen treffen. Steigen die Organisationskosten mit der Gruppengröße progressiv an, so erscheint es plausibel, dass kleine Gruppen ihre Interessen im Regulierungsprozess besser durchsetzen können als eine große Gruppe (Stigler, 1971, 1974). Die Vorstellung, dass eine kleine Gruppe zu Lasten einer großen Gruppe begünstigt werden kann, wird jedoch instabil, wenn die Annahme der progressiven Organisationskosten aufgegeben wird. Der zentrale Beitrag der positiven Theorie der Regulierung besteht darin, den Wettbewerb zwischen Interessengruppen im Regulierungsprozess konsistent herauszuarbeiten. Bereits von Weizsäcker (1982, S. 335) weist auf die Notwendigkeit der Untersuchung der allgemeineren Fragestellung hin, das Durchsetzungsvermögen unterschiedlicher Interessenkoalitionen im Rahmen eines Koalitionsgleichgewichts herauszuarbeiten. Es ist folglich nicht unbedingt die relative Größe der unterschiedlichen Interessengruppen, sondern ihre Fähigkeit, stabile Interessenkoalitionen zu bilden, welche die Durchsetzung einer bestimmten Regulierungspolitik ermöglicht. Stabile Aussagen über die Einflussmöglichkeiten von Interessengruppen in einem spezifischen Regulierungskontext lassen sich auch mit Hilfe spieltheoretischer Modellanalysen kaum ableiten (vgl. z. B. Becker, 1983). Dazu sind Fallstudien besser geeignet.

Neben dem Einfluss der Interessengruppen können auch andere Faktoren das Verhalten der Regulierungsbehörden beeinflussen. Nach der Theorie des Bürokratieverhaltens sind Behörden vor allem an einer Maximierung ihres Budgets interessiert (Niskanen, 1971). Eine Regulierungsbehörde kann daher auch an einer Ausdehnung und Zunahme der Regulierungskomplexität interessiert sein, weil hierdurch ihr Aufgabenbereich zunimmt. Mehraufgaben werden beispielsweise häufig als Rechtfertigung für zusätzliche Mitarbeiter usw. herangezogen. Genauso wie Manager in einem gewinnmaximierenden Unternehmen nicht vollständig durch die Eigentümer kontrolliert werden können, ist es möglich, dass neben der Einflussnahme der Interessengruppen noch andere Zielkomponenten (z. B. Größe, administrativer Aufwand) Berücksichtigung finden (vgl. Owen, Braeutigam, 1978, S. 15 f.).

Als Fazit lässt sich festhalten, dass der Einfluss auf eine Regulierungsbehörde nicht durch Abstimmungsverfahren im demokratischen Sinne ausgeübt wird. Ob ein Vorschlag akzeptiert wird oder nicht hängt vielmehr vom Grad der Einflussnahme der einzelnen Teilnehmer im Regulierungsprozess ab. Grundsätzlich gilt es zu unterscheiden zwischen Konsumentengruppen und Produzentengruppen. Dabei können sich auch innerhalb der Konsumentengruppen die Interessen unterscheiden. Beispielsweise können Großkunden andere Interessen als Kleinkunden vertreten. Dasselbe gilt auch für die Produzentenseite (vgl. Blankart, Knieps, 1989). Wie sich einzelne Interessengruppen gegenüber der Regulierungsbehörde durchsetzen können, hängt von den spezifischen Bedingungen im Regulierungsprozess ab. Allgemeine Aussagen darüber lassen sich kaum treffen. Es ist nicht zu erwarten, dass sich als Ergebnis des Prozesses automatisch das Wohlfahrtsmaximum durchsetzt.

9.2.5 Das disaggregierte Regulierungsmandat

Das disaggregierte Regulierungsmandat muss kompatibel sein mit dem gesetzlichen Regulierungsrahmen. Es gilt beide Komponenten im Sinne eines disaggregierten Regulierungsansatzes festzulegen. Reformbemühungen müssen bei der Ausgestaltung des gesetzlichen Regulierungsmandats ansetzen, um den Regulierungsbehörden die volkswirtschaftlich richtigen Anreize zu setzen und Doppelregulierungen, Fehlregulierung, Über- und Unterregulierungen zu vermeiden. Innerhalb des verbleibenden Handlungsspielraums sollte allerdings der Fachkompetenz der zuständigen Regulierungsbehörde vertraut werden.

9.2.5.1 Grundelemente

Gesetzlicher Regulierungsrahmen und gesetzliches Regulierungsmandat müssen zusammenpassen. Innerhalb des gesetzlichen Regulierungsrahmens werden die

Grundprinzipien wie freier Marktzutritt, sozial erwünschte Universaldienstziele, Garantie einer Regulierung, welche die Deckung der entscheidungsrelevanten Kapitalkosten ermöglicht, festgeschrieben. Regelungsadressat ist die regulierungsbedürftige Branche. Davon zu unterscheiden ist das Regulierungsmandat, das als Regelungsadressat die Regulierungsbehörde hat. Festgelegt werden hier die Kompetenzen der Regulierungsbehörde bei der Regulierungsumsetzung, etwa die Beschränkung hinsichtlich der Kombination von Regulierungsinstrumenten oder die Länge der Price-Cap-Perioden. Im Folgenden sollen die Grundelemente eines Regulierungsmandats im Sinne der disaggregierten Regulierungsökonomie (disaggregiertes Regulierungsmandat) vorgestellt werden (vgl. Knieps, 2005, S. 81 ff.).

■ Beschränkung der Regulierung auf Bereiche mit netzspezifischer Marktmacht

Globale Regulierung, die auch wettbewerbliche Bereiche umfasst, ist damit unvereinbar. Aber auch die zeitweise oder vollständige Aussetzung von Regulierung in Bereichen mit netzspezifischer Marktmacht lässt sich damit nicht rechtfertigen.

■ Beendigung der Regulierung bei Wegfall der netzspezifischen Marktmacht

Sobald in einem Netzbereich, etwa aufgrund von technischem Fortschritt, die netzspezifische Marktmacht verschwindet, muss auch die Regulierung dieses Teilbereichs beendet werden.

■ Anreizregulierung im Bereich monopolistischer Bottlenecks

Diskriminierungsfreier Zugang zu den monopolistischen Bottleneck-Einrichtungen muss gewährleistet sein. Überhöhte Preisniveaus im Bereich monopolistischer Bottlenecks sollen durch eine gezielte Anwendung der Price-Cap-Regulierung reduziert werden. Gleichzeitig gilt es aber auch sicherzustellen, dass durch die Regulierung die Gesamtkostendeckung, einschließlich der entscheidungsrelevanten Kapitalkosten, nicht gefährdet wird.

9.2.5.2 Stärkung der Selbstbindungsfähigkeit der Regulierungsbehörde

Das disaggregierte Regulierungsmandat stellt gleichzeitig eine bindende Beschränkung des Handlungsspielraums der Regulierungsbehörde dar und reduziert folglich die Möglichkeit von opportunistischem Verhalten. Regulierungsbehörden sind insbesondere auch verpflichtet, die Kompensation der ex ante Risiken von Investitionsprojekten zu ermöglichen, die auch das Risiko des Scheiterns eines Projektes umfasst. Ohne eine solche Bindung auf der Ebene des gesetzlich vorgegebenen disaggregierten Regulierungsmandats besteht das Problem, dass seitens potenzieller Investoren regulatorischer Opportunismus erwartet wird, dem die Regulierungsbehörde aufgrund fehlender Selbstbindungsfähigkeit nicht entgegentreten kann. Das Problem der Regulierungsbehörden, sich glaubwürdig gegenüber der regulierten Branche zu binden, ergibt sich aufgrund der sequentiellen Natur von Investitionsentscheidungen (ex ante) und Regulierung von Zugangstarifen (ex post). Da nicht davon ausgegangen werden kann, dass eine Regulierungsbehörde wohlfahrtsmaximierend ist, besitzt sie mehr oder weniger starke Anreize, die Preisregulierung nur auf erfolgreiche Projekte anzuwenden, während das ex ante Risiko von misslungenen Projekten nicht kompensiert wird (vgl. Newbery, 2000, S. 34-36). Da Investoren unter diesen Bedingungen keine Anreize für Investitionen besitzen, wird aus dieser fehlenden Bindungsfähigkeit der Regulierungsbehörde die Forderung nach einer zeitweisen Aussetzung von Regulierung (Access Holidays) abgeleitet (vgl. Gans, King, 2003). Der auch nur zeitweise Verzicht auf die Regulierung netzspezifischer Marktmacht ist jedoch zu vermeiden. Das disaggregierte Regulierungsmandat ist hinreichend, um Regulierungsbehörden glaubwürdig zu binden und dadurch die erforderlichen Investitionsanreize zu setzen.

Übungsaufgaben

9-1:   Normative versus positive Theorie der Regulierung

Worin unterscheidet sich die positive von der normativen Theorie der Regulierung?

9-2:   Grundpfeiler des Regulierungsprozesses

Erläutern Sie die Grundpfeiler des Regulierungsprozesses.

9-3:   Interessengruppen und Regulierungsbehörden

Erläutern Sie die beiden gegensätzlichen ad hoc Hypothesen über die Durchsetzungsfähigkeit von Interessengruppen im Regulierungsprozess.

9-4:   Disaggregiertes Regulierungsmandat

Erläutern Sie die Zielsetzung und die Grundelemente des disaggregierten Regulierungsmandats.

Literatur

Becker, G.S. (1983), A Theory of Competition among Pressure Groups of Political Influence, Quarterly Journal of Economics, 98/3, 371-400

Bernstein, M.H. (1955), Regulation Business by Independent Commissions, Princeton University Press, Princeton

Blankart, Ch. B., Knieps, G. (1989), What Can We Learn From Comparative Institutional Analysis?, The Case of Telecommunications, Kyklos, 42/4, 579-598

Gans, J., King, S. (2003), Access Holidays for Network Infrastructure Investment, Agenda 10/2, 163-178

Joskow, P.L., Noll, R.A. (1981), Regulation in Theory and Practice: An Overview in: A. Fromm (ed.), Studies in Public Regulations, MIT Press, Cambridge MA and London, 1-65

Knieps, G. (1985), Entstaatlichung im Telekommunikationsbereich - Eine theoretische und empirische Analyse der technologischen, ökonomischen und institutionellen Einflußfaktoren, J.C.B. Mohr (Paul Siebeck), Tübingen

Knieps, G. (2005), Telecommunications markets in the stranglehold of EU regulation: On the need for a disaggregated regulatory contract, Journal of Network Industries, 6/2, 75-93

Müller, J., Vogelsang, I. (1979), Staatliche Regulierung – Regulated Industries in den USA und Gemeinwohlbindung in wettbewerblichen Ausnahmebereichen in der Bundesrepublik Deutschland, Nomos-Verlag, Baden-Baden

Newbery, D.M. (2000), Privatization, Restructuring, and Regulation of Network Utilities, MIT Press, Cambridge, MA, London

Niskanen, W.A. (1971), Bureaucracy and Representative Government, Aldine, Chicago, Il.

Owen, B., Braeutigam, R. (1978), The Regulation Game: A Strategic Use of the Administrative Process, Ballinger Publishing Company, Cambridge, MA

Peltzman, S. (1976), Toward a More General Theory of Regulation, Journal of Law and Economics, 19, 211-240

Posner, R.A. (1974), Theories of Economic Regulation, Bell Journal of Economics, 5, 335-358

Spulber, D.F. (1989), Regulation and Markets, MIT Press, Cambridge (MA), London

Spulber, D.F., Besanko, D. (1992), Delegation, Commitment, and the Regulatory Mandate, Journal of Law, Economics, and Organization, 8/1, 126-154

Stigler, G.J. (1971), The Theory of Economic Regulation, Bell Journal of Economics, 2, 3-21

Stigler, G.J. (1974), Free riders and collective action: an appendix to theories of economic regulation, Bell Journal of Economics, 5/2, 359-365

Varian, H.R. (1999), Intermediate Microeconomics, W.W. Norton & Company, fifth edition, New York, London

Vogelsang, I. (1988), Deregulation and Privatization in Germany, Journal of Public Policy, 8/2, 195-212

Weingast, B.W., Moran, M.J. (1983), Bureaucratic Discretion or Congressional Control? Regulatory Policymaking by the Federal Trade Commission, Journal of Political Economy, 91/5, 765-800

Weizsäcker, C.C. von (1982), Staatliche Regulierung – positive und normative Theorie, Schweizerische Zeitschrift für Volkswirtschaft und Statistik, 118/3, 325-343

Lösungsskizzen zu den Übungsaufgaben

Das Ziel der nachfolgenden Lösungsskizzen ist es, Ideen zu geben, worauf es ankommt, ohne bereits alle Lösungsschritte im Sinne einer ausführlichen Musterlösung aufzuzeigen.

Kapitel 2

2-1: Kapitalkosten

Kapitalkosten setzen sich aus den ökonomischen Abschreibungen (Wertverzehr der eingesetzten Kapitalgüter) sowie dem Zins (Opportunitätskosten des eingesetzten Kapitals) zusammen. Deshalb sollten sie keine Gewinnbestandteile enthalten und somit erfolgsneutral sein. Gemäß dem Prinzip des Marktbezugs sollten bei der Planung entscheidungsrelevanter Kosten die Entwicklungen auf den relevanten Märkten berücksichtigt werden. Dabei geht es vor allem um die Beachtung der Preis- und Technologieentwicklung auf den Absatz- und Beschaffungsmärkten.

2-2: Deprival Value

In einem bestimmten Zeitpunkt (Beginn der Periode t) bestimmt sich der Deprival Value DV(t) wie folgt:

$$DV(t) = \min\left[V(t), \max(S(t), EW(t))\right]$$

Dabei bezeichnen:

V(t)   Tagesgebrauchtwert (Wiederbeschaffungsrestwert) zu Beginn der Periode t

S(t)   Verkaufswert zu Beginn der Periode t

EW(t)   Ertragswert zu Beginn der Periode t

Das Deprival-Value-Konzept definiert den Wert einer Anlage durch die Opportunitätskosten, die durch den Wegfall dieser Anlage entstehen. Dabei wird auch in Betracht gezogen, dass es sich durchaus lohnen kann, eine Anlage noch während ihrer ökonomischen Lebensdauer zu verkaufen oder nicht mehr zu ersetzen.

2-3: Ökonomische Abschreibungen

Geschlossene Abschreibungspläne gehen davon aus, dass zu Beginn der Planungsperiode rationale Erwartungen über die zukünftige Entwicklung der entscheidungsrelevanten Parameter (insbesondere Preise, Technologien) vorliegen. Im Gegensatz dazu sind offene Abschreibungspläne in der Lage, unvorhergesehene Änderungen von Preisen, Technologien etc. durch sequentielle Anpassung der Abschreibungspläne zu berücksichtigen. Im Gegensatz zu geschlossenen Abschreibungsplänen sind offene Abschreibungspläne nicht in der Lage, das Prinzip der kapitaltheoretischen Erfolgs-neutralität zu gewährleisten. In Netzsektoren, in denen technischer Fortschritt und veränderte Nachfragebedingungen besonders relevant sind, verfehlen allerdings ge-schlossene Abschreibungspläne das Kriterium der Marktnähe.

2-4: Kostenallokation

Es gilt zu unterscheiden zwischen langfristigen Zusatzkosten, produktgruppenspezifi-schen Verbundkosten und unternehmensspezifischen Gemeinkosten. Es handelt sich um periodisierte Kosten, die entweder fix oder variabel sind. Gemäß dem Prinzipien-schema der stufenweisen Deckungsbeitragsrechnung werden die Kosten entsprechend ermittelt und in tabellarischer Form zusammengestellt (Tabelle 2-5 als Beispiel). Wäh-rend die Erlöse jedes Produktes zumindest seine produktvariablen und produktfixen Kosten decken müssen, gilt dass die Erlöse jeder Produktgruppe zusätzlich zumindest die produktgruppenspezifischen fixen und variablen Zusatzkosten decken müssen. Schließlich ist es erforderlich, dass die Erlöse sämtlicher Produkte gemeinsam die unternehmensspezifischen Gemeinkosten decken.

2-5: Pfadabhängigkeit und Netzevolutorik

Pfadabhängigkeit der Investitionen umschreibt den Sachverhalt, dass ein Unterneh-men mit bereits getätigten Investitionen in Zukunft abhängig vom getätigten Investiti-onsstock weiter investiert. In Abhängigkeit der bereits getätigten Investitionen wird über zukünftige Investitionen entschieden. Es gilt zu unterscheiden zwischen Pfadab-hängigkeit auf der Netzinfrastrukturebene und Pfadabhängigkeit auf der Netzdienst-leistungsebene. Bei Dienstleistungen ist sie von geringerer Bedeutung (obwohl auch Bedienungsfahrpläne nicht kurzfristig geändert werden können). Die eigentliche Pro-blematik stellt sich bei den Infrastrukturen aufgrund des hohen Anteils irreversibler Kapitalgüter. Alternative Investitionsstrategien (Neubau, Ausbau, Stilllegung) müssen die Pfadabhängigkeit der Netzinfrastrukturen berücksichtigen.

2-6: Langfristige Zusatzkosten neuartiger Netzdienstleistungen

Im Mittelpunkt steht die Frage, ob die zur Bereitstellung höherwertiger Netzdienstlei-stungen erforderlichen Netzinfrastrukturen ausschließlich von den Nutzern dieser höherwertigen Netzdienstleistungen finanziert werden müssen. Die Antwort hierauf hängt entscheidend vom zeitlichen Standpunkt (vor und nach der Entscheidung über einen bestimmten Netzausbau) und der Auffassung über die zukünftige Entwicklung der Netzinfrastruktur ab. Die Bestimmung von ökonomisch fundierten Zusatzkosten ist abhängig von der unternehmerischen Strategie über die Netzevolutorik im Zu-sammenhang mit der Bereitstellung neuer Netzdienstleistungen. Insoweit die Netzin-frastruktur ein Mehrzwecknetz darstellt, das sowohl für die herkömmlichen als auch für die neuartigen Netzdienstleistungen eingesetzt wird, sind die Kosten einer hypothetischen neuen Netzinfrastruktur nicht entscheidungsrelevant. Anders verhält es sich dagegen, wenn Vielfalt der Netzinfrastrukturen von Bedeutung ist.

Kapitel 3

3-1:   Hyperstau

Hyperstaus treten nicht in koordinierten Netzinfrastrukturen wie Schienenwegen und Flughäfen, sondern vorrangig auf der Straße auf. Im Gegensatz zu einem Stau führt bei einem Hyperstau eine Zunahme der Verkehrsdichte zu einer Abnahme des Verkehrsflusses, denn die Reduktion der Geschwindigkeit aufgrund einer größeren Verkehrsdichte wirkt sich auf den Verkehrsfluss stärker aus als die Erhöhung des Verkehrsflusses durch die weitere Zunahme von Fahrzeugen (vgl. Abb. 3-2). Dadurch, dass jeder Verkehrsfluss sowohl bei einer niedrigen als auch einer hohen Verkehrsdichte vorliegen kann, existieren im Falle eines Hyperstaus Kosteninneffizienten. Es liegt eine Kostenkorrespondenz vor, da jeder mögliche Verkehrsfluss durch zwei unterschiedlich hohe Kosten erzielt werden kann (mit Ausnahme der Kapazitätsgrenze selbst), wobei der ineffiziente Ast die Situation eines Hyperstaus darstellt (Abb. 3-3).

3-2:   Braess-Paradox

Liegen parallel verlaufende, qualitativ identische Infrastrukturen vor, so kommt es zu einer gleichmäßigen Aufspaltung der Verkehrsflüsse. Abbildung 3-5 veranschaulicht dies graphisch. Der Fahrweg vom Ausgangspunkt O zum Zielpunkt D ist mittels zweier paralleler Fahrwege A und B sowie einem gemeinsamen Fahrweg C möglich. Auf beiden Fahrwegen A und B ergibt sich spontan ein identischer Verkehrsfluss, so dass die Gesamtreisezeit auf jedem Fahrweg minimiert wird. Anreize der Verkehrsteilnehmer, anstatt des einen Fahrweges den anderen Fahrweg zu benutzen, entstehen nicht, da nach einem Wechsel die variablen Kosten einer Fahrt ansteigen würden.

Das Braess-Paradox besagt, dass beim Bau einer Querstraße zwischen den Fahrwegen A und B (vgl. Abb. 3-6) die Situation nicht mehr per se ausgeschlossen werden kann, dass die eben beschriebenen optimalen Verkehrsflüsse nicht länger anreizkompatibel sind, da einzelne Fahrer zeitgünstigere Pfade herausfinden können und es zu einer Verlangsamung der Verkehrsflüsse und einer Erhöhung der Gesamtreisezeit kommt.

Ist die Qualität der Straßenabschnitte identisch, so werden auch nach dem Bau einer Querstraße die Verkehrsflüsse optimal verlaufen, da keine Anreize für einen individuellen Fahrer bestehen, die Querstraße zu benutzen. Den zusätzlichen Zeitkosten, die Querstraße zu benutzen, steht keine Zeitersparnis gegenüber. Das Braess-Paradox tritt somit nicht auf. Anders verhält sich die Situation, wenn die Stauexternalitäten zwar für die Summe der Teilstrecken A und B identisch sind, aber auf den beiden Teilstrekken entgegengesetzte Qualitäten vorliegen. Ein individueller Fahrer kann nun durch Benutzung der Querstraße die beiden qualitativ höheren Teilstrecken nutzen, so dass es zu einer individuellen Verbesserung und einer Abweichung der optimalen Verkehrsflüsse kommen kann. Das Braess-Paradox tritt auf.

3-3: Zirkuläre Stromflüsse

Ströme verteilen sich nach den Kirchhoffschen Gesetzen auf dem Netz: in jedem Knoten stimmt die Summe der zufließenden Ströme mit der Summe der abfließenden Ströme überein (Knotenregel) und in jedem geschlossenen Stromkreis ist die Summe der Spannungsabfälle durch Ausspeisung gleich der erzeugten Spannung durch Einspeisung (Maschenregel). Gegenläufige Stromflüsse auf einer Strecke heben sich auf (Nettoprinzip). Am leichtesten zu erklären ist dies anhand eines Zahlenbeispiels (vgl. Abb. 3-10). Da die Strecke von 1 nach 3 über Knoten 2 doppelt so lang ist wie die Strecke (1,3), teilen sich demnach die Ströme im Verhältnis 1:2 auf. Es ist möglich 600 MW am Einspeisepunkt 1 zu erzeugen und diese am Entnahmepunkt 3 abzuliefern. Lediglich 400 MW werden direkt auf der Leitung (1,3) transportiert. 200 MW werden auf dem doppelt so langen Weg ($z_{1,2} + z_{1,3}$) transportiert.

3-4: Systemexternalitäten versus streckenbezogene Externalitäten

Elektrizitäts-Übertragungsnetze verhalten sich grundsätzlich anders als Autobahnen, Eisenbahnen oder Gaspipelines. Innerhalb eines vermaschten Stromnetzes ist es nicht möglich, Strom zwischen einem Ein- und Ausspeiseknoten auf dem direkten Weg zu transportieren. Vielmehr sucht sich der Strom selbst den Weg des geringsten Widerstandes durch das vermaschte Netz. Zumindest ein Teil des Stroms wird daher nicht die kürzeste Verbindung (contract path) wählen. Das konkrete Umwegverhalten ist nicht nur abhängig von den Übertragungskapazitäten und Widerständen der verschiedenen Leitungen, sondern hängt entscheidend von den Ein- und Ausspeiseplänen sämtlicher Ein- und Ausspeiseknoten ab. Das Kontraktpfad-Prinzip kann somit nicht sozial optimal sein, da eine Bepreisung entlang der Luftlinie zwischen einem Ein- und einem Ausspeiseknoten nicht den gesamten Opportunitätskosten der Netznutzung entspricht und zu kurz greift.

Kapitel 4

4-1: Spitzenlasttarifierung

Im Gegensatz zum Fall einer festen Lastspitze ("firm peak case") wird im Fall einer wandernden Lastspitze ("shifting peak case") auch in der Schwachlastperiode die Kapazität voll ausgelastet. Zur Ermittlung der optimalen Kapazität wird der Schnittpunkt der aggregierten Nachfragekurve (vertikale Addition der Schwach- und Spitzenlastnachfrage) mit der Grenzkostenkurve ermittelt. Im Fall einer wandernden Lastspitze tragen sowohl die Nachfrager in der Schwach- als auch in der Spitzenlastperiode zur Deckung der Kapazitätskosten bei (vgl. hierzu Abb. 4-1 und die sich ergebenden optimalen Preise p_1^o und p_2^o in den beiden Perioden).

Preisdifferenzierung liegt vor, da sowohl in der Schwach- als auch in der Spitzenlastperiode die volle Kapazität beansprucht wird, und es aufgrund unterschiedlicher Zahlungsbereitschaften in beiden Perioden zu unterschiedlichen Preisen kommt. Demgegenüber liegt im Fall einer festen Lastspitze keine Preisdifferenzierung vor, obwohl in beiden Perioden ein unterschiedlicher Preis verlangt wird. Die Nachfrager in der Spitzenlastperiode, welche für die marginalen Kosten verantwortlich sind, tragen diese voll.

4-2:   Zweiteilige Tarife

Das Wohlfahrtsergebnis einer Pareto-Verbesserung durch zweiteilige Tarife hängt entscheidend von der Wahlmöglichkeit der Kleinkunden ab, ob diese beim Status quo des linearen Tarifs verbleiben können, sofern sich für sie die Zahlung der Grundgebühr nicht lohnt. Wäre diese Wahlmöglichkeit nicht vorhanden (Nicht-Optionalität), besteht die Gefahr, dass sich die Kleinkunden verschlechtern und eventuell ganz aus dem Markt austreten. Liegt also der lineare Preis des Status quo über den Grenzkosten, so können durch die Einführung eines optionalen zweiteiligen Tarifes sowohl das Unternehmen als auch einige Konsumentengruppen besser gestellt werden. Konsumenten, die nicht zum zweiteiligen Tarif wechseln möchten, erfahren aber durch die Optionalität keine Verschlechterung.

4-3:   Marktform und Preisdifferenzierung

Preisdifferenzierung kann unabhängig von der Marktform auftreten. Dies trifft sowohl für Spitzenlasttarifierung als auch für optionale zweiteilige Tarife zu. Das Grundprinzip einer Spitzenlasttarifierung im Monopol besagt, dass genau so wie im Wettbewerb im Fall einer wandernden Lastspitze die Kapazität sowohl in der Schwachlast- als auch in der Spitzenlastperiode ausgeschöpft wird. Dabei ergeben sich differenzierte Preise für die Spitzen- bzw. Schwachlastperioden. Pareto-verbessernde zweiteilige Tarife lassen sich zu jedem linearen Preis finden, solange es sich nicht um einen linearen Grenzkostenpreis handelt. Der Ausgangspunkt kann also sowohl ein linearer Monopolpreis als auch ein linearer kostendeckender Preis im Wettbewerb sein, der bei Vorliegen von Größenvorteilen über den Grenzkosten liegen muss.

Kapitel 5

5-1:   Vickrey-Auktionen

Es handelt sich um eine geheime Zweithöchstpreisauktion. Der höchste Bieter erhält den Zuschlag zum Preis des zweithöchsten Gebots. Strategisches Verhalten lohnt sich nicht, da die Gefahr besteht, dass der Bieter entweder den Zuschlag oberhalb seiner individuellen Zahlungsbereitschaft erhält oder aber nicht zum Zuge kommt, obwohl seine Zahlungsbereitschaft noch nicht ausgeschöpft ist.

Die Annahme der Risikoneutralität ist für die Anreizkompatibilität der Vickrey-Auktion irrelevant. Der Bieter zahlt in keinem Fall mehr als die eigene Zahlungsbereitschaft. Strategisches Bieten unterhalb der individuellen Zahlungsbereitschaft ist nicht sinnvoll, da er dann entweder den Zuschlag nicht erhält oder aber den Zuschlag zum Preis des zweithöchsten Gebots erhält, das von seinem Angebot nicht beeinflusst wird.

5-2: Auktionen und Preisdifferenzierung

Wenn auf einer Auktion mehr als eine Einheit eines Auktionsobjektes oder unterschiedliche Produktqualitäten gehandelt werden, können im Rahmen einer Versteigerung unterschiedliche Zahlungsbereitschaften abgeschöpft werden.

5-3: Auktionen in Netzindustrien

Da die defizitären Universaldienste im Wettbewerb nicht automatisch bereitgestellt werden, lässt sich ein Wettbewerb um die Subventionen im Rahmen von Auktionen herstellen. Der kostengünstigste Bieter mit dem geringsten Subventionsbedarf, welcher die von dem Besteller gewünschten Mindestanforderungen bei seinem Angebot erfüllt, kommt dann zum Zug.

5-4: Ausschreibungswettbewerb

In London wurden sowohl einzelne Busstrecken als auch ganze Streckenpakete mit Hilfe kombinatorischer Auktionen an Anbieter versteigert; wichtig ist hierbei, dass von der Stadt als Bestellerin des Guts ÖPNV ein Katalog an Mindestanforderungen, die der Anbieter zu erbringen hat, verbindlich aufgestellt wurde.

Kapitel 6

6-1: Netzexternalitäten

Direkte Netzexternalitäten liegen vor, falls mit der Anzahl der Wirtschaftssubjekte, die sich im gleichen Netz befinden, deren Nutzen erhöht.

Indirekte Netzexternalitäten liegen vor, falls eine Zunahme der Anzahl der Konsumenten eines Produktes die Nachfrage nach einem komplementären Produkt erhöht und dieses aufgrund von Größenvorteilen der Produktion kostengünstiger bereitgestellt werden kann. Beispielsweise führt die Zunahme der Anzahl der Konsumenten von Software-kompatibler Hardware zu Größenvorteilen bei der Produktion der angebotenen Software.

6-2:   Netzexternalitäten und Netzvielfalt

Erforderlich ist, dass die Bedeutung der Netzexternalitäten (Netzeffekte) als groß angesehen wird und folglich die Vorteile von Kompatibilität als hinreichend wichtig angesehen werden, so dass sich eine aktive Beteiligung am Standardisierungsprozess lohnt. Der Trade-off zur Netzvielfalt kann dennoch dazu führen, dass Unternehmen Standardkoalitionen bilden, so dass lediglich die Technologien der Mitglieder einer Koalition miteinander kompatibel sind.

6-3:   Kritische Masse

Das Problem der kritischen Masse besagt, dass eine minimale Zahl von Teilnehmern als Nutzer eines Netzes gewonnen werden muss, so dass das neue Netz selbsttragend ist. Staatliche Interventionen in Form von aktiver Forschungspolitik (Subventionen etc.) zur Erreichung der kritischen Masse bergen die Gefahr in sich, mittels Subventionen die falsche Technologie zu fördern. Je größer das Wissensproblem und je größer die Netzdynamik ist, umso größer ist die Gefahr auf eine falsche Technologie zu setzen.

6-4:   Komiteelösungen

Eine wichtige Funktion von Komitees besteht darin, während des Standardisierungsprozesses nach Kompromisslösungen zu suchen. Welche Lösung sich durchsetzt, ist in starkem Maße abhängig von der Konstellation der Mitgliederstruktur, der Möglichkeit des Zutritts neuer Mitglieder sowie den Abstimmungsmodalitäten.

6-5:   Technische Regulierungsfunktionen

Es gilt zu unterscheiden zwischen der Konkretisierung der technischen Regulierungsfunktion der europäischen Luftfahrt sowie der Verwirklichung der Interoperabilität zwischen den verschiedenen Flugverkehrsmanagementsystemen und ihren Komponenten. Es ist vorgesehen, dass die für die Interoperabilität erforderliche Ausarbeitung von Kompatibilitätsstandards nicht von der EU-Bürokratie ausgeführt wird, sondern an verschiedene Standardorganisationen delegiert wird.

Kapitel 7

7-1:   Interne Subventionierung

Interne Subventionierung impliziert, dass der Zusatzkostentest verletzt ist und folglich die Erlöse von mindestens einem Gut (bzw. einer Gütergruppe) ihre Zusatzkosten nicht decken. Es gilt also:

$$\sum_{i \in S} R_i < \overline{C}(S) \qquad \text{für mindestens eine Gütergruppe S}$$

Unter der Annahme der Kostendeckungsbeschränkung müssen daher die übrigen Güter mehr an Erlösen beitragen, als die Kosten einer separaten Produktion betragen, also:

$$\sum_{i \in N-S} R_i > C(N-S)$$

Hieraus folgen Anreize sich zu separieren und getrennt zu produzieren.

7-2:   Universaldienstfonds

Die Grundidee bei der Fondslösung besteht darin, symmetrische Wettbewerbsbedingungen sowohl auf den profitablen als auch auf den defizitären Teilmärkten zu schaffen. Für den Fall, dass eine sektorbezogene Universaldienststeuer erhoben wird, ist es erforderlich, dass sämtliche Anbieter von profitablen Leistungen in diesem Sektor an der Finanzierung gleichermaßen beteiligt werden. Derjenige Anbieter, der mit dem geringsten Subventionsbetrag den Universaldienst bereitstellen kann, sollte im Rahmen eines Ausschreibungswettbewerbs ermittelt werden.

7-3:   Fallbeispiel Telekommunikation

Aufgrund der dynamischen Entwicklungen im Telekommunikationssektor unterliegt insbesondere der Universaldienstumfang einem erheblichen politischen Gestaltungsspielraum. Während herkömmliche Universaldienste – etwa Telefonzellen oder schmalbandiger Telefonanschluss – an Bedeutung verlieren, eröffnet sich mit der Entwicklung breitbandiger Kommunikationsnetze ein enormes Potenzial für eine Ausdehnung des Universaldienstumfangs.

Kapitel 8

8-1:   Netzspezifische Marktmacht

Es handelt sich entweder nicht um ein natürliches Monopol, so dass mehrere aktive Anbieter den relevanten Markt bedienen, oder aber die Kosten sind reversibel, d. h. nicht an einen bestimmten geographischen Markt gebunden, so dass der potenzielle Wettbewerb funktionsfähig ist. Falls weder ein natürliches Monopol noch irreversible Kosten vorliegen, liegt erst recht keine monopolistische Bottleneck-Einrichtung vor.

8-2:   Wettbewerbspotenziale auf Transportmärkten

Voraussetzung für Wettbewerb ist, dass jeder aktive und potenzielle Anbieter gleiche Zugangsbedingungen zu den Verkehrsinfrastrukturen erhält. Bevorzugte Zugänge zu knappen Infrastrukturkapazitäten, etwa durch überhöhte Preise für Konkurrenten, führen zu Wettbewerbsverzerrungen.

8-3: **Preisniveau-Regulierung der Zugangstarife**

Die Kunden sollen im Prinzip in der Lage sein, auch zu den heutigen Preisen die gleichen Mengen der unterschiedlichen Leistungen des betrachteten Dienstleistungskorbes einzukaufen wie in der Vorperiode, ohne dass ihnen dadurch Mehrausgaben entstehen. Als Korrekturfaktor wird RPI-X eingesetzt, wobei RPI die Veränderung des Konsumentenpreisindex und X ein zwischen Regulierer und Unternehmen auszuhandelnder Prozentsatz darstellt, der in der Folge als Prozentsatz der erwarteten Produktivitätsveränderung innerhalb des regulierten Bereichs interpretiert wurde. Bezeichne $p_{i,t}$ den Preis des i-ten Produkts in Periode t und $q_{i,t-1}$ die Menge des i-ten Gutes, das in der Periode t-1 verkauft wird, so lautet die Price-Cap-Beschränkung:

$$\sum_{i=1}^{n} p_{i,t} \cdot q_{i,t-1} \leq \sum_{i=1}^{n} p_{i,t-1} \cdot q_{i,t-1} \cdot (1 + RPI - X)$$

Einerseits soll das Preisniveau zu Gunsten der Konsumenten möglichst sinken, andererseits soll die Gesamtkostendeckung nicht gefährdet werden. Preisniveau-Beschränkungen auf der Basis inflationsbereinigter erwarteter Produktivitätsveränderungen sollten sich auf den branchenspezifischen X-Faktor beziehen. Preisstrukturvorgaben seitens der Regulierungsbehörden sollten nicht erfolgen.

Kapitel 9

9-1: Normative versus positive Theorie der Regulierung

Die normative Theorie der Regulierung legt Kriterien fest, nach denen beurteilt werden kann, welche Netzbereiche reguliert werden sollten (Regulierungsbasis) und mit welchen Instrumenten dies am besten geschehen könnte (Regulierungsinstrumente). Es geht also um die Frage, wie reguliert werden sollte. Die positive Theorie der Regulierung untersucht die Entstehung, Veränderung und Abschaffung sowie die institutionelle Umsetzung sektorspezifischer Regulierung. Es geht also um die Frage, wie tatsächlich reguliert wird. Dabei müssen die Einflussnahme einzelner Branchen und Unternehmen, Verbraucherinteressen und die bürokratischen Eigeninteressen der Regulierungsbehörde mit berücksichtigt werden. Die unterschiedlichen Interessengruppen stehen bei ihrer Suche nach politischem Einfluss in Konkurrenz zueinander. Der Einfluss von Interessengruppen hängt wesentlich von den institutionellen Rahmenbedingungen ab.

Ausgangspunkt der normativen Theorie der Regulierung ist die Vorstellung von Marktversagen bzw. Marktunvollkommenheiten, die es durch Regulierungseingriffe zu korrigieren gilt. Die positive Theorie der Regulierung stellt die Rolle der Interessengruppen innerhalb des Regulierungsprozesses in den Mittelpunkt. Die Einflussnahme kann dabei auf unterschiedlichen Stufen des politischen Prozesses stattfinden, sowohl auf Gesetzgebungsverfahren als auch auf Regulierungsbehörden bei der Umsetzung von Regulierungsgesetzen.

9-2:   Grundpfeiler des Regulierungsprozesses

Es gilt zu unterscheiden zwischen Gesetzgeber, Regulierungsbehörde und regulierter Branche. Regulierungsgesetze bestehen typischerweise aus 2 Komponenten, dem gesetzlichen Regulierungsrahmen und dem gesetzlichen Regulierungsmandat. Regulierungsbehörden besitzen innerhalb des gesetzlichen Regulierungsrahmens einen diskretionären Handlungsspielraum bei der Regulierungsumsetzung und bei der Wahl und Anwendung der Regulierungsinstrumente. Daher stellt sich das Problem des gesetzlichen Regulierungsmandats zur Begrenzung des Handlungsspielraums der Regulierungsbehörde. Abhängig von der konkreten gesetzlichen Zielvorgabe müssen dann entsprechende Regulierungsmandate abgeleitet werden, die das Verhältnis zwischen Gesetzgeber und Regulierungsbehörde bindend ordnen. Im Rahmen des gesetzlich vorgegebenen Regulierungsmandats wird die Regulierung durch Anwendung der Regulierungsinstrumente umgesetzt.

9-3:   Interessengruppen und Regulierungsbehörden

Ausgangspunkt ist die Frage, in welcher Gewichtung sich Konsumenten- und Produzenteninteressen gegenüber einer Regulierungsbehörde durchsetzen können. Die Capture-Hypothese geht davon aus, dass mit der Zeit Regulierungsbehörden von der regulierten Industrie dominiert werden. Die Verbraucherschutz-Hypothese besagt, dass die Regulierungsbehörde ausschließlich die Maximierung der Konsumentenrente verfolgt. Beide Hypothesen sind für eine ex ante Prognose des Verhaltens von Regulierungsbehörden nicht geeignet, da sie auf das Zusammenspiel der gegenläufigen Interessen unterschiedlicher Interessengruppen nicht eingehen.

9-4:   Disaggregiertes Regulierungsmandat

Da Regulierungsbehörden im Allgemeinen nicht die soziale Wohlfahrt maximieren, besteht das Problem, dass seitens potenzieller Investoren regulatorischer Opportunismus erwartet wird, indem nur erfolgreiche Projekte kompensiert werden. Nur durch geeignete Regulierungsbeschränkungen können Über- und Doppelregulierungen vermieden werden. Das disaggregierte Regulierungsmandat hat das Ziel, die Möglichkeiten zu opportunistischem Verhalten der Regulierungsbehörden zu reduzie-ren. Es beinhaltet folgende Grundelemente: Beschränkung der Regulierung auf Berei-che mit netzspezifischer Marktmacht, Beendigung der Regulierung bei Wegfall der netzspezifischen Marktmacht sowie Anreizregulierung im Bereich monopolistischer Bottlenecks.

Stichwortverzeichnis

Grundbegriffe der BWL und VWL zum Nachschlagen

Aktuelles Wirtschaftswissen
für Beruf und Studium

Das Gabler Kompakt-Lexikon Wirtschaft definiert kurz und prägnant die wichtigsten Begriffe aus den Themenbereichen:

- Management | Unternehmensführung | Organisation | Personal
- Finanzierung | Bank | Börse | Versicherung
- Rechnungswesen | Controlling | Steuern
- Marketing
- Produktion | Logistik
- Mathematik | Statistik
- Volkswirtschaft
- Recht

Zahlreiche Verweise ergänzen die Ausführungen und zeigen Zusammenhänge auf.

Die neunte Auflage des Lexikons ist vollständig überarbeitet und vor allem in den Bereichen Unternehmensführung, Bank, Börse, Steuern und Recht durch eine Vielzahl aktueller Begriffe erweitert.

Kompakt und aktuell:
Die Grundlagen der VWL

Einfach und verständlich erklärt das Gabler Kompakt Lexikon Volkswirtschaft

- die wichtigsten Grundbegriffe der VWL
- die Klassische und Keynesianische Lehre
- den Monetarismus und die Neoklassisk
- die Neue Politische Ökonomie
- die Institutionenökonomie sowie
- alle wesentlichen Begriffe der Wirschaftspolitik.

Studenten der VWL, der BWL und alle, die sich für die Zusammenhänge der Volkswirtschaft interessieren, finden mit diesem Nachschlagewerk einen schnellen und sicheren Zugang zu den verschiedenen Teilgebieten dieser Wissenschaft.

Gabler Kompakt-Lexikon Wirtschaft

3.000 Begriffe nachschlagen, verstehen, anwenden
9., vollst. überarb. u. erw. Aufl. 2006. 385 S. Mit 40 Abb.
Br. EUR 19,90
ISBN 978-3-409-99168-1

Ebook-Ausgabe

9., vollst. überarb. u. erw. Aufl. 2006., 2,7 MByt.
Ebook Mopipocket Reader
EUR 19,90
ISBN 978-3-8349-0162-0

Gabler Kompakt-Lexikon Volkswirtschaft

3.500 Begriffe nachschlagen, verstehen, anwenden
2. Aufl. 2004. X, 490 S.
Br. EUR 24,90
ISBN 978-3-409-21803-0

Änderungen vorbehalten. Stand: Januar 2007.
Erhältlich im Buchhandel oder beim Verlag

Gabler Verlag . Abraham-Lincoln-Str. 46 . 65189 Wiesbaden . www.gabler.de

GABLER